目　录

传统文化

真的超有趣

成语

段香转 / 编著

北京工艺美术出版社

图书在版编目（CIP）数据

传统文化真的超有趣．成语 ／ 段香转编著 ． —— 北京：
北京工艺美术出版社，2024.1
ISBN 978-7-5140-2792-1

Ⅰ．①传⋯ Ⅱ．①段⋯ Ⅲ．①中华文化－少儿读物②
汉语－成语－少儿读物 Ⅳ．① K203-49 ② H136.31-49

中国国家版本馆 CIP 数据核字 (2024) 第 014819 号

出 版 人：夏中南　　策 划 人：刘慧滢　　装帧设计：韩海静
责任编辑：赵　微　　责任印制：王　卓

法律顾问：北京恒理律师事务所　丁　玲　张馨瑜

传统文化真的超有趣　成语
CHUANTONG WENHUA ZHEN DE CHAO YOUQU CHENGYU

段香转　编著

出　　版	北京工艺美术出版社	
发　　行	北京美联京工图书有限公司	
地　　址	北京市西城区北三环中路6号　京版大厦B座702室	
邮　　编	100120	
电　　话	（010）58572763（总编室）	
	（010）58572878（编辑室）	
	（010）64280045（发　行）	
传　　真	（010）64280045/58572763	
网　　址	www.gmcbs.cn	
经　　销	全国新华书店	
印　　刷	德富泰（唐山）印务有限公司	
开　　本	710毫米×1000毫米　1/16	
印　　张	8	
字　　数	92千字	
版　　次	2024年1月第1版	
印　　次	2024年1月第1次印刷	
印　　数	1～10000	
定　　价	168.00元（全五册）	

第一章

成语界的
"吉尼斯纪录"

最长的腿:

yī bù dēng tiān
一步登天

成语释义
一步就登上了青天。比喻一下子达到最高的境界、地位或程度。也比喻人突然发迹。

引经据典
万望口角春风，我就一步登天，点了买办差，就过好日子。
——清·李绿园《歧路灯》

学以致用
凡事要注重稳中求胜，千万不能异想天开，妄想一步登天。

近义词 平步青云　青云直上　　**反义词** 一落千丈　一蹶不振

成语有历史

走运的高俅

《水浒传》[①]里有一个让人痛恨的人物，他的名字叫高俅（qiú）。

高俅因为在家里排行老二，从小过着穷巴巴的苦日子。稍微长大一点，他聪明机灵、鬼主意多的特点就显露出来了。

他没有跟随专业的老师学习，却很快掌握了摔跤（shuāi jiāo）、搏击、琴箫歌舞等技艺，而且样样都不

① 《水浒传》
中国历史上第一部以描写古代农民起义为题材的长篇小说。全书围绕"官逼民反"这一线索展开情节，表现了一群不堪暴政欺压的"好汉"揭竿而起，聚义水泊梁山，直至接受招安致使起义失败的全过程。

差。可惜的是，高俅学到的这些本领却都没有用在正道上。

后来，他还学会了踢球，以守门员的身份结交了一些球友。

为了改变生活困境，提升身份地位，高俅想着法地结交达官贵人。后来因为鼓动一个公子哥去偷钱而犯了法，他被赶出京城。

高俅虽心有不甘，但也只得接受现实，他一路落魄，游荡到淮西，跟着开赌坊的柳大郎混了三年。有一天，皇帝大赦天下，这对高俅来说，简直是喜从天降。

高俅又有机会回到京城了，柳大郎写了一封信，把他推荐给京城经营药铺的亲戚，人称董老板。

面对履（lǚ）历②不堪的高俅，董老板本来不想收留他，但又不好拒绝柳大郎，便做了个顺水人情，把他介绍给别人。但是所有人都不肯收留他，直到被当时的端王爷看中，他才有了容身之处。

②履历

个人的经历；记载经历的文件。

再后来，这个端王爷竟然做了皇帝，高俅因为善于察言观色，顺利当上了太尉。

盘古是怎么开天辟地的？

相传，天地本来是黑暗混沌的一团，好像一个大鸡蛋。盘古就孕育在其间。18000年过去了。有一天，盘古手托着天，脚踏着地，"大鸡蛋"裂开了。"鸡蛋壳"里重而浊的东西渐渐下降变成了地，轻而清的东西冉冉上升，变成了天。

天每天升高一丈，地每天加厚一丈，盘古的身体每天也增高一丈。又过了18000年，盘古的身体挺立在天地当中，使天地无法重新合拢，不再变得黑暗混沌。

盘古的声音变成了隆隆的雷霆，呼出的气息变成了风云，左眼变成了太阳，右眼变成了月亮，血液变成了江河湖海，筋脉变成了道路，皮肤和汗毛变成了花草树木，汗水变成了雨露，而长在他身上的各类寄生物则变成了大地上的黎民百姓。

成语练兵场

请根据下面的图，猜一猜对应的成语，把答案分别写在横线上吧！

答：＿＿＿＿＿＿＿＿＿＿

答：＿＿＿＿＿＿＿＿＿＿

参考答案　半斤八两　唉声叹气

4

最高的个子：

dǐng tiān lì dì
顶 天 立 地

成语释义 头顶着天，脚踏着地。形容形象高大，气概雄伟豪迈。

引经据典 汝等诸人，个个顶天立地。——宋·释普济《五灯会元·道场无庵法金禅师》

学以致用 爸爸经常鼓励我不要怕困难，要勇敢，立志做一个顶天立地的男子汉。

近义词 威风凛凛 柱天踏地　　**反义词** 低头哈腰 卑躬屈膝

成语有历史

赵氏孤儿

晋国的宰相赵盾是一个正直、忠诚的人，以敢于向国君直言规劝而出名。晋景公继位以后，当时的奸臣屠（tú）岸贾（gǔ）做了大夫，他一心想陷害赵盾，找各种理由怂恿（sǒng yǒng）晋景公给他定下犯上的罪名，并将赵家满门抄斩。

赵盾的儿媳因为是晋国公主，且身怀六甲①，逃往皇宫幸免一死，后生下一个男孩。可是狠心的屠岸贾想要斩草除根，杀掉这个

> **①身怀六甲**
>
> 谓妇女有孕。

5

男孩。

于是，赵盾门客公孙杵臼与身为医生的挚友程婴密谋搭救赵氏孤儿。程婴将婴儿装入药箱携出宫门，被士兵拦住盘查。当时，韩厥（jué）正在宫门值勤。程婴告诉他实情，恳请他帮忙。韩厥是一个明辨是非的人，爽快地说："我韩厥乃顶天立地男儿，岂肯残害忠良之后！"当即放走程婴。

程婴带着赵氏孤儿来到单羊村避难，为孤儿取名赵武，并将其抚养长大。15年后，赵家得以平反昭雪，赵武回朝继承祖父赵盾职位，铲除了佞（nìng）臣屠岸贾。

元代时，这一历史故事被编成杂剧，后又被改编为 京剧② 《赵氏孤儿》《搜孤救孤》等，搬上戏剧舞台，千百年来久演不衰。单羊村也更名为赵孤庄。

> **②京剧**
>
> 中国国粹之一，是中国影响最大的戏曲剧种，分布地以北京为中心，遍及全国各地。

天和地一样大吗？

提起天和地，很多人的第一反应是它们一样大吧！在中国古代传说中，天和地应该是同样大的。

人们通常所说的"地"，就是我们的脚掌实实在在踩着的地球。而人们口中的"天"并不是仅仅指我们头上的大气层，而是包括我们所看不到的宇宙。地球以外的宇宙是无穷大的。从这一点讲，有人更愿意相信天是比地大的。

其实，天和地的概念都是人类添加的。尽管它们的边缘都在我们的视觉触及不到的地方，但是只要一个人的心胸足够广阔，就能够容纳天地。

成语练兵场

请根据下面的图，猜一猜对应的成语，把答案分别写在横线上吧！

答：_____

答：_____

参考答案　杯弓蛇影　枯木逢春

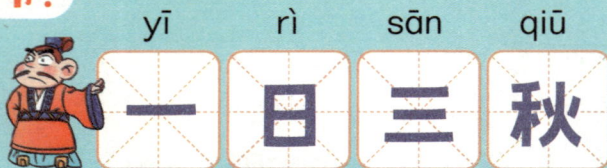

最短的季节：

yī	rì	sān	qiū
一	日	三	秋

成语释义 一天不见，就像过了三年。形容对人思念殷切。

引经据典 一日不见，如三秋兮。——《诗经·王风·采葛》

学以致用 我们刚搬家没几天，就收到原来邻居想要聚聚的邀请，看来大家都有一日三秋的感觉啊。

近义词 寸阴若岁 度日如年　　**反义词** 一刻千金 光阴似箭

成语有历史

古代的爱情诗歌

　　《诗经》是我国最早的一部诗歌总集，包含305首诗歌，其中有关于祭祀的，也有关于战争的，还有一些是描写爱情的。

　　古代诗歌的爱情主题是多种多样的，有的"发乎情而止乎礼"，也有的表达被抛弃后的悲伤，还有的是对于负心①男子的指责与批判。当然，也有不少表现合乎当时礼仪的夫妻和谐的诗歌等。

> ①负心
> 感情转移，背弃过去的情谊（多指爱情）。

　　《诗经》中有一首诗歌感人至深，流传甚广。它是这样写的：

彼采葛兮，一日不见，如三月兮。彼采萧兮，一日不见，如三秋兮。彼采艾兮，一日不见，如三岁兮。

很多人认为，被思念的人是女性。意思是说：我思念中的人儿啊！她正在外面采摘葛藤（téng），一天看不见她，就如同三个月不见那样！我思念中的人儿啊！她正在野外采摘萧草，一天看不见她，就像有九个月那么长呀！我思念中的人儿啊！她正在野外采摘艾草，一天没有见她的面，就像隔了三年哪！现在人们常以"一日不见如隔三秋"来表达思念之情，就是从此诗中演化出来的，后凝结成"一日三秋"的成语。

诗中提到的"葛"是豆科藤本植物，茎（jīng）皮纤维可供织布，根能入药；"萧"和"艾"则是有香味的蒿（hāo）②类植物，也都可以入药。

采摘这些芬芳而具有实用价值植物的女孩，就是那个小伙子心心念念的人。

> ②蒿
>
> 两年或多年生草本植物，羽状复叶，开小花，有特殊气味。常见的有茼（tóng）蒿、青蒿、艾蒿等。有的可以食用，有的可入药或驱蚊。

《诗经》的作者是谁?

《诗经》成书于春秋时期,据《史记》等记载,系孔子删定的,近人多疑其说。它不是一个人的创作,也不是一时一人所编集的,而是长时期的集体创作,并经过无数人的采录、编集和不断加工。因为时代久远,很多篇的作者已经渺然不可知。

《诗经》文本中直接标明作者的只有个别几篇,比如,《小雅·节南山》(家父)、《小雅·巷伯》(孟子)等,即便是其中记载了作品的作者,也仅仅知道名字而已,对于其他的个人信息,都难以考证。

成语练兵场

请根据下面的图,猜一猜对应的成语,把答案分别写在横线上吧!

答:＿＿＿＿＿＿＿＿＿＿

答:＿＿＿＿＿＿＿＿＿＿

参考答案　打草惊蛇　手舞足蹈

qíng tiān pī lì

晴天霹雳

成语释义
霹雳：又急又响的雷声。晴朗的天空，突然响起炸雷。比喻突然发生的令人震惊的意外事件。

引经据典
平地跳雪山，晴空下霹雳。——宋·杨万里《人日出游湖上十首其一》

学以致用
小明家里出了意外，这对他来说真是晴天霹雳。

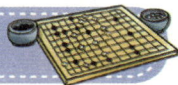

近义词 平地风波 祸从天降

反义词 喜从天降 司空见惯

成语有历史

不幸的甄士隐

《红楼梦》[1]里有一个叫甄（zhēn）士隐的人物，他的戏份不多，但是给人留下了深刻的印象。

甄士隐本是当地的一个乡绅[2]，有不少土地，还有阔大的家宅，闲暇之时饮酒作诗，有时还做些善事。他家庭幸福，与妻子情投意合，妻子又贤惠知理，唯一的女儿取名英莲，美丽可爱，甄士隐夫妻对她非常

> **①《红楼梦》**
> 我国古代四大文学名著之一，章回体长篇小说，又称《石头记》等，前八十回为曹雪芹所作，后四十回一般认为是高鹗所续。

11

宠爱。

元宵节这天，甄士隐家里一个叫霍启的仆人抱着小英莲去看花灯。街上的人很多，花灯也绚丽多彩、样式繁多。英莲很兴奋，东看西看的，怎么看也看不够。这时，霍启想去厕所，便将英莲放在一家门槛上，他千叮咛万嘱咐，让英莲不要随处跑。可是悲惨的事情还是发生了。霍启回来时发现英莲不见了，他急得满头大汗，不知怎么办才好，最后在畏惧和羞愧之下选择了逃跑。

女儿丢失的消息对甄士隐夫妇来说，简直是晴天霹雳。他们思女心切，整日心思恍惚，过了没多久，家里又不幸起火，好好的一个家被烧没了。

没了孩子的甄士隐也没有了重建家业的心思，带着不多的财产和妻子一起投奔了岳父。甄士隐的日子越过越不堪，后来他跟着道士走了。

②乡绅

旧指乡间的绅士。乡绅阶层是我国封建社会一种特有的阶层，主要由科举及第未仕或落第士子、当地较有文化的中小地主、退休回乡或长期赋闲居乡养病的中小官吏等一批在乡村社会有影响的人物构成。

晴天为什么会有霹雳？

明明是烈日炎炎，却不断响着闷雷，古人将这种晴天打响雷的现象称为"晴天霹雳"。早在宋朝，诗人杨万里就在诗中写道："平地跳雪山，晴空下霹雳"。

一般来说，霹雳是由放电引起的，雷电是发生在大气中的一种极其雄伟壮观的自然现象，它大概率会伴随着降雨产生。但实际上打雷和下雨是两回事，如果云层中的含水量不够，即使打雷、出现闪电，也不一定会下雨。

另外，当某种高能射线穿越大气层时，也会造成强烈的放电现象。不过，晴天霹雳发生的概率很低。

成语练兵场

请根据下面的图，猜一猜对应的成语，把答案分别写在横线上吧！

就拿你做筷子吧

答： _____

和我胆子差不多

答： _____

参考答案　胆小如鼠　大材小用

13

最贵的饭：

yī fàn qiān jīn

一 饭 千 金

成语释义 吃一餐饭，报答千两金；一顿饭价值千金。后形容受人点滴恩惠，必以重报。

引经据典 信钓于城下，诸母漂，有一母见信饥，饭信，竟漂数十日。又："信至国，召所从食漂母，赐千金。"——西汉·司马迁《史记·淮阴侯列传》

学以致用 王叔叔小时候家里很穷，成长路上得到亲邻不少帮助，后来他学有所成，为家乡做了很多好事，真是一饭千金的典范。

近义词 结草衔环 一饭之恩　　　**反义词** 以怨报德 忘恩负义

成语有历史

不忘恩情的韩信

汉高祖刘邦能够得到天下，离不开韩信的帮助。不过，韩信小时候家境很贫寒，父母去世早，他虽然很有才能却得不到别人的赏识，自己又不擅长做买卖谋生存，所以日子过得很窘迫。

起初，他被亭长收留，但是亭长妻子很嫌弃他，韩信只好自行离开。为了填饱肚子，韩信时常前往城下钓鱼，但是这毕竟不是可靠的办法，所以经常会挨饿。

在韩信经常钓鱼的地方，有很多漂（piǎo）母①在河边做工，有一个漂母看到韩信饥肠辘辘的样子，很是同情，就把自己带的饭分给他吃。

> ①漂母
> 清洗丝棉絮或旧衣布的老婆婆。

就这样，这个漂母洗了数十天的丝絮，为韩信带了数十天的饭。

韩信知道漂母也是靠着勤劳做工生活，一饭一食都来之不易，他非常感谢漂母的帮助，就对她许下诺（nuò）言，将来如果他做出成就，一定要重重地报答漂母。没想到，老婆婆连忙摆手，说道："你一个堂堂七尺男儿，连自己都养不活，我哪里指望你来报答呀！"韩信听了很惭愧，暗下决心要做出一番事业来。

> ②酬谢
> 用金钱、礼物等表示谢意。

后来，韩信刻苦研究兵法，练习武艺，终于学有所用，替汉王立了不少功劳，被封为楚王。

韩信想起从前曾受过漂母的恩惠（huì），便专门找到那个老婆婆，送给她黄金1000两作为酬（chóu）谢②。这也正是成语"一饭千金"的来历。

古代文化人吃饭有哪些礼节？

中国人自古讲究礼节，在日常饮食方面也是如此，其中很多规矩更是延续至今，成了一种饭桌文化。

吃饭时，主客都要表现出尊敬和谦让。搓手、嘴巴发出声音等都表示对主人不敬，如果行为不得体，让对方感到不适，那就是自己失礼了。

客人在出席宴请时要做到起立、用双手接物，待主人同样起身回礼后，方可坐下。用餐过程中，主人要先把饭菜给客人们享用，客人则是要等候主人先敬酒。

陪同客人出席宴会但又不是主宾的人一定要讲究长辈有序，陪同长者吃饭要先行礼再吃，不然就是大不敬。敬酒时，晚辈要起身双手举杯并且拜谢，等长辈回到原位后才能坐下。

晚辈在用餐时更要注意自己的修养，不然可能会让整个家族丢失脸面。

成语练兵场

请根据下面的图，猜一猜对应的成语，把答案分别写在横线上吧！

答：＿＿＿＿＿＿＿＿＿

答：＿＿＿＿＿＿＿＿＿

参考答案　负荆请罪　风吹草动

yī mù shí háng

一目十行

| 成语释义 | 目：看。一眼可以看清十行文字。形容阅读速度很快。也形容不求甚解。 |

| 引经据典 | 读书十行俱下，九流百氏，经目必记。——《梁书·简文帝纪》 |

| 学以致用 | 他是一个聪明的孩子，总能用很少的时间做更多的事情，读书一目十行，并且能读懂文章的意思，让我们很是羡慕。|

| 近义词 | 十行俱下　五行并下 | 反义词 | 逐字逐句　一字一句 |

成语有历史

传奇的梁简文帝

南朝梁武帝是一个很特别的皇帝，他信奉佛教，擅长诗词。他的思想也影响着身边的人。

梁武帝的第三个儿子萧纲从小聪明伶俐（líng lì），看书能够过目不忘，记忆力很好，据说他四岁开始识字读书，到六岁时，就已经会写文章了。

看到儿子这么好学，梁武帝当然很高兴。有一次，他特地把萧纲叫到跟前，当面出一个题目，要他作一篇文章。

萧纲毫不怯（qiè）场，略一思忖（cǔn），便不慌不忙地提笔

①骈文

我国古代的一种文体。始于汉、魏，南北朝最为盛行。这种文体的词句讲究整齐对仗，重视声韵的和谐和辞藻的华丽。其以四字六字相间定句者，又叫四六文。

②曹植

是曹操的第三个儿子。三国时期著名文学家，"建安文学"的代表人物之一与集大成者，与曹操、曹丕合称"三曹"。

写起来。不到一顿饭的工夫，就写成一篇声韵和谐、词句整齐的骈（pián）文①。梁武帝看了，不禁喜上眉梢，夸奖道："你这孩子呀，真是我们萧家的东阿王！"

东阿王是三国时魏国著名的文学家曹植②的封号，曹植以才思敏捷著称。

随着年龄的增长，萧纲读的书越来越多，阅读的能力也越来越强，而且他读书的速度惊人，能够同时阅读十行文字。阅读积累在增多，他写作诗赋文章的水平也在不断提高。

不过，萧纲虽然文才很好，但因为长期住在深宫，不知民间疾苦，所以他的诗文轻靡（mǐ）绮艳，被后人称为"宫体"。

11岁那年，萧纲被任命为宜惠将军，开始处理各种事务。他虽然年少，但是因为读书多，知识广博，所以做起事来有条不紊（wěn），颇有章法。

后来，萧纲被立为太子，并于公元549年做了皇帝，这就是梁简文帝。

读书应该快读还是慢读？

快读和慢读是阅读的两种方式。快读有助于短时间内完成较大的阅读量，可以快速拓宽自己的视野和知识面；而慢读则可以让阅读变得更深入。

快速阅读可以通过大量阅读进行训练，在提升阅读速度的同时提升理解力。很多人在阅读的初始阶段都有一个快速大量积累知识的过程，毕竟见多识广可以提升并有助于形成自己独立的观点。

但是老师往往会建议孩子要学会慢读，从读准字音、理解字词的意思开始，边阅读边思考。

可见，快读和慢读各有优点，应当根据自己的现实情况选择对自己有利的阅读方式。

成语练兵场

请根据下面的图，猜一猜对应的成语，把答案分别写在横线上吧！

答：＿＿＿＿＿＿＿＿

答：＿＿＿＿＿＿＿＿

参考答案　滴水不漏　大汗淋漓

19

tōu tiān huàn rì

偷天换日

成语释义	指暗中改变事情真相，以达到欺骗人的目的。

引经据典	且说尹子崇自从做了这一番偷天换日的大事业，等到银子到手，便把原有的股东一齐写信去招呼…… ——清·李伯元《官场现形记》第五十三回

学以致用	天网恢恢，即便他有偷天换日的本领，也无法逃过警察的追捕。

近义词 移花接木 偷梁换柱　　**反义词** 光明磊落 货真价实

成语有历史

侯嬴和信陵君的故事

侯嬴（hóu yíng）生活在战国时期的魏国，他很有才干，但并不自我表露，始终以隐者自居，过着贫苦的生活，70岁时还在大梁夷门做看守小吏。

魏国公子信陵君偶然听说了他的故事，便带着贵重的礼品去拜访他，请他做自己的门客，只是侯嬴并没有接受。后来，信陵君大摆酒宴，请来了很多宾客，经过一番周折，终于把侯嬴请到家里，待为上宾。

公元前257年，秦王派大军围攻赵国，危在旦夕的赵国派信使向魏国求援。魏王派晋鄙（bǐ）率十万大军前去救援，又害怕被秦国报复，紧急命令晋鄙停止前进，驻守在一个叫邺（yè）的地方。

信陵君不希望看到赵国被秦所灭，心里很着急，多次请求魏王出兵，但是都没有得到应允。这时，侯嬴让信陵君去拜托魏王的爱妾如姬帮忙，从魏王那里偷来了虎符①，借此到晋鄙那里夺取兵权，指挥大军救赵。

> **①虎符**
>
> 中国古代皇帝授予臣属兵权和调发军队的信物。用青铜或者黄金铸成虎形，背有铭文，分为两半，其中左半交给将帅，右半由皇帝保存。

信陵君就要出发了，侯嬴又对他说："将在外，有时可以不听君命。你虽然有了虎符，但那晋鄙也不一定肯把军权交给你。如果他不肯交出军权，你可以杀死他。"

信陵君到了魏军大营，晋鄙果然不肯交出军队，信陵君只好派人杀了晋鄙，并指挥魏军奔赴赵国，终于击退秦军，保全了赵国。

在信陵君到达晋鄙大营的那一天，侯嬴选择了自杀，既表达自己的忠心，也算是对晋鄙的死做个交代。

战国"四公子"分别指哪四个人?

战国"四公子"是指魏无忌、赵胜、黄歇、田文这四个人。

战国时代的末期，秦国的国力增强，慢慢超越了其他诸侯国。各诸侯国的贵族们为了对付秦国的入侵和挽救本国的灭亡，竭尽全力网罗人才。他们礼贤下士，广招宾客，以扩大自己的势力，因此，养"士"之风盛行。

当时，以养"士"著称的有魏国的信陵君魏无忌、赵国的平原君赵胜、楚国的春申君黄歇、齐国的孟尝君田文。他们四人都因礼贤下士、结交宾客而被别人广泛地传颂，后人称他们为战国"四公子"。

成语练兵场

请根据下面的图，猜一猜对应的成语，把答案分别写在横线上吧!

答：_____

答：_____

参考答案 龙飞凤舞 画地为牢

最高的瀑布：

yī luò qiān zhàng

一落千丈

| 成语释义 | 原指琴声陡然由高降低。后用来形容声势、地位或经济状况急剧下降。 |

| 引经据典 | 跻攀分寸不可上，失势一落千丈强。——唐·韩愈《听颖师弹琴》 |

| 学以致用 | 这一阵子，小明只顾着玩，课上课下都不认真学习，直到看到一落千丈的成绩，他才开始好好反思自己的行为。 |

近义词 江河日下 一泻千里　　**反义词** 扶摇直上 突飞猛进

成语有历史

颖（yǐng）师的音乐

唐朝是一个比较开放的王朝，跟周边很多国家都建立了经贸和文化关系。

①天竺

中国古籍对古印度的别称。

唐与天竺（zhú）①的交往逐渐频繁，双方不断遣使通好。7世纪末，我国造纸术通过尼泊尔传到印度，印度的医学、天文历法、语言学、音乐、舞蹈、绘画和建筑艺术等传入中国。

有一个名字叫颖的和尚，不远万里，从印度来到中国，人们

②古琴

是中国传统拨弦乐器，又称瑶琴、玉琴、七弦琴，有三千多年历史，属于"八音"分类中的"丝"。古琴音域宽广，音色深沉，余音悠远。

尊称他为颖师。颖师演奏的古琴②远近闻名，他的古琴很特别，长约八尺一寸，是用质地优良的古桐木制成的，音色非常优美。颖师弹琴的技艺精湛，演奏别有韵味，听的人常常如痴如醉。他来到中国不久，就吸引了很多听众。据说，有一个生了重病的人，每天躺在床上，只要是能远远地听到颖师弹琴的声音，顿时就会觉得病已经好了，并且可以坐起来，半天都不用再用药。

当时的大文豪韩愈听了之后，不停地拍手叫好，并赋诗一首，其中一联"跻攀（jī pān）分寸不可上，失势一落千丈强"给人留下深刻的印象，值得玩味。它的意思是说有只不甘于与凡鸟为伍的孤傲的凤凰，一心向上，饱经跻攀之苦，结果还是跌落下来，而且跌得那样快、那样惨。

这里除了用形象化的比喻显示琴声的起落变化，似乎还另有寄托，结合后面的"湿衣泪滂滂"等诗句，它很可能包含着诗人对自己境遇的慨叹。

"唐宋八大家"为什么没有李白和杜甫?

李白和杜甫都是唐朝时期的大诗人,几乎家喻户晓。而"唐宋八大家"主要是指唐代和宋代在创作散文方面取得很大成就的八位散文作家,包括唐代的韩愈、柳宗元和宋代的欧阳修、苏洵、苏轼、苏辙、王安石、曾巩。

唐中期时,韩愈倡导"古文运动",带动一些作家加入其中,用实际写作行动提倡古文,反对骈文,并在继承中有发展。八位代表人物的散文都写得很好。

"诗仙"李白和"诗圣"杜甫因为诗歌名垂千古,虽然没有入选"唐宋八大家",但是他们在中国文学史上的地位是非常高的。

成语练兵场

请根据下面的图,猜一猜对应的成语,把答案分别写在横线上吧!

> 猜咋这么突出

答: _____

答: _____

参考答案 鹤立鸡群 虎视眈眈

25

最华丽的建筑：

qióng lóu yù yǔ

琼 楼 玉 宇

成语释义
琼：美玉；宇：屋檐（yán），泛指房屋。原指仙界楼阁或月中的宫殿，现多形容富丽堂皇的建筑。

引经据典
翟乾祐（hù）于江岸玩月，或问："此中何有？"翟笑曰："可随我观之。"俄见琼楼玉宇烂然。——晋·王嘉《拾遗记》

学以致用
那里真是神话一般的地方，尤其是那琼楼玉宇让人流连忘返。

近义词 仙山琼阁 雕梁画栋

反义词 蓬（péng）门荜（bì）户 残垣断壁

成语有历史

兄弟情深

在中国的文学史上，苏轼和苏辙兄弟两人在诗词上的造诣（yì）[①]很深，他们之间的兄弟情谊也感人至深。

小时候，他们在父亲苏洵的引导下，一起读书，快乐成长。长大后，他们双双高中进士，学有所成，各自奔赴自己的职位上，不得不分开。

但是距离丝毫没有影响兄弟感情，当苏辙在生活中遇到不顺

①造诣

指学问、艺术、武术等所达到的程度。

时，苏轼便作诗安慰他；当苏轼因为"乌台诗案"下狱时，苏辙呈上奏折《为兄轼下狱上书》，愿意免除自己的官职为哥哥赎罪。有一段时间，两人回朝任职相聚京师，苏辙经常到哥哥家里欢饮畅聊。

毕竟聚少离多，苏轼写了很多想念弟弟的诗词。

苏轼因为与当权的变法者王安石等人政见不同，自求外放，希望调任到离苏辙较近的密州为官，以求兄弟多多聚会，但是团聚的期望并没有立即实现。那年中秋之际，苏轼仰望天上的明月，特别想念七年未见的苏辙。于是他乘着酒兴，挥笔写下了名垂千古的词作《水调歌头·明月几时有》。

②婵娟

形容姿态美好；古诗文里多用来形容女子，也形容月亮等。

在词中，苏轼设想自己是月中人，想到天上看看，但是又担心美玉砌成的楼宇太高了，自己禁受不住寒冷。还是人间生活更美好，不如趁着月光起舞吧！

向来豁达的苏轼还用更高的境界劝慰了自己——"但愿人长久，千里共婵娟（chán juān）②！"

怎样理解"高处不胜寒"?

从自然的角度来看,"高处不胜寒"是因为大气的主要热源集中在地球的表面,越是远离地面,气温就会越低。而且,上面的空气很稀薄,热气团在上升时会膨胀,内能流失到其他气团,每往上一点,温度都会随之降低。

"高处不胜寒"常用来比喻一个人在某个领域达到极高的境界,境界越高,可以做伴的人就越少,孤单感也会随之而来。当然,如果能学会自娱自乐,或者学着用浅显的道理普及复杂的知识,你会发现可以与你讨论、切磋(cuō)的人还真不少呢。

成语练兵场

请根据下面的图,猜一猜对应的成语,把答案分别写在横线上吧!

答: _____

答: _____

参考答案 惊弓之鸟 狐假虎威

第二章

当成语遇见十二生肖

māo shǔ tóng mián

猫鼠同眠

成语释义 猫和老鼠睡在一起。比喻上司昏庸失职，包庇下属干坏事。也比喻同流合污。

引经据典 龙朔元年十一月，洛州猫鼠同处。鼠隐伏，像盗窃。猫职捕啮，而反与鼠同，像司盗者废职容奸。——宋·欧阳修等《新唐书·卷三四·五行志一》

学以致用 他品格高洁，一心爱国，当然不能接受猫鼠同眠的行为。

近义词 沆瀣（hàng xiè）一气 狼狈为奸

反义词 同心协力 志同道合

成语有历史

猫鼠同处

《新唐书》是北宋时期宋祁、欧阳修、范镇、吕夏卿等合撰的一部记载唐朝历史的纪传体史书，属"二十四史"之一。在《新唐书·五行志》中，除了记载唐朝历史，还经常会记载唐朝的一些奇闻逸事。其中，有这样一则故事。

唐高宗龙朔元年（661年），在洛州（今洛阳）发生了一件非常奇怪的事——猫和老鼠居然睡在一起了。

这是非常不正常的事情。一般情况下，老鼠都是昼伏夜出的，白天躲在洞里睡觉，到了晚上才会像盗贼一样出来偷东西吃。而猫一般也是白天睡觉，晚上才开始活动，主要就是抓老鼠吃。这两个动物本来就是一对天敌，水火不相容的。但是十分令人惊奇的是，专门捕捉老鼠的猫不仅没有履行天职，反而整天跟老鼠厮混在一起，同住一穴，和乐相处。在旁观者看来，这不就是抓盗贼的人和盗贼一起狼狈为奸吗？

　　其实，这个故事讽刺了唐朝官场上出现的官恶勾结的现象。为官者的职责是抓捕盗贼、贪污犯、杀人犯等违法者，然而违法者却因为给为官者提供各种好处，而获得为官者的保护；为官者受利益驱使不仅不逮捕违法者，反而与违法者沆瀣一气，相互勾结。

　　老百姓对这样的官员是深恶痛绝的，但是又十分无奈。所以作者借这个故事对这种社会现象进行讽刺，后来，从中逐渐演变出"猫鼠同眠"这则成语。

为什么十二生肖里没有猫？

据说，猫的祖先不是中国产动物，它原产于埃及，后来唐三藏把猫从印度带到了中国。这时候，中国的干支纪年法已经产生千年，晚来的猫自然没有被纳入十二生肖当中。况且十二生肖是一个萝卜一个坑，猫也不好意思跟着掺和，只有置身于十二生肖之外了。

不过，民间还流传另一种说法——当年轩辕黄帝为了选出十二种动物担任宫廷卫士，并要为它们排名，特地举行了一场赛跑。爱睡懒觉的猫托好朋友老鼠帮忙报名，可是老鼠把这事给忘了，结果猫自然没被选上，从此便与老鼠结为冤家。

成语练兵场

请根据下面的图，猜一猜对应的成语，把答案分别写在横线上吧！

答：＿＿＿＿＿＿＿＿

答：＿＿＿＿＿＿＿＿

wú　niú　chuǎn　yuè

吴 牛 喘 月

成语释义 吴地炎热，水牛怕热，见到月亮以为是太阳，就害怕得喘起来。比喻因见到表面相似的使其深受其苦的事物而害怕。也形容天气酷热。

引经据典 满奋畏风，在晋武帝坐，北窗作琉璃屏，实密似疏，奋有难色。帝笑之，奋答曰："臣犹吴牛，见月而喘"。——南朝·刘义庆《世说新语·言语》

学以致用 你这也害怕，那也害怕，真是吴牛喘月了。

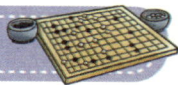

近义词 杯弓蛇影　越犬吠雪

反义词 见怪不怪　神色自若

成语有历史

怕冷的满奋

西晋初年，有位大臣名叫满奋①。他学识渊博，为人谦和，深受晋武帝②司马炎的器重，经常被召进宫中商议国事。

①满奋

西晋大臣，曹魏太尉满宠的孙子。

但是满奋有个奇怪的毛病，就是怕冷。每到冬天的时候，满奋就恨不得躲在家里不出来，但是皇帝召见，他又不能拒绝，只能咬着牙顶着寒风进宫。

晋武帝知道了满奋怕冷的事情，让人搬来一架屏风放在了靠北

② **晋武帝**

晋朝开国皇帝，晋宣帝司马懿的孙子，晋文帝司马昭的嫡长子。

③ **琉璃**

原指一种天然宝石，有多种颜色。后亦指用黏土、长石、石青等配制烧成的一种半透明材料。

的窗口那里，这样就能把冷风挡在外面。屏风是琉璃③做的，可以清楚地看到后面的东西，从远处看就好像只有一个屏风架子。

一个深秋的早晨，晋武帝派人宣满奋入宫议事。满奋费力地冒着寒风从家里走到皇宫，一进门就找到一个避风的角落，想要坐下来。没想到皇帝抬手指着北面为满奋搬来的琉璃屏风，说："你坐那边吧。"满奋看了一眼椅子后面的屏风，窗外又传来呼啸的风声，他浑身不自在起来。晋武帝看他这副样子，哈哈大笑说："那是琉璃屏风，最能挡风的东西，瞧你那点出息。"

满奋走过去一看，屏风上确实有层琉璃，整个人才放松下来。他红着脸对晋武帝说："当初吴地的牛看到月亮就吓得直喘气，因为它怕热，白天被太阳晒得直喘气，晚上看到月光也会怕得喘气。我刚才真是蠢得跟一头牛一样。"晋武帝听了放声大笑。

吴牛喘月是一种很奇妙的现象，满奋把心中的惧怕借一种自然现象说得惟妙惟肖，起到了很好的自嘲作用。

荒唐的"羊车选妃"

　　司马炎在灭吴之后，将吴国后宫的妃子全部掳进了自己的后宫，再加上大力从民间选妃，使得他后宫妃子的人数超过了 1 万人。妃子这么多，每天晚上去哪里过夜也成了让他头疼的问题。于是他想出一个方法，坐着羊车在宫里随意行走，羊车停哪里，晚上就在哪个嫔妃的住处过夜，这就是传说中的"羊车选妃"。

　　后宫妃子为了争得皇帝的宠幸，纷纷在自己的门口放上柳枝，又撒上盐水。因为羊好吃咸的东西，妃子这么做，可以吸引羊的注意，夺得皇上的恩宠，为此，还衍生出了一个成语——羊车望幸。

成语练兵场

请根据下面的图，猜一猜对应的成语，把答案分别写在横线上吧！

答：＿＿＿＿＿＿＿＿

答：＿＿＿＿＿＿＿＿

wèi hǔ zuò chāng

为 虎 作 伥

成语释义 伥：鬼名，传说被老虎吃掉的人变成伥鬼，专门给老虎带路找人吃。比喻给恶人做帮凶。

引经据典 此是伥鬼，被虎所食之人也，为虎前呵道耳。——宋·李昉等《太平广记》

学以致用 新中国成立和发展的历程中，涌现出许多敢于牺牲的英雄，但也有人为虎作伥，成为人民的敌人。

近义词 助纣为虐　为虎添翼　　**反义词** 为民除害　除暴安良

成语有历史

黑白不分的伥鬼

唐穆宗长庆年间，有个名叫马拯的处士①很喜欢四处游览。有一天，他带了一个童仆②，上衡山祝融峰去拜访伏虎③长老。

伏虎长老是一位须发皆白的老和尚，老和尚热情地接待了他们，要留他们吃饭。不巧的是，厨房里的油和盐用完了。马拯便让童仆下山去买油盐，老和尚陪着他走出寺门。

①处士

旧时指有德才而隐居不愿做官的人；也泛指没有做过官的读书人。

这时，有一位叫马沼的隐士也来到了祝融峰，他告诉马拯自己在半山腰看见一只猛虎在吃人。马拯问被吃人的长相、衣着等，然后惊叫道："那是我的童仆哇！"

马沼又说："那只猛虎吃完人，立刻变成一个白须白发的老和尚。"他们正说着，老和尚回来了，马沼轻声对马拯说："就是这个和尚。"

他们私下想出一条妙计，骗老和尚说，后院的一口井里有奇怪的声音。老和尚很好奇，凑到井口时，马沼用力把他推进井内。落井的老和尚立刻变成了老虎。二人搬来石头，砸死了老虎。

他们马上下山，在一位猎人的窝棚里留宿。半夜时，马拯突然被人声吵醒，他借着月光一看，竟有几十个人，叫嚷着要替老虎报仇。猎人告诉他们，这些都是被老虎吃掉的人，但是死后却去引诱别人让老虎来吃，为老虎出行引路。马拯怒骂："你们这些伥鬼，死在了老虎嘴里，还要为它报仇！真是黑白不分哪！"

②童仆

家中侍候主人的孩童和仆人；男仆。

③伏虎

制服猛虎，比喻战胜邪恶势力。

老虎和狮子相比，谁更厉害？

科学家对老虎和狮子的身体结构做过对比。从体形上看，老虎更大一些，比如，东北虎的体重可达 350 千克，而狮子的体重一般在 240 千克左右。体形越大，战斗力越强，抗伤害的能力也就越强。如果老虎和狮子单挑，狮子往往斗不过老虎。

狮子喜欢群体生活，比较依赖群体协作；而老虎多是独行侠，习惯了单独行动。

在电视电影中，老虎和狮子大战时，多是老虎获胜。人们认为，那是因为老虎的速度和咬合力都超过狮子，能够做到一击致命。

1933 年，英国人曾做过实验，结果体形较小的老虎一连杀死三头狮子，逼着人类出手击毙了老虎才救下了其余的狮子。这么说来，还是老虎更厉害一点。

成语练兵场

请根据下面的图，猜一猜对应的成语，把答案分别写在横线上吧！

非也

是

答：＿＿＿＿＿＿＿＿＿＿＿

我的剑是在这里掉下去的

答：＿＿＿＿＿＿＿＿＿＿＿

参考答案　刻舟求剑　口是心非

jiǎo tù sān kū
狡 兔 三 窟

成语释义 窟：洞穴。狡猾的兔子有很多藏身的洞穴。比喻用以藏身避祸的地方多。现多用于贬义。

引经据典 狡兔有三窟，仅得免其死耳；今君有一窟，未得高枕而卧也，请为君复凿（záo）二窟。——《战国策·齐策四》

学以致用 尽管这帮歹徒狡兔三窟，但最终还是难逃法网。

近义词 掩人耳目 移花接木

反义词 坐以待毙 瓮中之鳖（biē）

成语有历史

孟尝君和冯谖的故事

战国时期，齐国贵族孟尝君承袭了父亲田婴的爵位，被封于薛地。据说，孟尝君养有三千食客①，冯谖（xuān）就是其中的一个。

有一次，冯谖替孟尝君到薛地讨债，他到了薛地，不仅没有收债，反而以孟尝君的名义烧掉了债券。孟尝君知道后，虽然不高兴，但也没有公开责备他。

> **①食客**
> 古代寄食在贵族、官僚家里，专为主人策划计谋、奔走效力的门客；饮食店的顾客。

②相国

古官名。春秋战国时期，除楚国外，各国都设相，称为相国、相邦或丞相，为百官之长。秦及汉初，其位尊于丞相。后为宰相的尊称。

后来，孟尝君被齐王解除相国②的职位，回到薛地，受到当地人的热烈欢迎，他这才感觉到冯谖的才能。

冯谖趁机对孟尝君说："聪明的兔子都有三个洞穴，以便在紧急时刻逃过猎人的追捕，免除一死。而您现在只有一个藏身之处，还不能高枕无忧，我愿意再为您安排两处。"

得到孟尝君的同意后，冯谖去拜见梁惠王，极力称赞孟尝君才识出众，是一个能让梁国变得更强盛的人。梁惠王便派人邀请孟尝君到梁国，准备让他担任治理国家的重要官职。可是，梁国的使者一连去了三次，冯谖都不让孟尝君答应。这件事很快传到齐王那

里，齐王一着急，就赶紧派人请孟尝君回到齐国都城，继续当相国。

后来，冯谖建议孟尝君向齐王提出拥有齐国祖传祭器的请求，并将它们放在薛地，同时兴建一座祠庙③供奉。这样一来，齐王就会派兵保护，薛地的地位也变得非同寻常了。

至此，三个安身之地都准备好了，按照冯谖的说法，孟尝君总算可以垫高枕头、安心地睡大觉了。

③祠庙

祠堂、庙堂。古代用于祭祀祖先的地方。

坐拥"三窟"的孟尝君，世代无忧了吗？

孟尝君的名气越来越大，甚至超过了齐王。齐湣（mǐn）王感到了威胁，便借故嫁祸于孟尝君。孟尝君则投奔魏国，魏昭王任命他为相国。后来，在孟尝君的配合下，魏国与秦、赵、燕等国联合攻破了齐国。齐湣王逃亡，死在异国。齐襄王即位，并光复了齐国，而孟尝君选择在诸侯之间保持中立地位，不属于任何一国。而齐襄王因为刚刚即位，害怕孟尝君，也与孟尝君修复了关系，双方和平共处。

孟尝君死后，他的几个儿子为了争夺继承权而互相残杀。这时，齐、魏两国便趁机攻灭了薛邑。

《曾国藩家书》中写道："兄弟和，虽穷氓小户必兴；兄弟不和，虽家世宦族必败。"可见，善于对外经营固然重要，但树立良好的家教家风才是更为永恒的事业。

成语练兵场

请根据下面的图，猜一猜对应的成语，把答案分别写在横线上吧！

答：＿＿＿＿＿＿＿＿＿＿

答：＿＿＿＿＿＿＿＿＿＿

参考答案　　口若悬河　　异想天开

42

huà lóng diǎn jīng
画 龙 点 睛

成语释义 比喻艺术创作在关键处着墨或写文章、讲话时在关键处加上精辟词语，使内容更加生动传神。

引经据典 金陵安乐寺四白龙不点眼睛，每云："点睛即飞去。"人以为荒诞，固请点之。须臾雷电破壁，两龙乘云腾去上天，二龙未点眼者见在。——唐·张彦远《历代名画记·张僧繇》

学以致用 老师在我的作文里加了几个形容词后，一篇普通的文章立刻变得不一样了，真是画龙点睛啊。

近义词 一语道破 点睛之笔

反义词 画蛇添足 弄巧成拙

成语有历史

龙从墙上飞走了

南北朝时期的梁朝，有位很出名的大画家，名叫张僧繇（yáo），他的绘画技艺很高超。梁武帝信奉佛教，修建的很多寺庙①都让他去作画。

传说有一年，梁武帝要张僧繇在金陵②安乐寺的墙壁上画四条金龙。

张僧繇画好后，很多人前去观看，大家都称赞他画得逼真。可

> **①寺庙**
>
> 佛教建筑之一，汉传佛教的寺庙均是中式建筑风格，藏传佛教的寺庙以中式建筑风格为主。中国寺庙建筑则恰好相反，它有意将内外空间模糊化，讲究室内室外空间的相互转化。

43

②金陵

江苏南京的别称。战国楚威王七年（前333年）灭越，设置金陵邑。

是，也有美中不足的地方——四条龙都没有眼睛。张僧繇解释，给龙点上眼珠并不难，但是点上了眼珠，这些龙会破壁飞走的。人们听后都不相信。

张僧繇无奈，只好提起画笔，轻轻地给两条龙点上眼睛。奇怪的事情发生了，顷刻间天空忽然乌云密布，雷鸣电闪，被点睛的两条龙立即震破墙壁，腾空而起，飞向天空。

过了一会儿，风停雨歇，云散天晴。人们都吓得目瞪口呆，没人敢说话，而墙上只剩下没有被点上眼睛的两条龙。而张僧繇只是站在一旁，笑而不语。

后来，人们根据这个传说，引申出"画龙点睛"这个成语，用来比喻说话或做文章时，只要在主要处用上关键性的、精辟的一两句话，就会使一席话或整篇文章变得更加精彩。"画龙点睛"的传说固然不可信，但点睛传神在艺术上的重要性，却是毋庸置疑的。

为什么说眼睛是心灵的窗户?

　　眼睛是人的视觉器官,约 90% 的外界信息都是通过视觉通路输入大脑的。据估计,每只眼睛约有 120 万条视神经纤维,它比听、触、嗅、味等其他神经纤维的总数还要多得多。人一旦丧失视觉,从客观世界所获得的大部分信息也将消失,所以眼睛有"五官之首"的美称。

　　"眼睛是心灵的窗户"这句话源自著名画家达·芬奇,他用比喻的修辞方法说明眼睛可以表达思想感情,甚至有些用语言难以表达的微妙情绪也可以通过眼睛展现出来。

　　除此之外,眼睛还能够传递思想、反映人的精神状态,具备多种功能。眼睛是如此重要,我们一定要保护好它。

成语练兵场

请根据下面的图,猜一猜对应的成语,把答案分别写在横线上吧!

答:＿＿＿＿＿＿＿＿

答:＿＿＿＿＿＿＿＿

参考答案　　落花流水　　枯木逢春

bēi gōng shé yǐng

杯弓蛇影

成语释义　把墙上的弓映在酒杯中的影子当成蛇。比喻疑神疑鬼而自相惊扰。

引经据典　予之祖父郴（chēn）为汲令，以夏至日请见主簿杜宣，赐酒。时北壁上有悬赤弩（nǔ），照于杯中，其形如蛇。——汉·应劭《风俗通义·怪神》

学以致用　每当一个人在家里的时候，她常常胡思乱想，杯弓蛇影，自己吓唬自己。

近义词　庸人自扰　草木皆兵　　**反义词**　安之若素　坦然自若

成语有历史

忧虑成疾

有一天，晋朝人乐广在家里宴请宾客，一起碰杯喝酒、猜拳行令，很是热闹。

有个客人正要举起酒杯时，突然看见自己的酒杯里好像有一条小蛇在晃动，他的心里一阵惊慌，但是碍于情面，还是硬着头皮把酒喝了下去。

从此以后，他成天忧心忡忡，总觉得有蛇在腹中蠢蠢欲动，他茶饭不思，也不寐，还经常恶心想吐，四处寻医问药也无济于事，后来竟到了卧床不起的地步。

隔了几天，乐广了解到朋友生病的原因，心里很是不安，他在自家大厅里来回踱步，左思右想，后来把目光落在墙上挂着的一张弯弓①上：莫非是那把弓的影子恰巧映落在了朋友放过酒杯的地方？

乐广赶紧前往朋友的住处，把这事解释给他听，并再次把客人请到家中，邀朋友举杯。那人刚举起杯子，墙上弯弓的影子又映入杯中，宛如一条游动的小蛇，他惊得目瞪口呆，压在心上的石头被搬掉，病也随之而愈。

在这件事情中，乐广堪称懂得怎样去除病人的心病的良医，比一般滥施药物的庸医高明多了。

后来，人们就用"杯弓蛇影"比喻疑神疑鬼，妄自惊慌。

> **①弓**
>
> 发射箭矢或弹丸的器具；形状像弓的工具；旧时丈量土地的器具，形状略像弓。

47

蛇为什么要冬眠？

蛇属于变温生物，能量消耗是恒温生物的 1/3，但是它的体温会随着外界温度的变化而变化。

当外界温度低于 15 摄氏度时，蛇就难以维持自己基本的生命活动了，为了生存，它们必须找到一个适宜的地方越冬。

一般情况下，蛇会寻找树洞、山洞或者是缝隙之中越冬。在越冬过程中，它们不吃不喝不活动，用身体储存的能量维持生命，将自己的新陈代谢降到最低。

冬眠时候的蛇，其实是没有任何攻击能力的，如果你不小心遇到它们，也不用担心。但是千万不能像《农夫与蛇》中的农夫那样去用自己的体温唤醒蛇，因为复苏之后的蛇有可能真的会反咬人一口。

成语练兵场

请根据下面的图，猜一猜对应的成语，把答案分别写在横线上吧！

答：_____

答：_____

参考答案　量体裁衣　老当益壮

lì bīng mò mǎ

厉兵秣马

成语释义
厉：通"砺"，磨；兵：兵器；秣：喂养。磨快兵器，喂养好战马。比喻做好战斗前的准备工作。

引经据典
郑穆公使视客馆，则束载、厉兵、秣马矣。——《左传·僖公三十三年》

学以致用
哥哥今年参加高考，他已厉兵秣马，一定会自信满满地走进考场。

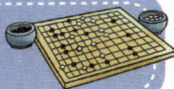

近义词 严阵以待
盛（shèng）食厉兵

反义词 偃旗息鼓　解甲释兵

成语有历史

重耳的妙计

春秋时期，晋国的重耳①在外流亡时，郑国曾对他无礼。重耳重回晋国成为晋文公之后，便联合秦国的秦穆公包围了郑国。

不过，郑国有一个勇敢又善辩的人，名叫烛之武，在他的游说（shuì）下，秦国不仅放弃攻打郑国，还与郑国结盟。

其实，秦穆公一直想扩充领土，便以帮助郑国防守为名，派杞

①重耳

人名。晋献公之子，在国外流亡十九年，后回到晋国，即晋文公，为春秋五霸之一。

49

子等人驻守郑国。

几年后，杞子见郑国守备空虚，就派人报告秦穆公："我现在掌管郑国国都北门的钥匙，如果您秘密派兵前来，一定可以攻下郑国的都城。"

②犒劳

在对方付出艰苦努力或劳动后，用酒食或财物等表示慰问。

于是，秦穆公派遣孟明视、西乞术、白乙丙三员大将率军出征。他们长途跋涉，来到距离郑国不远的滑国的时候，郑国商人弦高也正好途经这里。

弦高很爱国，也很聪明，一看就知道是怎么回事了。他急中生智，一面派人赶紧回郑国报信，一面假冒郑国使者，送给秦军4张熟牛皮和12头牛，并说道："敝国国君听说你们要来，十分欢迎，特派我送一点礼物来犒劳②大家。"孟明视等三位大将以为郑国早有准备，不敢贸然突袭。

接到弦高的报告后，郑国立即派人去杞子的驻地查探，发现他们已经打好了行李，磨好了兵器，喂饱了战马，只等动手了。

于是，郑国派人婉言辞退杞子等秦国将领。杞子等人知道阴谋败露，无法立足，只好撤离。

古代作战时，战马为什么很少被射死？

首先，战马像将士一样，常常会身披铠甲上战场，而铠甲有很强的防御作用。

其次，能够进入战场的马身体都是特别强壮的，而且经受过严格的训练，再加上身中一箭并不会对战马产生太大的杀伤力，很难一箭毙命。

最后，战马的价格特别昂贵，并且可以给军队带来作战优势，缴获敌方军资的时候，战马可以说是非常有价值的战利品。

不过，在战争中也是会有攻击敌军马匹的状况的，比如在进攻敌军的时候，一些士兵选择近距离攻击马腿或者用绊马索绊倒战马，因为这样再与敌人作战就有利了。

成语练兵场

请根据下面的图，猜一猜对应的成语，把答案分别写在横线上吧！

答：＿＿＿＿＿＿＿＿

答：＿＿＿＿＿＿＿＿

参考答案　缴械投降　瓮中捉鳖

瘦羊博士

成语释义 瘦羊：非常瘦弱的羊。博士：古代学官名。指能克己让人的人。

引经据典 诏书赐博士一羊。羊有大小肥瘦。时博士祭酒议，欲杀羊分肉……宇因先自取其最瘦者，由是不复有争讼。——《后汉书·甄宇传》

学以致用 他工作认真，不怕吃苦，生活中也常常为别人着想，大家都亲切地称他瘦羊博士。

近义词 甄宇瘦羊　孔融让梨　　　**反义词** 斤斤计较　挑肥拣瘦

成语有历史

甄宇瘦羊

　　东汉光武帝刘秀在位的时候，有一个叫甄宇的人，他学识渊博，待人正直忠厚，德行好，被征召到洛阳的太学里担任博士①。

　　皇帝对博士们非常重视和爱惜，每逢腊月三十，就特别下诏赏赐每位博士一只羊，让他们高高兴兴地过节。

　　有一年，光武帝像往年一样又把羊赏赐了下来。可是大家遇到

①博士

我国古代讲授经学的官员；古代对精于某种技艺或专门从事某种职业的人的尊称；现在多指学位的最高级别，也指取得这一学位的人。

了一个难题：羊有肥有瘦、大小不等，怎么分才公平合理呢？博士们七嘴八舌，有人建议把羊杀了，平均分取羊肉，有人建议用抓阄②的办法来分羊。

> ②抓阄
>
> 一般指每人从预先做好记号的纸卷或纸团中取一个，以决定谁该得什么东西或做什么。

大家七嘴八舌地吵嚷起来，每个人都觉得自己的方式最好，半天也没有商量出一个好办法。

这时候，甄宇站起来，他说最简单的方式就是每人直接牵走一只羊啊！说完，他首先走到羊群中，挑出了那只最小最瘦的羊，自己牵走了。

别的博士看到他的行为，脸都红了起来，不好意思再争论，你谦我让的，很快就把羊分完了。

这件事情很快传播开来，洛阳城里的人纷纷赞扬甄宇，以致后来传到光武帝那里。一次，光武帝视察太学，想召回甄宇，直接询问"瘦羊博士"在哪里。

> ③京师
>
> 在我国古代，通常把都城称为京师。

从此以后，京师③洛阳的人们就以"瘦羊博士"来称呼甄宇。

羊有跪乳之恩吗？

《增广贤文》里提到"羊有跪乳之恩"，意思是说羊羔有跪下接受母乳的感恩举动。

其实，在羊羔很小的时候，是不存在"跪乳"现象的，因为它们躺着、站着吃奶刚好。稍微长大一点后，羊的个头长高了，吃奶时就必须要双膝跪下来才行。

也就是说，小羊是为了吃奶才跪下来的。

当然，"羊羔跪乳"的典故流传千年，人们并不是为了强调小羊跪着吃奶的行为，而是要引人深思——羊羔为何跪乳。

慢慢地，羔羊跪乳被人们赋予了"至孝"和"知礼"的意义。因为"孝"是中华民族的传统美德，我们要做的并不是在嘴上说说应该怎样孝顺，而是要有实际行动的。

成语练兵场

请根据下面的图，猜一猜对应的成语，把答案分别写在横线上吧！

答：_____

答：_____

参考答案　完璧归赵　节外生枝

mù hóu ér guàn

沐猴而冠

成语释义 沐猴：猕猴；冠：戴帽子。猕猴戴帽子。比喻人面兽心，虚有其表。多讽刺依附权势窃取名利的人。

引经据典 人言楚人沐猴而冠耳，果然。——汉·司马迁《史记·项羽本纪》

学以致用 我们要好好学习，积极参加实践活动，全面提高自身素质，做一个秀外慧中的人，绝不能沐猴而冠。

近义词 马牛襟裾（jīn jū）
虚有其表

反义词 秀外慧中　仁人志士

成语有历史

不愿锦衣夜行的项羽

秦朝末年，天下大乱，各路起义[①]军纷纷起兵反秦。按照楚怀王曾与各路抗秦将领的约定，谁先攻入秦朝都城咸（xián）阳[②]，谁就可以在关中称王。

公元前206年，沛公刘邦首先攻破秦都咸阳，刘邦很是得意，想以"关中王"自居。不过，他很快冷静下来，听取了张良的建议，不动咸阳财物，先率军退到灞（bà）上。

①起义

为反抗反动统治而举行武装暴动；背叛原来阵营，归附正义的一方。

55

随后，实力派项羽也率军赶到了。项羽直接背弃了当初的约定，依仗着自己的势力，带领人马，冲入城内，杀掉王子婴，大肆屠杀，并放火焚烧了秦宫，据说大火一连烧了几个月都没有熄灭。

项羽还自称西楚霸王，掌握军队最高统治权，分封各路将军为王，刘邦被封为汉王。

当时，有人劝项羽在咸阳建都，因为咸阳是关中要地，土地肥沃，物产富饶，而且地势险要，一定有助于奠定霸业。可是眼前被自己烧毁的秦宫已经残破不堪，项羽忽然怀念故乡，便说："人富贵了，应归故乡，富贵不归故乡，好比'锦衣夜行③'，谁看得见？"

那人听了这句话，心里对项羽产生鄙视，于是在背后对人说："人家说楚国人（指项羽）徒有其表，像是猴子戴上帽子假充人一样，果真如此呀！"

不料，这话传到了项羽耳朵里，项羽很愤怒，立刻把那人抓来，投入鼎镬④（huò）里烹煮了。

②咸阳

古都邑名。在今陕西咸阳市东北窑店镇附近。

③锦衣夜行

穿着华美的衣服在夜晚走路，多表示虽然事业上有所成就，却没有回乡接受亲友的称誉。

④鼎镬

鼎、镬都是烹煮食物的器具，古代有用鼎、镬烹煮罪犯的酷刑。

成语小·学堂

项羽为什么会被司马迁写进《史记》中的"本纪"？

在《史记》中，"本纪"实际上是帝王的传记。作者把项羽的故事写成《项羽本纪》，可见，在司马迁看来，项羽是名副其实的英雄。

项羽高大威武，力能扛鼎，率领的楚军是摧毁暴秦的主力，一生打过很多胜仗，尤其是在灭秦的过程中功不可没。比如在著名的巨鹿之战中，他用五万兵力战胜对方 40 万大军，创下奇迹。

他讲诚信，有恻隐之心。他豪迈骁勇，却也常被认为有妇人之心和儿女情长。所以，人们对他的评价褒贬不一。

而司马迁有实录精神，他写《史记》的时候，汉朝已经建立很久了，司马迁没有用成王败寇的传统思想去看待历史，所以将他写进了《史记》中的"本纪"。

成语练兵场

请根据下面的图，猜一猜对应的成语，把答案分别写在横线上吧！

答：_____

答：_____

参考答案　1.指鹿为马　2.酒香不怕巷子深

57

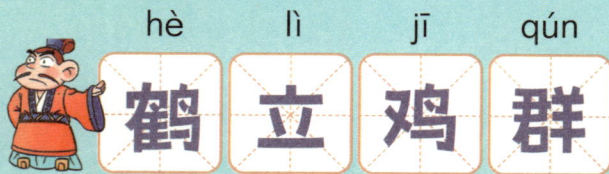

hè　lì　jī　qún

鹤　立　鸡　群

成语释义　像仙鹤立在鸡群之中。比喻人的仪表或才能超凡脱俗，非常突出。

引经据典　嵇绍入洛，或谓王戎曰："昨于稠人中始见嵇绍，昂昂然若野鹤之在鸡群。"——晋·戴逵《竹林七贤论》

学以致用　在这次大型主持人比赛中，她谈吐不凡，形象出众，简直是鹤立鸡群啊。

近义词　出类拔萃　卓尔不群　　　**反义词**　滥竽充数　相形见绌（chù）

成语有历史

为保护庸君而死的嵇（jī）绍

三国时期，有个叫嵇康的人，他才华出众，个性张扬，是著名的思想家、文学家和音乐家，"竹林七贤①"之一。可惜，他因为得罪了司马昭，在 41 岁时被杀害了。

嵇康有个儿子名叫嵇绍，当时年仅 10 岁，他也被迫退居山里，不得出仕。嵇康好友山涛掌管选举事务时，向晋武帝奏请举荐嵇绍。于是皇帝下诏

> **①竹林七贤**
>
> 魏晋年间的嵇康、阮籍、山涛、向秀、刘伶、王戎、阮咸七人，先有七贤之称，因常在当时的山阳县竹林之下喝酒纵歌，恣意畅谈，后与竹林合称，为"竹林七贤"。

令嵇绍入朝，做了秘书丞。

嵇绍和他父亲一样，很有才学，且仪表堂堂，他无论走到哪里，都显得卓然超群。有人见了他，对他父亲的好友王戎说："我昨天在人群中第一次见到嵇绍，他气度不凡，很有风采。在人群之中，就像一只仙鹤站在鸡群里那样突出。"

后来，嵇绍担任晋惠帝司马衷的侍中，很受信任。而他也对皇帝忠心耿耿。有一次，朝廷的军队在荡阴打了败仗，晋惠帝在混战中面颊中了三箭，官兵们见此情形纷纷溃逃，只有嵇绍不离左右，用身体保护着晋惠帝，最终被乱箭射死，鲜血溅在晋惠帝的皇袍上，惠帝很受感动。

等到战事平息之后，侍从们见到惠帝衣服上有血迹，要将其洗去，惠帝很伤感，他说："不要洗去，这是嵇侍的血啊！"

历史上，人们却对嵇绍的评价褒贬不一，而且远不如他的父亲嵇康。虽然他是为了保护皇帝而死的，但是他保护的这个皇帝实在是一个昏庸之君。

公鸡为什么能按时鸣叫？

科学家研究发现，鸡的大脑里有一块区域，叫松果腺体，可以分泌褪黑素，当有光线射入鸡的眼睛时，褪黑素就会减少，体内的雄激素水平开始上升，公鸡就会不由自主地打鸣。而且，公鸡的雄性激素水平越高，叫声就越洪亮。这样的公鸡往往体形健硕，战斗力也强。

当然，仅靠这种光的敏感度影响，还不足以证明大公鸡能够像会计算时间一样进行打鸣，科学家猜测可能还要借助地球上的磁场，任何生命体其实都是能感受到磁场的存在和影响的。

另外，大公鸡有着很强的领地意识，它的鸣叫会引起别的公鸡跟着打鸣。经过了漫长时间的进化，公鸡打鸣已经形成了自然规律和生存习性。

成语练兵场

请根据下面的图，猜一猜对应的成语，把答案分别写在横线上吧！

答：＿＿＿＿＿＿＿＿

答：＿＿＿＿＿＿＿＿

参考答案　怒气冲冲　蹲下去撒尿

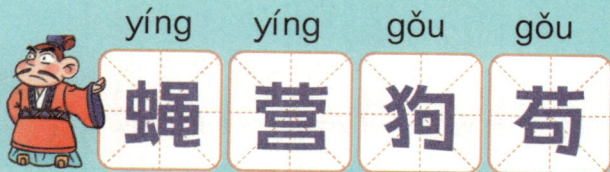

yíng yíng gǒu gǒu

蝇营狗苟

成语释义 像苍蝇一样飞来飞去，到处钻营；像狗一样苟且偷生，不知羞耻。比喻有的人不顾廉耻，到处钻空子。

引经据典 蝇营狗苟，驱去复还。——韩愈·《送穷文》

学以致用 为人处世一定要脚踏实地，千万不要做那些蝇营狗苟的事情。

近义词 光明磊落 不欺暗室

反义词 蝇营鼠窥 蝇集蚁附

成语有历史

《送穷文》里的故事

唐朝贞元八年（792 年），韩愈①考中了进士。11 年后，他出任监察御史②，可没当多久，他就被贬为阳山③令。在这之后，韩愈的仕途几起几落，十分坎坷。

809 年，韩愈被调为河南令，坎坷的仕途让他内心感到十分憋屈。于是，韩愈写了一篇《送穷文》，里边讲了这样一个故事：

①韩愈

唐朝中期官员，著名的思想家、文学家、哲学家。

②监察御史

古代官名，负责监察百官、巡按郡县、纠视刑狱。

某年正月三十，一个人吩咐仆人用柳条扎车、草束做船，并在上面装满了干粮。接着，他作法把家里的穷鬼叫出来，对他作揖说："穷鬼，今天是个好日子，我特意给你和你的朋友们准备了车船，还有吃的，待会你们好好吃一顿，等吃饱喝足了，就请你们离开吧！"

③阳山

古地名，阳山县在今天广东省清远市。

过了一会儿，空气里传来穷鬼的声音："主人哪，你嫌弃我了！你说我有朋友，那他们是谁？如果你能说出来，那我就心服口服！"

这个人听了，赶忙说出了"智穷""学穷""文穷""命穷""交穷"这五个名字，刚一说完，这五个穷鬼就出现了，他们吐了吐舌头，然后对那人说："主人，这么多年，也只有我们几个陪在你身边，你被贬官，我们从来没疏远你，比那些蝇营狗苟的人要对你好得多，这世界上还有比我们更理解你的人吗？"

听了这话，这个人的心突然被刺痛，他一把火烧掉了准备好的车船，然后将五个穷鬼请到贵宾的座位上，准备好好招待一番。

为什么跟狗有关的词语大多是贬义的?

起初，人类驯化狗的目的很简单，就是帮助人们打猎，以获得更多的食物。后来，随着猪、马、牛、羊、鸡、鸭、鹅等动物逐渐被驯化，人类的家畜越来越多，有的可以做劳力和运输工具，有的可以提供肉食和蛋类，人类也从原始社会过渡到农耕社会，不再完全依靠打猎为生。狗的社会作用开始被弱化，地位越来越低，主要活动范围逐渐转向了室内，变成看家护院的角色。

忠诚、机灵、领地意识强是狗的天性，这些优点在某些情况下，却变成了缺点。狗会不分青红皂白地忠诚于主人，哪怕主人是十恶不赦之人，狗同样会对他忠心不二。有时候，狗会成为助纣为虐的帮凶。

另外，狗的基因里掩藏着野性，在适当时间和地点，会释放出来，对人或者弱小动物痛下杀手。

成语练兵场

请根据下面的图，猜一猜对应的成语，把答案分别写在横线上吧！

答：_____

答：_____

mù   zhū   nú   xì

牧 猪 奴 戏

| 成语释义 | 是对赌博的蔑称，也指赌徒聚赌时的丑态。 |

| 引经据典 | 樗（chū）蒲（pú）者，牧猪奴戏耳！——唐·房玄龄等《晋书·陶侃传》 |

| 学以致用 | 他们几个都是好吃懒做、不务正业的人，如今聚在一起，更是牧猪奴戏，白白浪费了光阴。 |

| 近义词 | 呼卢喝（hè）雉（zhì）赌彩一掷 |

| 反义词 | 日理万机 旰（gàn）食宵（xiāo）衣 |

成语有历史

勤勉的陶侃

陶侃生活在晋代，是一个很勤勉的官员，不曾有片刻清闲。对于官府众多的事情，他要求自上而下检查管理，从未遗漏。招待或送行的事情也安排得井然有序，门前几乎没有停留或等待之人。远近的书信奏章，没有一件不亲手答复，从善如流，不曾阻塞停滞。他常对人们说："大禹是圣人，他非常珍惜寸阴①，我们怎么能安逸游乐、放纵醉酒呢？活着对时代没有益处，死了在身后没

①寸阴

日影移动一寸的时间，形容极短的时间。

64

有名声，这是自己抛弃自己呀。"

有段时间，官府中有人整日饮酒清谈，玩樗蒲②的博戏而荒废了政事，陶侃就命令人将他们的酒器、樗蒲用具都投到江中，并对官吏进行鞭笞的惩罚。他说："樗蒲不过是放猪的人玩的游戏，《老子》《庄子》言辞浮华不切实际，非议先王符合礼法的言论，是行不通的。君子应当端正衣冠，保持自己庄严的容貌举止，怎么能披头散发，夸夸其谈以博取声名，还自认为广博通达呢！"

陶侃对自己要求更是严格。有人馈赠奉献，他首先要询问物品来处。如果是自己出力劳作得到的，即使微薄他也很高兴，慰勉赏赐多倍的物品；如果是不义之财，就会非常严厉地呵斥羞辱，退还馈赠品。

后来，在陶侃的治理下，"自南陵迄于白帝数千里中，路不拾遗"，为后世所称道。又因陶侃为政缜密，提倡教育，常勉励人们珍惜时间，不要饮酒赌博，当地百姓感念陶侃的功德，为他建祠以祀（sì）③。

> ②樗蒲
>
> 古代一种类似掷色子的游戏，后世也用以指赌博。

> ③祀
>
> 祭祀，旧俗备供品向神佛或祖先行礼，表示崇敬并祈求保佑；商代特指年。

为什么说"人怕出名猪怕壮"？

这是一个和神医华佗有关的传说。三国时，魏国大将张辽8岁的孩子登山玩耍时摔断了腿骨，接骨郎中也没有治好，张辽很是着急。有人推荐了一个名叫华佗的郎中，结果孩子的腿被他医治得完好如初，张辽连声称赞："神医！神医！"

后来，华佗为蜀国守荆州的主将关羽刮骨疗毒，名声传遍中原大地。

再后来，曹操请他医治脑疾，华佗诊断后对曹操说："你脑中有一沙粒，名曰混脑沙，须开颅取沙。"曹操生性多疑，怀疑华佗是受人指使要杀害他，就把华佗抓进大狱。最后，华佗被害死在狱中。

华佗死后，乡邻们认为："华佗之死，死在他太出名上，就像猪长肥了要被宰掉一样。"从此，"人怕出名猪怕壮"作为一句谚语，在中原一带民众中形成，一直流传至今。

成语练兵场

请根据下面的图，猜一猜对应的成语，把答案分别写在横线上吧！

不留退路

答：＿＿＿＿＿＿＿＿

天塌下来咋办？

答：＿＿＿＿＿＿＿＿

参考答案　　杞人忧天　背水一战

第三章

藏在数字里的成语

yī qiào bù tōng
一窍不通

成语释义 窍：孔，指心窍。比喻人昏昧不明事理，或对某事完全不懂。

引经据典 杀比干而视其心，不适也。孔子闻之曰："其窍通，则比干不死矣。"——《吕氏春秋·过理》

学以致用 他的围棋下得很好，至于桥牌可就一窍不通了。

近义词 一问三不知　一无所知

反义词 无所不知　无所不通

成语有历史

一代忠臣比干

①摘星楼

传说是纣王为妲己所建的一座楼。

商朝的时候，有一个非常残暴的君主，名叫纣（zhòu）王。商纣王不以江山社稷为重，终日荒淫无道，专宠妃子妲（dá）己，为了能和妲己尽情玩乐，他还建造酒池肉林和摘星楼①。

一些忠臣向皇帝谏言，要他专心治国，远离妲己。妲己听说后就怂恿纣王杀了那些忠臣，从那以后，没人再敢说话。

　　商纣王的叔父比干打算亲自劝说这个放荡的皇帝。周围的人拦住他说："之前劝说纣王的人都被妲己害死了，你还敢去吗？"

　　比干正言厉色地说："君主犯错，臣子不指出来就是不忠。我现在指出皇帝的错误，才是忠臣该做的事。"

　　比干在摘星楼外面站了三天才见到商纣王。比干生气地劝说："陛下，你不可以整日沉迷于酒色之中，不可以乱杀无辜的人，你应该为国家和老百姓着想！"

　　妲己知道这件事后，想马上除掉比干。于是她对纣王说："我听说圣人的心都有七窍②，比干既然是仁善的圣人，我们何不把他的心挖出来看看！"结果，一代名臣比干就这样被昏庸的皇帝杀死了。

②七窍

人体部位名。指头面部七个孔窍（双眼、双耳、鼻孔、口）。

　　商纣王杀死比干，观看他的心脏，这是不合礼义的。把不合礼义当作快乐，这是要导致灭亡的。后来，孔子评价纣王说："他要看比干的七窍玲珑心，就把人杀了。但凡他的心通了一窍，也做不出这种事，比干就不会被杀了。"

朝歌

比干的后代为什么姓林？

比干是商朝宗室宰相、商纣王的叔叔，是传说中以死谏君的忠臣之典范，被世人称为"天下第一仁"。

传说比干被杀害时，他的夫人陈氏已有三个月的身孕。为了躲避灾祸，陈氏逃出了朝歌，在太行山的森林之中生下了比干的儿子。

武王灭商后，四处寻找比干的后人，最后在森林里找到了比干夫人以及其儿子，因为他们在林中避难，靠采食森林中的果子才得以生存，武王就把"林"姓赐给了比干，还封他为林穆公。这样比干之子就成了第一个以林为姓的人，比干则被称为林姓始祖。

历史上的林家重德，善于教育后代。林氏后代有 4 人履职宰相，3000人成为进士，皇帝亲自主持殿试 201 次，林家榜上有名 183 次，"无林不开榜，开榜必有林"成为家风典范。

成语练兵场

请根据下面的图，猜一猜对应的成语，把答案分别写在横线上吧！

答：＿＿＿＿＿＿＿＿＿＿

答：＿＿＿＿＿＿＿＿＿＿

参考答案　掩耳盗铃　自卖自夸

shū tōng èr yǒu

书 通 二 酉

成语释义
二酉：指大酉山、小酉山。读通了二酉山所藏的书。比喻读书甚多，学识渊博。

引经据典
小酉山上石穴中有书千卷，相传秦人于此而学，因留之。——南朝宋·盛宏之《荆州记》

学以致用
他书通二酉，见识广博，深受学生的敬仰。

近义词 学富五车 博览群书

反义词 胸无点墨 不识之无

成语有历史

舍命护书

经过数十年的战火纷飞，秦始皇统一了中国。之后，为了控制老百姓的思想，使自己的帝国生生不息，他采纳了丞相李斯的建议，在全国实行文化高压政策，颁布了挟（jiā）书律。简单地说，就是将《秦纪》以外的列国史记全部焚烧。在这样严厉的政令下，全国上下浓烟滚滚，秦朝之前的文化面临灭绝的危险。

就在这个危急关头，一个名叫伏胜的朝廷博士挺身而出，准备保护这些古书。此人自幼喜好读古书，后来因精通《尚书》，被任

71

为秦朝的儒学博士。为了保护这些珍贵的典籍，他悄悄收集了2000多卷书简，装了5车运出了咸阳。其中，就包括《尚书》这部重要的古代文化典籍，因其藏于壁中，才得以保全而流传至今。

伏胜学识渊博，很有远见，他知道，秦始皇言出必行，一旦自己私自偷运禁书的事情暴露，不但自己的性命不保，亲朋好友也会受到牵连，所以一定要选一处隐秘的地方。他思来想去，最后决定把这些文化典籍藏到屈原流放的地方——五溪（酉溪、辰溪等）大湘西。

> **①洞庭湖**
>
> 位于湖南省北部、长江南岸。因湖中洞庭山（即今君山）而得名。

于是，伏胜将这些书从咸阳运到河南，一路舟车劳顿，来到洞庭湖①后，又乘坐小船沿着沅（yuán）水转酉（yǒu）水逆江而

> **②二酉山**
>
> 位于今湖南省怀化市沅陵县西北，相传小酉山石穴有秦人藏书千卷。

上，将这些书藏到了"鸟飞不渡""兽不敢临"的二酉山②的山洞里，这才得以让它们留传下来。

由于二酉洞曾经珍藏了大量古代文化典籍，所以现在人们用"书通二酉"这个成语形容一个人读书多、学识渊博。

二酉山

"文化圣洞"和"天下名山"

汉朝建立后,各个学派逐渐活跃起来,儒家经书的地位也开始恢复。伏胜将这些书献给了汉高祖刘邦。刘邦得到这些宝贵的书欣喜万分,亲自将二酉藏书洞封为"文化圣洞",将二酉山命为"天下名山"。从此之后,二酉山就成了天下读书人心中的圣地,各朝各代的文人墨客都来到这里拜谒(yè),并留下了大量的诗词文章。

后来,为了保护二酉洞,这里还专门修建了藏书阁。

成语练兵场

请根据下面的图,猜一猜对应的成语,把答案分别写在横线上吧!

答:_____

答:_____

sān　lìng　wǔ　shēn

三令五申

成语释义　三、五：虚数，形容多次；令：命令；申：告诫。形容多次命令和告诫。

引经据典　"约束既布，乃设斧钺，即三令五申之。"——《史记·孙子吴起列传》

学以致用　学校早已三令五申，上下学路上，一定要遵守交通规则。

近义词　耳提面命　千叮万嘱

反义词　言之不预　敷衍了事

成语有历史

孙武演兵

　　春秋时期，有一个叫孙武的人，擅长军事，写成《孙子兵法》①。吴王为了试试他的才能，从宫中选出 180 名宫女，让他训练。孙武让她们手拿长戟，分为两队，任命吴王宠爱的两个宫姬为队长。

　　队伍站好后，孙武问道："你们知道怎样向前向后和向左向右转吗？"众女兵都说知道。

> **①《孙子兵法》**
>
> 又称《孙武兵法》或《吴孙子》，是中国现存最早的兵书，也是世界现存最古老的军事理论著作。

孙武再说："我说'前'，你们就看前方；说'左'，你们就向左转；说'右'，你们就向右转；说'后'，你们就向后转。"孙武还令人搬出斧钺②，再三重申刚才的命令。

②斧钺
古时杀人用的刑具。

可是，当孙武发出向右转的号令时，众女兵不但没有依令行动，反而哈哈大笑。

孙武见状，说："看来，是我解释得不够明白，命令才没有得到执行。"他又将刚才的话详尽地说了一遍，然后发出向左转的号令，众女兵却还是笑着不动。

孙武看到后，严厉地说："解释不明、交代不清是将官的过错。但是交代清楚而不听令就是队长和士兵的过错了。"说完，他命令随从将两个队长斩首。吴王见状，慌忙讲情。

孙武说："我既受命为将军，将在军中，君王的命令可以不听从！"便很坚决地把两名女队长斩了，另外任命新的队长。

宫女们很害怕，孙武再次发令时，无论是向前向后、向左向右，甚至跪下、起立等复杂的动作她们都认真操练，再不敢儿戏了。

"事不过三"有什么玄机吗？

"事不过三"是一句古话，意思是说同样的事不宜连做三次。连做三次，就很可能陷入困境或败局。这句古话应该不是空穴来风，而是长期以来人们对生活经验的一种体会或总结。

民间有"三世轮回"的传说，听起来很唯心，如果我们把它与"盛极而衰"联系在一起，在某些时候，就可以把"三"当成能量消耗的极数。

"事不过三"不仅指社会国家大事，也包括个人的家事。比如，在一个朝代中你很难同时找到祖父孙三代都有大作为的皇帝。

人们都认可"一鼓作气，再而衰，三而竭"的说法，任何事情都有其极限性，"三"或许就是一个周期。举个例子来说，刘备三顾茅庐，诸葛亮就不好意思再不出山了。

成语练兵场

请根据下面的图，猜一猜对应的成语，把答案分别写在横线上吧！

答：＿＿＿＿＿＿＿＿＿＿

答：＿＿＿＿＿＿＿＿＿＿

参考答案　守株待兔　目中无人

sì　miàn　chǔ　gē

四 面 楚 歌

成语释义
楚：古代楚国。四周都是楚人的歌声。比喻四面受敌的处境。

引经据典
项王军壁垓下，兵少食尽，汉军及诸侯兵围之数重。夜闻汉军四面皆楚歌，项王乃大惊曰："汉皆已得楚乎？是何楚人之多也。"——《史记·项羽本纪》

学以致用
他是个乐天派，朋友也多，如今怎么就陷入四面楚歌的境地了呢？

近义词　孤立无援　腹背受敌
反义词　安然无恙　旗开得胜

成语有历史

英雄末路

历史上有一场著名的战争，叫垓下①之战，是楚汉②两军进行的一场战略决战。

起先，项羽凭借一贯的勇猛，击败了韩信③的先头部队。但是在接下来的战斗中，项羽军队不幸被包围在垓下。

韩信为了能够更快地瓦解楚军的士气，让士兵们在包围圈外吟唱楚地的歌谣。

①垓下
地名，在今安徽省灵璧县东南。汉高祖围项羽于此。

②楚汉
是秦朝灭亡之后，以西楚霸王、汉王刘邦为首的两大政治军事集团。

77

项羽听见围住他的军队唱起楚地的民歌，不禁吃惊地说："刘邦得到楚地了吗？为什么他的军队里的楚人这么多？"

③韩信

西汉开国功臣，军事家、战略家，为西汉政权的建立立了卓越功勋。

楚军战士连年作战，本来已经身心俱疲，听到楚歌后，更是思念自己的家乡，于是开始了大量的逃亡。

项羽对着心爱的女人虞姬，对着心爱的坐骑乌骓马，唱出了被后人们传诵千古的《垓下歌》："力拔山兮气盖世，时不利兮骓不逝。骓不逝兮可奈何，虞兮虞兮奈若何！"虞姬听了，满眼泪水，旁边的人也无不潸然泪下。虞姬为了不拖累项羽，当场横剑自杀。

悲愤的项羽率兵连夜突围，却不幸误入沼泽。当他到达东城山头时，被灌婴的5000名骑兵围住。此时，项王只剩下28名随从。他把28人分成四队，分别向四个方向突围，最后退到了乌江边上。

项羽没有选择过江东，而是拔剑自刎，结束了自己英勇又短暂的一生。

"四"是不吉利的数字吗？

中国人读"四"时，往往认为它与"死"谐音，是一个不吉利的数字。但是，这种说法毕竟没有根据，也不科学。

事实上，在有些地方，数字"四"又叫吉祥数字，因为它与音乐有着密切的关系。音乐发音顺序"四"是"fa"，而中文谐音"发"的意思是繁荣昌盛，寓意着美好的祝福。有些国家则认为"四"代表公平、正义和力量。

可见，"四"是一个与好坏无关的数字，是人们赋予了它某种含义。

成语练兵场

请根据下面的图，猜一猜对应的成语，把答案分别写在横线上吧！

答：＿＿＿＿＿＿＿＿＿

答：＿＿＿＿＿＿＿＿＿

参考答案　螳螂挡车　螳螂捕蝉

wǔ gǔ bù fēn

五谷不分

成语释义
五谷：一般指稻、麦、黍（小米）、稷（高粱）、豆，也泛指粮食作物；分：分辨，区分。连五种粮食作物也辨别不清楚。形容脱离生产劳动、缺乏实践经验。

引经据典
子路问曰："子见夫子乎？"丈人曰："四体不勤，五谷不分，孰为夫子？"植其杖而芸。——《论语·微子篇》

学以致用
学校里开设了劳动课，在老师的带领下，同学们挖土、种菜，虽然辛苦，但是想想自己不会因为五谷不分而尴尬，还是很开心的。

近义词 不辨菽（shū）麦 不稼不穑（sè）

反义词 学富五车 博学多才

成语有历史

老农与子路

孔子①带着众弟子周游列国，希望能有国君重用自己，施展才能，实现抱负，可惜四处碰壁，总也不能如愿。

有一天，一行人走在郊野，跟在后面的子路②不小心掉队了。这时候，天色渐晚，子路找不到队伍，很是着急。

忽然，对面走过来一个老农，扛着一根

①孔子

名丘，字仲尼，春秋末期思想家、教育家、政治家，鲁国陬（zōu）邑（今山东曲阜东南）人。

②子路

鲁国卞（今山东泗水东南）人，年龄比孔子小19岁，孔子门下七十二贤之一。

竹杖，挂着个蓧③（diào）。

③蓧

除草用的竹编农具。

子路赶紧走上去问："老人家，您看见先生了吗？"老人瞥他一眼说："四肢不劳动，五谷分不清楚，你说的是这样的先生吗？谁是先生？"说完，老人再也不搭理他，把竹杖插在土里，开始做农活。

子路知道自己说错了话，便恭恭敬敬地拱拱手，站立在一旁。老人做完了农活，看子路还恭敬地站着，就招招手，把子路带回家，并杀鸡招待他，还让自己两个儿子出来见他。

等到子路赶上了孔子，说了这些事。孔子惊讶地说："他谈吐不凡，一定是有修养的隐士！"

于是，孔子带着子路赶紧回去找那位老人，可是老人出门了，孔子终究没见到。

孔子为什么被说是丧家之犬？

有一次，孔子来到了郑国，可是他不小心跟自己的学生们走散了。孔子有点累，一个人站在外城东门那里休息。他的学生们发现老师不见了，四处奔走，到处寻找。

这时，有个人对孔子的弟子子贡说："东门那里有个人，他的额头像尧，脖子像皋陶，肩头像子产（春秋时郑国著名政治家），腰以下比禹差三寸，他疲乏的那个样子，像一条无家可归的狗一样。"

子贡赶忙去东门找到孔子，并把那个人的话一五一十地告诉了孔子。孔子听了之后，笑着说："他描述的外貌，这些都不是主要的，只有说我像是丧家之狗，实在是太对了！"

其实，那个人想要表达的就是孔子全身上下都带着圣人的特征，只是累得像条狗一样啊！

成语练兵场

请根据下面的图，猜一猜对应的成语，把答案分别写在横线上吧！

答：＿＿＿＿＿＿＿＿＿＿＿

答：＿＿＿＿＿＿＿＿＿＿＿

参考答案　聚精会神　谈虎色变

liù shén wú zhǔ

六 神 无 主

| 成语释义 | 六神：道教指主宰心、肝、肾、脾、胆、肺六脏的神，泛指心神；无主：没有了主意。六神都没有了主意。形容因慌乱而失去主见。 |

| 引经据典 | 吓得知县已是六神无主，还有甚心肠去吃酒。——明·冯梦龙《醒世恒言》卷二十九 |

| 学以致用 | 春游的时候，小明找不到自己的队伍，急得六神无主。 |

近义词 手足无措 惊慌失措   **反义词** 从容不迫 泰然自若

成语有历史

难成的会面

嘉靖年间浚（xùn）县有一个才子叫卢楠，他相貌堂堂，一表人才，但好酒任侠，生性不羁①（jī）。

> ①羁
>
> 马笼头；束缚，拘束；寄居或停留在他乡。

浚县的知县姓汪，名岑（cén），喜欢喝酒。汪知县听说卢楠不仅交友广，酒量也很好，便有了要结识他的念头。

过几天，汪岑真的派人请卢楠过来一聚。令汪知县没有想到的是，一连请了卢楠五六次，他都不予理睬。

这一天，汪知县又派人为卢楠送去了帖子，约他晚上去家中会面。

不巧的是，有人来报新按院[2]光临本县，汪知县只好去迎接，再一次错过了和卢楠见面的机会。

②按院

明代巡按御史的别称。

汪知县很想再找个机会和卢楠见面，就又派人去问时间，这次，卢楠答应得很爽快，约知县明天相见。

但是，天下真有这么不巧的事，第二天汪知县刚刚要去卢楠家的时候，他有五个月身孕的妻子突然晕倒在地，吓得知县六神无主，哪里还有什么心情去喝酒，只得又派人通知了卢楠。

为什么"六"被认为是一个吉利的数字?

很长时间以来,人们已经习惯把"六"作为一个吉利的数字,但是究其原因,却说法不一。

据说,"六"作为吉祥数字,最早是从秦始皇时代开始的,因为秦始皇统一六国,开创了"六统",也就是统一全国、统一文字、统一度量衡、统一货币,还有统一车轨、统一伦理道德和行为规范。

史书上记载说,秦始皇规定"数以六为纪""度以六为名",所有需要用到数字的地方,都要与数字六建立联系,比如,一乘之马为六匹,一步之长为六尺。

所以,从秦朝开始,"六"这个数字就开始和老百姓的生活息息相关,"六"也就成了一个非常吉祥的数字。

成语练兵场

请根据下面的图,猜一猜对应的成语,把答案分别写在横线上吧!

答:＿＿＿＿＿＿＿＿＿＿

答:＿＿＿＿＿＿＿＿＿＿

参考答案 亡羊补牢 语重心长

85

qī qín qī zòng

七擒七纵

成语释义 指三国时期诸葛亮七次捉孟获，又放了他七次。比喻运用策略，有效地控制对方，使其心悦诚服。

引经据典 纵使更战，七纵七擒，而亮犹遣获，获止不去。——东晋·习凿齿《汉晋春秋》

学以致用 在古代战争中，七擒七纵是一种常用的战术，用来迷惑敌人并取得胜利。

近义词 欲擒故纵 　　**反义词** 放虎归山

成语有历史

诸葛亮七擒孟获

三国时期，诸葛亮担任蜀汉的丞相一职。刘备去世后，诸葛亮一直不忘他的遗志，继续扩大蜀国①的地盘，想要恢复汉室江山。这一年，他正准备出兵攻打曹魏。谁知，蜀汉的后方却出了乱子，位于西南地区的一支少数民族闹起事来。诸葛亮只好暂时放弃出川的计划，率军平定南夷之乱。

一路上，蜀军所向披靡，战无不胜，蛮夷望风归附，只有南方

> ①蜀国
>
> 三国时蜀国位于现在的四川，因为辖区秦时设蜀郡，所以称蜀国。

夷族的酋长孟获[②]不肯屈服，常常率队袭击蜀汉军队。可是他怎会是诸葛亮的对手，诸葛亮小使一计就将孟获擒获了。

　　然而出人意料的是，诸葛亮并没有杀掉孟获，而是以好酒好菜招待他，还让孟获观看蜀汉军队操练的阵法。诸葛亮问孟获："这支军队怎么样？"孟获十分不服气，说："以前是因为我不了解你们的虚实，所以才被你抓住。如今我知道了，你们的阵法也不过如此。如果你放了我，下次我一定能够战胜你！"

　　诸葛亮将孟获放了，让他重新组织力量再来决战。后来，孟获又连战了六次，结果这六次都被诸葛亮活捉了。

　　诸葛亮第七次擒到孟获后，孟获终于心服口服，他诚恳地对诸葛亮说："丞相真有神威，如今我彻底服了。以后，我们南方人再也不敢反叛了！"

　　诸葛亮这种让人心悦诚服的做法收到了非常好的效果，直到他死后很多年，蜀地的少数民族也没有闹过事。

②孟获

三国时期滇中地区的首领，公元 225 年起兵反叛蜀汉，被诸葛亮降服，此后不再叛乱。后来，孟获随诸葛亮回到成都，担任御史中丞。

"七擒孟获"发生在什么地方？

一些学者根据实地考察，并结合现有史料推测，诸葛亮擒拿孟获的主战场，应该在云南滇西。那里历来都是兵家必争之地，诸葛亮率领军队自四川至滇中后，两军在滇中地区展开对垒。由于雍闿的部下亲手斩杀主帅并归降于诸葛亮，不服诸葛亮的孟获唯一的退路就是退守滇西洱海。

云南地方通志、州县志等地方史籍，均记载了"七擒孟获"这一故事的主战场发生地，其说法主要有：前五次孟获分别被擒于白崖、邓赊豪猪洞、佛光寨、怒江边、怒江蟠蛇谷；第六次孟获被擒于骠国，也就是今天的缅甸；最后一次孟获被擒于大理。在这些地方史籍的记载中，大多数的发生地点是一致的。

成语练兵场

请根据下面的图，猜一猜对应的成语，把答案分别写在横线上吧！

我怎么想舞剑？

答：＿＿＿＿＿＿＿＿

-100

-50

答：＿＿＿＿＿＿＿＿

参考答案　意在沛公　五十步笑百步

bā bài zhī jiāo

八拜之交

成语释义
八拜：原指世交子弟谒见长辈时的礼节；旧时异姓结拜也采用这种礼仪。交：友谊。指异姓兄弟姐妹的结拜关系。

引经据典
丰稷谒潞公，公着道出，语之曰："汝父吾客也，只八拜。"稷不获已，如数拜之。——宋·邵伯温《绍氏闻见录》

学以致用
小明的外公和我爷爷是八拜之交，我和小明又是经常在一起玩耍的好朋友，所以我们两家经常在一起聚会。

近义词 金兰之好 八拜为交

反义词 九世之仇 深仇大恨

成语有历史

傲慢无礼的李稷（jì）

北宋的时候，有一个著名的政治家和书法大家，名叫文彦博，在当时算得上是一代贤相。

有一次，文彦博被派往大名府①做留守②，还没正式上任，就听说一件让他心里不舒服的事情。原来是有一个叫李稷的人对上一届留守韩琦很傲慢，只不过韩琦不跟他计较，依然很尊重他。

但是，文彦博却不想对这样的人宽宏大量，便仔细打听起李稷

> **①大名府**
> 宋朝时的大名府，指的是今天河北省大名县一带。

89

的身世来。

李稷负责转运粮食，他的父亲李绚还曾是文彦博的门人。于是，文彦博便对别人说，"李稷肯定是因为父亲去世得早，无人好好管教，才变成这样的。按辈分，他应该是我的晚辈，他如此傲慢，我非得教训他不可。"

李稷听说文彦博到了大名府，便上门来拜谒（yè）。文彦博故意让李稷在客厅久坐等待，过了好长时间才出来接见他。

见了李稷之后，文彦博说："你的父亲是我的朋友，你就对我拜八次吧。"李稷因辈分低，不敢造次，只得向文彦博拜了八拜。

就这样，文彦博以长辈的身份一时挫败了李稷的傲气。可惜的是，李稷并没有完全改掉傲慢的缺点。

后来，人们用"八拜之交"来表示世代有交情的两家弟子谒见对方长辈时的礼节，旧时也称异姓结拜的兄弟。

> **②留守**
>
> 古代皇帝离开京城时，命大臣驻守京城。平时派官员在陪都、行都驻守也叫留守。

历史上著名的八拜之交

好朋友之间的感情可以有多深呢？举几个例子，说不定你会感动得想哭呢！

俞伯牙和钟子期之间有高山流水遇知音的美谈；战国时期的蔺相如和廉颇由相互之间有很深的隔膜变为为了国家而结为刎颈之交；东汉时期的陈重和雷义一同为官、一同罢官，形影不离，真是胶漆之交；元伯、巨卿都是极其守信的人，所以他们成为鸡黍之交；羊角哀和左伯桃两人愿意为对方献出自己的生命，说他们是舍命之交，一点也不夸张；刘备、关羽和张飞三人桃园结义，成为生死之交；管夷吾和鲍叔牙相互帮助，管鲍之交值得后人学习；孔融和祢衡虽然年纪相差很大，但是能够互相欣赏，成为忘年之交。

这些都是历史上著名的八拜之交，直到今天还被人们津津乐道。

成语练兵场

请根据下面的图，猜一猜对应的成语，把答案分别写在横线上吧！

答：＿＿＿＿＿＿＿＿

答：＿＿＿＿＿＿＿＿

jiǔ niú yì máo

九牛一毛

| 成语释义 | 九：表示数量多。九头牛身上的一根毛。比喻微薄之物。 |

| 引经据典 | 假令仆伏法受诛，若九牛亡一毛，与蝼蚁何以异？——西汉·司马迁《报任少卿书》 |

| 学以致用 | 这点损失，对我来说就是九牛一毛，不必挂在心上的。 |

近义词 沧海一粟 微乎其微　　**反义词** 恒河沙数 举不胜举

成语有历史

来之不易的《史记》

西汉时，有一个很有名气的将军，擅长骑射，名叫李陵。他奉汉武帝的命令，率领军队去攻打匈奴①，可惜因为兵力不足而战败，李陵受伤被俘。

①匈奴

中国古代北方游牧民族。

汉武帝为此大怒，认为李陵降敌的行为有辱汉室，其他大臣都不敢为李陵辩解，只有太史令司马迁为李陵求情。

司马迁认为，李陵将军过去有赫赫战功，而这次更是孤军奋战，5000 人的步兵虽然被 8 万匈奴兵团团包围，但是他仍带兵竭力对抗，连续作战十几天，杀敌 1 万多人，直到粮草都用尽了，不得已才投降，并认为只要有机会，李陵仍然会效忠于汉朝。

② 族灭

一人犯罪，整个家族、所有亲属都被诛灭。

但是，汉武帝听信了谣传，认为李陵在教匈奴练兵以反击汉朝，便族灭②李陵全家。李陵知道全家被杀的消息后，一怒之下真的投降了匈奴，汉武帝因此更加生气，对司马迁动用了残酷的"腐刑"。为此，司马迁痛不欲生，真想一死了之。但是静下心来想想，认为像自己这样地位低微又没有名望的人死去，实在微不足道，对于整个世界而言，就好比从九头牛身上拔掉一根毫毛一样，跟死了一只蝼蛄、蚂蚁又有什么不同呢？于是他毅然决定勇敢地活下去，并写成了我国历史上第一部纪传体通史——《史记》③。

③《史记》

中国西汉时期的历史学家司马迁编写的一部纪传体通史，记载了上自中国上古传说中的黄帝时代，下至汉武帝太初四年共 3000 多年的历史，此部史书前后经历了 14 年时间才得以完成。《史记》与后来的《汉书》《后汉书》《三国志》合称"前四史"。

司马迁和司马光是同一时期的人吗?

司马迁是西汉著名的史学家、文学家和思想家,司马光则是出生在北宋的一个官宦人家的子弟,同时也是北宋著名的史学家、文学家,两个人在时间上就相差了1000多年。

值得一提的是,司马光还是中国第一部编年体通史《资治通鉴》的作者,《资治通鉴》从公元前403年开始写起,到公元前959年停笔,涵盖了十六朝1362年的历史。《资治通鉴》有很高的史学地位,很多帝王、贤臣、鸿儒等都对其进行了点评批注。可以说,除《史记》之外,其他著作的赞誉都难以与《资治通鉴》相媲美。

成语练兵场

请根据下面的图,猜一猜对应的成语,把答案分别写在横线上吧!

答:＿＿＿＿＿＿＿＿

答:＿＿＿＿＿＿＿＿

参考答案 心花怒放 老王卖瓜

94

shí　yáng　jiǔ　mù

十 羊 九 牧

成语释义
十头羊倒用九个人放牧。比喻民少官多，赋税徭役很重。也比喻使令不一，无所适从。

引经据典
所谓民少官多，十羊九牧。——《隋书·杨尚希传》

学以致用
办公室里一共六个人，居然有四个主任，这不是十羊九牧吗？

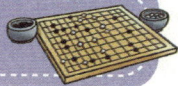

近义词 人浮于事 一国三公 **反义词** 人尽其才 各司其职

成语有历史

著名谏臣杨尚希

南北朝时期，北周有一位名叫杨尚希[①]的官员，历经三任皇帝，一直都官居高位。

后来，杨坚[②]灭掉了北周，建立了隋朝，称隋文帝，杨尚希就做了隋朝的官员。他对隋文帝十分忠心，隋文帝也十分器重他。

隋文帝为了满足汉人的愿望，就将一切恢复汉制，其中就包括重新划分行政区域，设

> **①杨尚希**
> 南北朝时北周人，隋朝大臣，今陕西华阴人。

> **②杨坚**
> 隋朝开国皇帝隋文帝，开创了开皇之治。

立州郡③。原本这是一件好事，但是问题就在于，隋朝设立的州郡数是秦汉时期的两倍。有的地方虽然面积不大，却要分为几个郡县。如此一来，就要设立相应的官府机构，官吏数目也要相应增加。

③郡

古代的行政区划，秦统一前郡比县小，秦汉以后，郡比县大。

杨尚希得知这种情况，就对隋文帝说："陛下，臣以为，目前的郡县过多，并不利于国家发展。"

隋文帝疑惑地说："爱卿何出此言？"

杨尚希说："陛下，设置这么多郡县，就相当于十羊九牧，其实完全没有必要。郡县多了，官府就多，官吏也多。单说建造官府和供养官吏，就会是一笔不小的开支。"

隋文帝觉得有些道理，就点了点头。

杨尚希又说："陛下，各种州郡的制度不一定相同，如果出现不一致的情况，管理起来也会很困难。所以，依臣之见，不如裁撤一

些闲置的州郡，只保留重要的，这样既不会出现管理混乱的问题，还能节省开支。至于那些有才能的人，就安排到适合他们的地方，做到人尽其用，这样可以一举三得。"

隋文帝觉得杨尚希说的很对，于是下诏裁撤了郡一级建制，把汉末以来的州、郡、县三级制改为州、县二级制，又将一些郡县合并。由于并省州县，减少冗官人数，不但节省了政府不少开支，间接也减轻了人民的负担。由此，重新划分行政区域取得了不错的效果。

羊居然是牛科动物

你知道吗？所有的羊都是属于牛科的，往下分才有羊亚科、羊族，羊族包括山羊属和绵羊属。另外，羚羊不是羊，它属于羚羊亚科，而羚羊亚科是个"筐"，牛科底下不是牛也不是羊的，就都归给羚羊亚科啦。

成语练兵场

请根据下面的图，猜一猜对应的成语，把答案分别写在横线上吧！

答：＿＿＿＿＿＿＿＿＿＿

给你们家送点木炭

答：＿＿＿＿＿＿＿＿＿＿

参考答案　胸有成竹　雪中送炭

98

第四章

四字以上的成语

成语

èr táo shā sān shì
二 桃 杀 三 士

成语释义	两个桃子杀掉三个勇士。比喻用计谋杀人。

引经据典	晏子曰："三子何不计功而食桃？"……古冶子曰："二子死之，冶独生之，不仁……"亦反其桃，挈领而死。——《晏子春秋·内篇谏下二》

学以致用	这篇玄幻小说写得很离奇，二桃杀三士，读来惊心动魄。

近义词 借刀杀人 二桃三士　　**反义词** 亲力亲为

成语有历史

三个任性的英雄

春秋时期，齐景公有三名大将，他们分别是公孙接、古冶子和田开疆，这三个人都异常英勇，在齐国有着举足轻重的地位。

但是，有人私下里说他们都没什么文化，一介武夫而已，平常做事也总是我行我素。宰相晏婴[①]对他们也有看法，他对齐景公说："在贤明的君主身边辅佐的人也都应该懂礼节，有规矩，公孙接、古冶子和田开疆在素质和格局上显然弱些，行为做事有失

> ①晏婴
> 春秋时期的名相，著名的外交家、政治家、思想家。

100

体面，长此以往，必然会对国家造成危害。"齐景公忙问晏婴怎么办。晏婴建议想办法让他们尽快消失，以绝后患。

齐景公虽有不忍，但还是认可了晏婴的说法。他把三个勇士叫过来，拿出两个桃子，让他们按照功劳大小分吃桃子。三个人一听，都明白有一个人将无桃子可吃。

公孙接先拿起一个桃子，说他可以抓住野猪、老虎，吃个桃子自然理所当然；田开疆认为自己的军队无人能比，也拿走一个桃子；古冶子很生气，因为在守护君主安全方面，他功劳最大。古冶子拔出剑要跟其他两位比试，但是比剑还没有开始，另外两个人却突然达成共识，一致认为古冶子确实比他们更英勇，说："我们不如你，却先拿了桃子，只有以死谢罪！"说完，两人都拔剑自刎。古冶子回过神来，后悔不已，也跟着拔剑自刎了。

②兵不血刃
形容未经过交战就取得了胜利。

就这样，晏婴只靠着两个桃子，**兵不血刃**②地除掉了三个有勇无谋的勇士。

"桃子"在中国有什么特别的寓意？

中国的历史文化博大精深，包罗万象，深入探究起来，我们日常吃到的桃子就有着很多特别的寓意。

桃花象征着坚定不移的友情和爱情。唐代诗人李白的"桃花潭水深千尺，不及汪伦送我情"里就表达了清澈长久的友谊。在过去，民间认为桃木可以驱邪避凶；桃枝可以消散晦气，人们有戴着桃枝带幼儿出行的习惯。

桃子寓意着长寿、吉祥，所以在长辈过生日的时候，经常会摆上桃子，称为"寿桃"，代表着美好的祝福。

我们都知道"桃园三结义"的故事，"桃园"也成了"忠义"的代名词。另外，随着陶渊明的《桃花源记》被广泛传诵，千百年来，"世外桃源"成为人们心驰神往的放松居所。

成语练兵场

请根据下面的图，猜一猜对应的成语，把答案分别写在横线上吧！

答：＿＿＿＿＿＿＿＿＿

答：＿＿＿＿＿＿＿＿＿

参考答案　投桃报李　李代桃僵

fēi niǎo jìn liáng gōng cáng

飞鸟尽，良弓藏

成语释义　飞鸟打光了，上好的弓也就藏起来不用了。比喻事情成功之后，原来借助的力量就被一脚踢开或加以消灭。

引经据典　范蠡（lǐ）遂去，自齐遗大夫种书曰："飞鸟尽，良弓藏；狡兔死，走狗烹。"——《史记·越王勾践世家》

学以致用　其实，他从刚开始就知道，不论自己付出多少努力，创造多少成果，最终都会落得一无是处，"飞鸟尽，良弓藏"这一招是真的狠哪！

近义词　卸磨杀驴　过河拆桥　　**反义词**　知恩图报　感恩戴德

成语有历史

聪慧的范蠡

　　范蠡是春秋时期的一个传奇人物。他出身贫寒，但是博学多才，文武双全。范蠡在楚国时结交了一个好朋友，名字叫文种，二人意识到楚国政治黑暗，便相约投奔了越国。

　　公元前493年，越王勾践①（jiàn）想要攻打吴国，范蠡认为时机不成熟，劝说越王不可轻举妄动，可惜勾践不听劝阻，攻打吴国时打了败仗。越王从此开始很信任范蠡，并按他的

> **①勾践**
> 春秋时的越王，先是为吴王夫差所败，屈辱于吴，后来卧薪尝胆，立志复仇，终于灭掉吴国，成为春秋后期的霸主。

103

意见入吴做了三年俘虏。

在范蠡等人的辅佐以及勾践的努力下，越国的国力逐渐恢复。勾践抓住时机灭掉了吴国，建立了霸业。范蠡成了勾践身边的大红人，被奉为上将军。

令人意外的是，范蠡却没有留恋权力和富贵，他谢绝了越王的好意，离开了越国。

范蠡临走前还给文种写了一封信，信上说："鸟都打完了，猎人便会把弓藏起来；兔子死了，猎人就会把猎犬煮了吃掉。勾践这个人脖子长，嘴像老鹰的嘴巴，只能共患难，不能共享乐。你为什么不离开呢？"

文种不认可范蠡的做法，坚持留在越国。但是范蠡担心的事情终于发生了，有小人向越王进谗言，说文种要造反。文种最终在越王的逼迫下选择了自杀。

而离开越国的范蠡与文种的命运截然不同。他到处游玩，后来选择了经商，积累了很多财富，过起了有钱有闲的逍遥生活。

为什么弓是弯的？

现实中，我们通常所说的"弓"来自最古老的投射武器。古代的人将一根竹片或树枝弄弯曲，用一根绳子系住，两端下拉，就成了一个弓。这种弓大多是半圆形。

其实，古代人在做弓的时候，已经用到了力学知识。因为"力"的作用有两个，一个是可以改变物体的形状，所以在拉力的作用下，弓就变得弯了；另外就是可以改变物体的运动状态，因为一切物体其实都具有惯性，箭离开弓之后，仍会保持着原来的运动状态，可以继续向前飞。

另外，"弓"是一个象形字，在商代甲骨文中就已经存在了。早期的弓由竹子或木头制成，容易腐烂，难以保存，外形上跟现在的儿童玩具很相似。

成语练兵场

请根据下面的图，猜一猜对应的成语，把答案分别写在横线上吧！

答：＿＿＿＿＿＿＿＿＿＿＿＿

答：＿＿＿＿＿＿＿＿＿＿＿＿

参考答案　　一丝不苟　揠苗助长

不敢越雷池一步
bù gǎn yuè léi chí yī bù

成语释义 越：跨过；雷池：池名，在安徽望江。原指不要越过雷池。后比喻办事胆小怕事，不敢超越一定的范围和界限。

引经据典 吾忧西陲（chuí）过于历阳，足下无过雷池一步也。
——晋·庾亮《报温峤（jiào）书》

学以致用 张老师平时和蔼可亲，讲课幽默风趣，但是在校纪校规的要求上很严格，同学们都遵守纪律，不敢越雷池一步。

近义词 原地踏步 谨（jǐn）小慎微　　**反义词** 大刀阔（kuò）斧 大步流星

成语有历史

转败为胜的庾亮

东晋时期，晋成帝①年幼，皇太后庾文君临朝摄（shè）政，她的哥哥庾亮任中书令，掌握了朝中大权。历阳（今安徽和县）镇将苏峻对庾亮很不满，有反叛之心。

庾亮听说苏峻囤积了不少粮草，正在招兵买马，有谋反的野心。但是，庾亮并没有采取军事行动，而是准备让他到都城建康（今南京）来做大司农②，然后再找机会除掉他。

> **①晋成帝**
> 司马衍（yǎn），东晋第三位皇帝，5岁登基，终年21岁。

担任江州刺史的大臣温峤认为这个办法不妥，别的大臣也反对，但是庾亮没有听从劝告。

②大司农

朝廷管理国家财政的官职。

苏峻知道庾亮的意图，他不仅没有赴任，反而提前了谋反行动，直接率军进攻都城。

温峤感到事情不妙，紧急请求庾亮，希望能带领军队从小路进入建康，保卫都城。但是庾亮并没有把苏峻放在眼里，不同意这个办法，并给温峤写信说："和历阳相比，我更担心西陲荆州，您不要过雷池一步。"温峤在江州按兵不动。

不过，庾亮还是低估了对方的力量，尽管他亲自迎战，建康还是陷入了苏峻之手，庾亮只好投奔温峤。温峤并没有责怪庾亮，而是请他守卫白石营垒，为反击做准备。

后来，在他们的共同努力下，出兵攻打叛军，杀掉苏峻，解围京都，终于平定了叛乱。

庾文君——临朝摄政的皇太后

庾文君是左将军庾琛的女儿，她性情仁慈，姿态仪容很美。当时的晋元帝听说后，为世子司马绍聘为世子妃，生有两个儿子。晋明帝即位后，庾文君被册立为皇后。

后来，晋明帝去世，庾文君的两个儿子先后做了皇帝。他们分别是晋成帝司马衍和晋康帝司马岳。

庾文君临朝摄政是因为晋成帝年龄小，东汉有旧例可依照，庾文君先后四次辞让，最后才同意临朝摄政。

苏峻攻占建康的时候，太后庾文君担心受辱，忧伤而死，年仅32岁，谥号"穆"，史称"明穆皇后"。

成语练兵场

请根据下面的图，猜一猜对应的成语，把答案分别写在横线上吧！

答：＿＿＿＿＿＿＿＿＿＿

答：＿＿＿＿＿＿＿＿＿＿

参考答案　嗤之以鼻　一唱百和

小杖则受，大杖则走

xiǎo zhàng zé shòu　　dà zhàng zé zǒu

成语释义
杖：用棍子打。轻打就忍受，重打就逃跑。儒家认为这是孝子受父母责罚时应抱的态度。

引经据典
小棰则待过，大杖则逃走。——《孔子家语·六本》

学以致用
小明向奶奶吐槽爸爸对他太严厉，奶奶教给他一个办法——小杖则受，大杖则走。

近义词 小受大走

成语有历史

孝顺的曾参

曾参①是孔子的学生。他侍奉父母很是尽心尽力。

有一次，曾参的父亲曾晳叫他去田地里锄草。曾参稍不留神，斩断了瓜苗的根，曾晳看到孩子不知爱惜物力，做事不谨慎，抄起旁边的农具对着他一阵狠打。曾参见父亲因自己做错事而生气，心里很惭愧，也不逃避，就跪在地上受罚，可身体承受不住，便晕倒在

> ①曾参
>
> 也就是曾子。鲁国南武城人，春秋末年思想家，孔子晚年弟子之一，儒家学派的重要代表人物，夏禹后代。

地，不省人事，过了很久才慢慢苏醒过来。

曾参苏醒后，并没有因为挨打而生气，反而强装没事，去关心父亲的身体有没有不适。父亲见曾参似乎没有什么大碍，稍放了心。

曾参回到了自己的房间，又拿出琴开始高声弹唱起来，他希望欢快的音乐与歌声能传到父亲的耳中，让父亲更加确认自己的身体无恙，可以安心。

> **②舜帝**
> 传说中父系社会后期部落联盟领袖。

孔子知道后，给曾参讲了一个故事。

当年，舜帝②的父亲用小棍打舜帝的时候，他就受着；如果用大棍打，他就赶紧逃跑；他的父亲想要杀他时，他就躲起来。人们都夸赞舜帝是一个孝顺的人。

听完这个故事，曾参低着头，没有说话。孔子继续说："你

试想一下，如果舜帝遇大杖却不走，父亲很有可能在盛怒之下把他打死，那样不仅丢掉了自己的性命，不能在父亲面前侍奉尽孝，还将导致父亲的坏名声，并给父亲造成一生的遗憾。"

曾参听了老师的开导后恍然大悟，感叹地说："我犯的错，真是太大了啊！"

今天看来，这样的道理有点不可思议，因为毕竟是父亲做得不恰当，"孝顺"不能是盲目的。

但是，这个故事其实也体现了那个时代的等级思想，因为在古代，父子之间、君臣之间是有着严格的等级制度的，儿子要无条件服从父亲，并且要孝顺父亲，是那个时代的人都能接受的事情。

"孝"和"顺"为什么要连在一起？

中国有句俗语——百善孝为先。孔子也说过，"父母在，不远游，游必有方"。可见，人们自古对"孝"是非常重视的。

但是，现代的人会更加理性地看待孝和顺，能够一分为二地看问题，毕竟十全十美的孝和顺都要做到是很困难的。

很多时候，父母和孩子在价值观、世界观等方面存在差异，有的父母比较宽容，懂得求同存异，尊重孩子的内心，并能给他们正确的引导，孩子在相对自由宽松的环境下长大，会对父母很孝顺。有的父母可能会比较苛刻，孩子成长压力太大，往往会孝而不顺从父母。

当然，孝是做人最基本的人性，中国自古就有乌鸦反哺、羔羊跪乳等故事，年轻人虽然有自己的思想观念，但也要尽量顺从父母，尤其是随着父母年龄增大，更要懂得理解和顺从。

成语练兵场

请根据下面的图，猜一猜对应的成语，把答案分别写在横线上吧！

答：_____

答：_____

参考答案　恶声恶气　一鸣惊人

qián shì bù wàng　　hòu shì zhī shī

前事不忘，后事之师

成语释义　师：师表，榜样，引申为借鉴。不忘记以前的经验教训，可以作为以后行事的借鉴（jiàn）。

引经据典　臣观事成，闻往古，天下之美同，臣主之权均之能美，未之有也。前事之不忘，后事之师。——西汉·刘向《战国策·赵策一》

学以致用　在学习上，我们应该有"前事不忘，后事之师"的精神，争取每天都有进步。

近义词　前车之鉴　吃一堑（qiàn），长一智

反义词　重蹈覆辙（fù zhé）

成语有历史

适时隐退的张孟谈

战国时，晋国的大权实际由智、赵、魏、韩四卿①（qīng）掌握，权力最大的智卿智伯为了进一步扩充自己的势力，向其他三卿索要土地，魏和韩都照办了，赵襄（xiāng）子却明确拒绝。

> ①卿
>
> 古代高级官员的称谓；古代君主对大臣的爱称；古代夫妻间的爱称。

智伯非常恼怒，立即派人传话给魏桓子和韩康子，要求他们出兵和自己一起去攻打赵襄子。

113

赵襄子的谋臣张孟谈建议到晋阳②去抵抗。

智伯为了尽快取胜，采取水淹的办法。当地百姓在树上搭起棚子来居住，结果晋阳被围困了整整三年，老百姓都难以坚持下去了。

②晋阳
今山西太原西南。

张孟谈明白，魏、韩其实不愿为智伯卖命，这也是智伯没能取胜的原因。在征得赵襄子同意后，他主动去跟魏、韩说明利害，动员他们反戈（gē）联赵，共同消灭智伯。

魏、韩听了劝告，认为有道理，于是三家联合起来消灭了智伯。晋国接下来形成了赵、魏、韩三家鼎立的局面。

按理说，功臣张孟谈要加官进爵（jué），享享清福了。但是他却向赵襄子告别，说："你想的是报答我的功劳，我想的是治国的道理。正因为我的功劳大，名声甚至还会超过你，所以才决心离开。在历史上从来没有君臣权势相同而永远和好相处的。前事不忘，后事之师。请你让我走吧。"赵襄子很是不舍，但还是答应了。

于是，张孟谈辞去官职，退还封地，平安地度过了晚年。

秦国和赵国是同一个祖先吗?

据《史记》记载,秦、赵王室同出一祖。也就是说,秦国与赵国的祖先其实都是同一个人,即皋陶之子伯益,他出生于大禹时代。大禹死后禅让于伯益,但大禹之子启杀伯益并建立夏朝,从此开始了家天下。

伯益是皋陶之子、舜的女婿,因治水有功而被舜帝赐姓为嬴。伯益死后,其小儿子嬴若木被分封在徐国,其他的嬴氏族人则迁居到远离夏朝的东夷地区。

嬴子楚成为秦王之后,赵姬母子被送归秦国,王子政成了太子,而这个时候的王子政正式称嬴氏,不再姓赵,从法统上获得了继位的资格。

成语练兵场

请根据下面的图,猜一猜对应的成语,把答案分别写在横线上吧!

答: _____

答: _____

bǎi zú zhī chóng　　sǐ ér bù jiāng

百足之虫，死而不僵

成语释义 ▶ 百足：虫名，即马陆，躯干二十节，多足，切断后仍能蠕动；僵：仆，倒。百足虫虽死，但仍有腿足支撑而不会倒下。比喻某些旧事物或旧势力虽衰亡，其势力或影响仍然存在。

引经据典 ▶ 故语曰：'百足之虫，至死不僵'，以扶之者众也。此言虽小，可以譬大。——三国·魏曹冏《六代论》

学以致用 ▶ 我们每个人都要有主人翁精神，坚决抵制坏现象，不然的话，那些不良风气将会百足之虫，死而不僵。

成语有历史

给皇帝提个建议

曹冏（jiǒng）是三国时的政论家，有文才，也很关心国家大事。

魏国刚刚建立的时候，迫切需要稳定大局，巩固统治权力。曹冏很担心曹魏政权不能恰当利用宗室力量，大权旁落外姓，于是呕（ǒu）心沥（lì）血，写下了《六代论》。

在《六代论》里，曹冏总结了夏、商、周、秦、汉、魏六代兴亡的教训。他建议分封宗室①子弟，适当交给他们军、政权。为此，他还举了例子——一种有 100 只脚的虫子，它死了以后在较长的时间内仍不会倒下，这是由于支撑着它的渠道很多啊。

①宗室

帝王的宗族。

曹冏的目的很明确，希望能够劝告曹操大力重用亲信，扶植自己的势力，招揽人才为曹魏所用，只有这样，才能巩固自己的统治地位。

曹冏的诚挚用心被人们传颂，慢慢地，人们引申出"百足之虫，死而不僵"这个成语，用来比喻那些打倒或镇压的反动或敌对势力，余孽（niè）②没有消除，如不彻底肃清，一旦有机会，它们还会兴风作浪。

②余孽

残留的坏分子或恶势力。

这个比喻直到今天还很有针对性和现实意义。

做帝王的亲戚幸福吗？

宗室成员意味着是跟皇帝关系很近的亲戚。他们往往接近权力的中心，有的还担任重要职位，或者握有兵权。他们是幸福的，因为可以享受优厚的待遇。

但在有的历史时期，皇帝会花费心思对他们进行防范，所以宗室的人需要活得很谨慎。

从另一方面讲，宗室成员是不自由，甚至是不幸的。以明朝为例，宗室不能做官，不能考科举，理论上讲也不能做买卖。他们就是被皇家养着，不能有其他任何职业。这样的直接后果是，当时宗室中绝大多数人是碌碌无为的，一生没有机会做有意义的事，除了在宗室档案中的记录，在历史上几乎没有留下痕迹。对一个生命个体而言，这是很令人遗憾的。

成语练兵场

请根据下面的图，猜一猜对应的成语，把答案分别写在横线上吧！

答：＿＿＿＿＿＿＿＿＿＿

今儿看花不错

答：＿＿＿＿＿＿＿＿＿＿

参考答案　张口结舌　牛马看花

118

jiàng zài wài　　jūn mìng yǒu suǒ bù shòu

将在外，军命有所不受

成语释义
命：命令。原指将领在外领兵打仗，可以不受君命的约束而临机行事。后指根据具体情况采取行动，不机械地执行命令。

引经据典
城有所不攻，地有所不争，君命有所不受。——春秋·齐·孙武《孙子兵法·变篇》

学以致用
虽然与朝廷相隔千里，但他不顾具体情况，一味按命令办事，最后令自己陷入被动的境地。殊（shū）不知，将在外，军命有所不受。

成语有历史

最有力的托辞

东汉末年，刘备在很长一段时间里的日子都不太好过。他到处奔波，有时候还被迫寄人篱（lí）下。

据说，他先后投靠过当时的大军阀公孙瓒（zàn）和徐州刺史陶谦。本来，他是可以在徐州长久地待下去的，可惜陶谦病故，吕布拿下了徐州。刘备无奈，深感人生无常，好在他有超强的自我调节能力，此处不留人，自有留人处嘛，他干脆投靠曹操去了。

当然，刘备并不真的想为曹操打一辈子工，他一直在寻找机会，丰满自己的羽翼（yì）[①]。

有一天，刘备听说公孙瓒被袁绍所灭，淮南王袁术又想跟袁绍联合起来。他赶紧对曹操说："袁术想要投靠袁绍，一定会路过徐州，我请求带兵去截击，擒拿袁术。"曹操点头同意，并给他派了500兵马。

刘备片刻不敢耽误，略做准备就出发了。

曹操的谋士知道这件事情后，感叹道："刘备哪是容易满足现状的人！当年刘备做豫州牧的时候，您没有杀他，现在却又派他带兵打仗，简直就是放虎归山[②]哪！"

一句话惊醒梦中人。曹操立即回过神来，马上命令许褚（chǔ）带兵去把刘备追回来。

可是，刘备出乎意料地说："将在外，军命有所不受，我不能回去。"许褚无奈，只有回去向曹操报告。

果然不出人们所料，刘备到达徐州之后，就举起了反曹大旗。

①羽翼

鸟类的翅膀；比喻辅佐的人或力量（多含贬义）。

②放虎归山

把老虎放回山林，比喻放走敌人或对手，留下祸患。

军令状是自古就有的吗？

军令状的起源和军队行军作战有着密切的关系，目的是加强指挥官的责任感，确保战斗的胜利。

立军令状其实也是自我加压，不给自己留后路。但是，立军令状是有极大风险的，毕竟军中无戏言，立下军令状，白纸黑字，是要兑现承诺的。不过，敢立军令状的人大多也是自信的。

"军令状"被人们所知晓，是通过文学作品的形式。在古代戏曲和小说中，一般指具有特殊使命的人，在接受军令后写的保证书，立下军令状的人表示如果不能完成任务，愿依军法被治罪。

成语练兵场

请根据下面的图，猜一猜对应的成语，把答案分别写在横线上吧！

答：＿＿＿＿＿＿＿＿＿＿

答：＿＿＿＿＿＿＿＿＿＿

参考答案　指鹿为马　纸上谈兵

121

zhǐ xǔ zhōu guān fàng huǒ bù xǔ bǎi xìng diǎn dēng
只许州官放火，不许百姓点灯

成语释义

州官：宋代以后，称一州的最高长官，这里泛指地方官吏；放火：原指燃放烟花爆竹及灯火（元宵节点燃花灯让人观赏）。比喻反动统治者可以任意胡作非为，老百姓的正当言行却受到种种限制。也泛指只许自己任意而为，不许他人有正当的权利。

引经据典

田登作郡，自讳其名，触者必怒，吏卒多被榜笞，于是举州皆谓"灯"为"火"。值上元放灯，许人入州治游观，吏人遂书榜揭于市曰："本州依例放火三日。"——宋·陆游《老学庵（ān）笔记》

学以致用

老爸自己没事就玩手机，但是对我却控制得很严格。我说他这种行为是"只许州官放火，不许百姓点灯"，没想到这句话还真管用，反正他最近不在我写作业的时候玩手机了。

近义词 肆无忌惮 恣意妄为　　**反义词** 循规蹈矩 规行矩步

成语有历史

享特权的州官

北宋时期，有个叫田登的人。这个名字可蕴（yùn）含着他父母的大希望呢，就是希望儿子能早日登科做官。

田登从小就很在意自己的名字，不准任何人冒犯，为此不知跟别的小朋友闹了多少次矛盾。长大后的田登果然实现了父母的愿望，做了常州的太守①。

遗憾的是，他并没有做一个好官的志向。刚上任就命令全州的百姓无论说话还是作诗，都不能说出"登"字或者和"登"读音相近的字，一旦有人触犯，他就会勃然大怒，轻则将其毒打一顿，重则关入大牢，老百姓虽有不满，但也敢怒不敢言。

一年一度的元宵节②到了，按照当地习俗，百姓出来赶灯会。常州历任官员向来也很支持这个活动，按照惯例，正月十四、十五、十六日三天暂停宵禁，允许各地百姓来州城观看灯会。今年也不例外，只是告示有点特别，只见上面写着"本州依例放火三日"。

人们看了告示，不禁私下里说，"只许州官放火，不许百姓点灯！"可见老百姓对田登很不满。只是这样的话很难传进田登的耳朵里，他可能还在为自己的"英明决策"沾沾自喜呢！

> **①太守**
>
> 中国古代的地方官职名，州府最高行政长官。

> **②元宵节**
>
> 我国传统节日，在农历正月十五。这天夜晚民间有观灯的习俗，也说灯节、上元节。

123

元宵节有哪些风俗习惯？

每年的春节过后，很快又迎来了另一个重要节日——元宵节。

元宵的原意是"上元节的晚上"。正月十五"上元节"主要活动是晚上的吃汤圆、赏月，所以，后来这个节日名称就演化为"元宵节"。

正月十五的夜是一年中的第一个月圆之夜，也是一元复始。元宵节的晚上，大街小巷张灯结彩，人们赏灯、猜灯谜、吃元宵，古代的人会祭祀神明、祖先，把煮好的汤圆先敬祖先，焚香磕头，诚心祈福。在有些地方，还有走桥摸钉的习俗，用以表达美好的祝愿，将从除夕开始延续的庆祝活动推向又一个高潮。这些也成为世代相沿的习俗。

成语练兵场

请根据下面的图，猜一猜对应的成语，把答案分别写在横线上吧！

答：_____

答：_____

参考答案　守株待兔　囊萤映雪

传统文化
真的超有趣
对联

王健平 / 编著

北京工艺美术出版社

图书在版编目（CIP）数据

传统文化真的超有趣．对联 / 王健平编著．-- 北京：
北京工艺美术出版社，2024.1
ISBN 978-7-5140-2792-1

Ⅰ．①传… Ⅱ．①王… Ⅲ．①中华文化 - 少儿读物②
对联 - 中国 - 少儿读物 Ⅳ．① K203-49 ② I207.6-49

中国国家版本馆 CIP 数据核字 (2024) 第 014822 号

出 版 人：夏中南　　策 划 人：刘慧滢　　装帧设计：韩海静
责任编辑：赵　微　　责任印制：王　卓

法律顾问：北京恒理律师事务所　丁　玲　张馨瑜

传统文化真的超有趣　对联
CHUANTONG WENHUA ZHEN DE CHAO YOUQU DUILIAN

王健平　编著

出　　版	北京工艺美术出版社	
发　　行	北京美联京工图书有限公司	
地　　址	北京市西城区北三环中路6号　京版大厦B座702室	
邮　　编	100120	
电　　话	（010）58572763（总编室）	
	（010）58572878（编辑室）	
	（010）64280045（发　行）	
传　　真	（010）64280045/58572763	
网　　址	www.gmcbs.cn	
经　　销	全国新华书店	
印　　刷	德富泰（唐山）印务有限公司	
开　　本	710 毫米 × 1000 毫米　1/16	
印　　张	8	
字　　数	92 千字	
版　　次	2024年1月第1版	
印　　次	2024年1月第1次印刷	
印　　数	1～10000	
定　　价	168.00元（全五册）	

目录

第一章

名人妙对

晏殊出联考王淇

晏殊是北宋名臣，他知人善用，培养了不少政坛人才。范仲淹、孔道辅均出自他的门下，韩琦、富弼、欧阳修等人也由他推荐给朝廷。

晏殊的诗词造诣很高，也喜欢对联。有一次，他来到江南扬州，听说这里的大明寺里有一面墙壁题满了诗句，就前往观看。

晏殊带着随从走进寺内，那面墙上果然写满诗句。他缓缓走过、仔细赏读。看到好句子就点头微笑。当晏殊看到其中一首诗时，突然鼓掌大笑，连连称赞说："好诗，写得真好！"接着又反复吟诵起来，再也不看其他诗句了。

旁边陪同的和尚说道："大人好眼光！这首诗的作者在本地小有名声，是衙门里的主簿，名叫王淇。"

晏殊点点头说道："嗯，他虽然官职不大，但才情很高。"

回到馆驿后，晏殊叫人请王淇来见自己。

被朝廷来的大官点名召见，王淇心里七上八下，他慌忙来到馆驿拜见。晏殊开门见山地说："没有别的事，我看你诗情不错，想和你切磋一番。"

王淇见晏殊没有官架子，胆子就大了起来，当场吟诵了几首得意之作。晏殊听后连连称赞，忍不住也吟诵起自己的作品。王淇也非常佩服。两人交谈的气氛顿时融洽起来。

一番交流之后，晏殊突然想考考王淇的对联功底。他微笑着说："我有一副上联，最近公务繁忙，还没有想好下联，你能否试试？"

王淇充满自信，连连点头。

晏殊念出了上联："无可奈何花落去。"当时，他在府邸的花园里，面对纷纷落下的花瓣，想到好时光一去不复返而感到无奈。

王淇沉吟片刻，抬头看到窗外有两只燕子，正绕着屋梁飞来飞去。他想：莫非这是去年在自家见过的燕子，又飞回来寻访故人了？于是脱口而出："似曾相识燕归来。"

这句上下联，浑然一体，对仗上工整严格，堪称妙对佳作，让晏殊对王淇刮目相看。回到京城后，他就向皇帝举荐了王淇。后来，王淇被调入京城，担任馆阁校勘，最后官居知制诰、礼部侍郎。

诗词的异同

晏殊精通诗词，开创了北宋的婉约词风，留下了众多作品。"无可奈何花落去，似曾相识燕归来"，先后被他写进诗词中，诗是《示张寺丞王校勘》，词是《浣溪沙·一曲新词酒一杯》。足以说明晏殊有多喜欢这副对联。那么，诗和词究竟有什么异同呢？

诗是词的大哥哥，它出现得很早，有四言诗、古风、绝句、律诗等种类，在唐朝时达到顶峰。词只能算小弟弟，直到五代十国晚期才出现，到宋朝时走向鼎盛。

诗的韵律更加严格，词要相对宽松一点。诗要吟诵，而词需要配上音乐演唱。一般来说，词要比诗更长，而诗比词更加规整。

诗词在内容方面也有不同。诗可以写国家兴亡、百姓生活、胸怀志向、边塞景色，还能描写故事甚至记载历史等。而"词言情"，通常会用来表现男女爱情、相思、离别和生活中的喜怒哀乐。

对联练兵场

查一查：下面是古人诗句中的"上联"，请查出"下联"，再写上去。

1. 无边落木萧萧下；＿＿＿＿＿＿＿＿＿。

2. 沧海月明珠有泪；＿＿＿＿＿＿＿＿＿。

3. 烽火连三月；＿＿＿＿＿＿＿＿＿。

4. 竹喧归浣女；＿＿＿＿＿＿＿＿＿。

参考答案 1.不尽长江滚滚来。2.蓝田日暖玉生烟。3.家书抵万金。4.莲动下渔舟。

梅尧臣夫妇对联

　　梅尧臣是北宋诗人。他年轻时没能考上进士，只能当州、县的小官，但他的诗写得很好，名声越来越大。年纪大了后，皇帝终于赐他"进士出身"（相当于荣誉学历），让他去国子监（相当于皇家学院）做"都官员外郎"的五品官。

　　梅尧臣的运气不太好，虽然升官，但没能充分发挥出自己的能力。到后来，皇帝终于想到了他，下旨让他参加编写《唐书》。

　　《唐书》是记录整个唐朝历史的书，编写史书的任务很重，梅尧臣耗尽心血，将书编写完，但他的身体累垮了。还没来得及写奏折向皇帝上报，就不幸病死了，很多人都为他的遭遇感到惋惜。

　　梅尧臣对命运有所预感。他开始编修《唐书》之时，就对妻子刁氏感慨地说："吾之修书，亦可谓猢狲入布袋矣。"

　　猢狲，是古人给猴子起的称呼。猴子原本在大森林里自由自在，但是被猎人抓住后，就被塞进布袋，紧紧捆扎口子，让它们再也爬不出来。梅尧臣回忆起自己的前半生。虽然官不大，但自由自在。只要忙完，想写诗就写诗，想吟词就吟词，偶尔还能和妻子对对联解闷，很少受到约束。但这一次编写《唐书》，工程浩大，任务繁重，自己年纪也大了，再也回不到过去。于是，他发出了这样的感慨。

没想到，刁氏将这句话当成了一个上联。她笑着安慰说："君于仕宦，又何异鲇鱼上竹竿耶。"

鲇鱼上竹竿，是宋代人常说的歇后语。鲇鱼身上很滑，竹竿也很光滑，鲇鱼想要爬上去非常困难。"鲇鱼上竹竿"的意思就是上升困难。刁氏深知丈夫一生不会吹牛拉关系，不喜欢吃吃喝喝，所以升迁不容易，就像鲇鱼上竹竿。刁氏用开玩笑的方式，安慰着梅尧臣。

梅尧臣看妻子能理解自己的苦衷，哈哈一笑，再也没有发过牢骚。他用生命完成了《唐书》，在中国文化史上留下自己的姓名。

后来，刁氏去世，为她写《墓志铭》的人还没有忘记这件事："盒曰贤哉，伊实女士。鲇上竹竿，传诵不已！"

史书与史官

嘿，小朋友，你知道历史是什么吗？历史，就是过去发生的事情。它们是怎样流传下来的呢？在古代，没有摄影机、电脑、手机、互联网，只有靠人工记载。史书，就是记录历史事件的书籍。负责记录编写这种书籍的人，就叫作史官。

史官会将历史上的重要事件和人物记录下来，然后写成史书，让后人了解历史。他们编写的史书，大都是上一个朝代的。例如，《三国志》这部史书，就是西晋人陈寿编写的，而宋朝人梅尧臣编写的史书，则是记载唐朝历史的《唐书》。

最初史官被分为记言的"左史"和记事的"右史"两类。后左史逐渐演变成负责记录皇帝起居、言行与政务得失的起居注史官，右史则逐渐成为专门负责编修前朝官方历史的史馆史官。

对联练兵场

填一填：试试看，在下面的对联里填上相应的动物。

1.（ ）吠深巷中；（ ）鸣桑树颠。

2.和风送暖（ ）剪柳；飞雪迎春（ ）恋花。

3.（ ）无大小皆称老；（ ）有雌雄都叫哥。

4.（ ）归碧海波涛舞；（ ）到青山草木新。

参考答案　1.犬、鸡。2.燕、蝶。3.虾、蟹。4.龙、虎。

7

朱元璋的对联爱好

明朝开国皇帝朱元璋，小时候没有读书，长大后却爱上了对联。清朝乾隆年间，有本叫《解人颐》的书，记载了不少关于他的对联趣话。

当年，朱元璋还在率领义军东征西讨。尽管战事紧迫，但有时为了放松一下紧绷的神经，他还是会选择用对联来调剂。有一次，在行军路上，朱元璋遇到一个10岁孩子看守马驿。朱元璋看这孩子身材不大，手持马鞭，样子认真、可爱。于是笑着说："十岁儿童当马驿。"

没想到这孩子聪明胆大，他眨巴眨巴眼睛，和朱元璋对上了下联："万年天子坐龙廷。"

朱元璋早有统一全国的志向，尤其想要登上皇帝的宝座，成为一代明君。这句下联说到了他的心坎上。他高兴得一把抱起孩子，笑个不停。

朱元璋当皇帝后，有一次驾幸马苑，身边带着皇太孙朱允炆、皇四子朱棣。正巧，一阵风刮过，吹动了马群尾巴，很是好看。朱元璋来了兴致，脱口而出："风吹马尾千条线。"然后，他让朱允炆、朱棣对下联。

朱允炆想了想说："雨打羊毛一片毡。"

雨水打湿羊毛，看上去变成了一大块毡布，情理说得通，对得也算工整。但朱元璋还是摇了摇头，他觉得这个下联缺乏气魄。羊群遇到雨水打湿，肯定是一个个瑟瑟发抖、东躲西藏了，这太让人垂头丧气了，哪有点皇家气派。

朱棣突然说出自己的下联："父皇，日照龙鳞万点金！"

朱元璋一听，就高兴地咧开了嘴。龙盘旋在阳光普照的天空下，身上每一寸鳞片都在反射金光，这是何等霸气，隐隐有帝王气象，简直是绝对。

朱元璋没想到，朱棣和朱允炆之间的性格差异，终于带来了大明朝"靖难之变"的悲剧。当他去世后，因为太子朱标早逝，由皇太孙朱允炆即位，称为建文帝。朱允炆性格优柔寡断，又不相信藩王们，想尽办法要削弱他们的势力。尤其对镇守北平的燕王朱棣格外防范。

建文元年（1399 年），刚猛果断的朱棣起兵反抗，随后挥师南下，他灵活巧妙地用兵，战胜了朱允炆，夺下皇位。

"靖难之变"是怎么回事?

朱元璋当皇帝后,将儿孙封到全国各地当藩王。因为太子朱标去世很早,到洪武三十一年(1398年)朱元璋去世后,朱标的儿子朱允炆当了皇帝。他担心各地藩王势力越来越大,就想办法削弱他们。这引起了燕王朱棣的不满。

建文元年(1399年),朱棣从北平率军南下。朱允炆先后派出将领抵抗,但他们的用人、谋略、指挥水平都不如朱棣。建文四年(1402年),朱棣攻下都城应天(今南京),建文帝下落不明。同年,朱棣当上皇帝,就是历史上的明成祖。

你可能会问,朱棣这样做,不是造反吗?其实,朱元璋生前就定下了一个规矩,说如果朝廷里有了奸臣,皇帝管不了的话,藩王就应该率军征讨诛杀奸臣。朱棣起兵时,就说建文帝身边有奸臣,自己是"靖难",是平定祸难的意思。

对联练兵场

答一答:下面的对联分别对应哪个皇帝?

1. 千里为重,重山重水重庆府;一人成大,大邦大国大明君。

2. 九棘辅三槐,改封设郡称皇帝;十年吞六国,拓土开疆誉古今。

3. 平心纳谏,开明仁治魏徵镜;泣血喊天,遗憾弟兄玄武门。

4. 百姓安居,仁心昭日月;功臣退隐,杯酒化干戈。

参考答案 1.明太祖;2.秦始皇;3.唐太宗;4.宋太祖。

解缙联斗曹尚书

　　明代文学家解缙，自幼家境贫寒，父母只是卖豆腐的。但他从小聪明勤奋，一边劳动一边学习，阅读了很多经典图书，依靠努力成了有名的才子。

　　解缙家对面，住着退休的曹尚书。他横行乡里，说一不二，经常欺负老百姓。除夕夜，曹府高墙后露出茂密的竹林，竹林后的庭院里张灯结彩，曹府正准备过年。与此相比，解缙家的小院子里格外冷清。

　　解缙并不介意。他想：你家再富贵，我也不羡慕，因为我博览群书，有丰富的文化知识陪伴，也有无尽的精神财富能享受。

　　此时眼看要过年了，贴春联的年俗不能少。解缙触景生情，便写了副春联贴在自家门前：门外千竿竹；家内万卷书。

　　第二天，乡民们走过解缙家门前，都忍不住停下脚步观看。大家都说，这副对联写得好，写出了咱穷人的志气，只要家有万卷书，又会穷多久呢？

　　听到门外大家的夸赞，曹尚书坐不住了。他气量狭窄地想：好个解缙，你居然嘲笑我家的竹林？

　　"来人哪，把院子里的靠墙的竹子都砍了卖钱，看解缙的对联怎么办！"曹尚书下令说。

第二天，解缙发现了曹尚书的举动，觉得非常可笑。于是他不慌不忙地拿出笔墨，在春联末尾各加了一字，春联变成了：门外千竿竹短；家内万卷书长。

曹尚书听说解缙加了对联，心里更来气了，他发誓要让解缙下不来台。于是，他让家人立刻把那些竹子全都连根挖掉。

解缙觉得更好笑了，一个堂堂的退休尚书，和年轻读书人斗气，真是有失脸面。于是，他又在春联底下各加一字，就变成了：门外千竿竹短命；家内万卷书长存。

这下，曹尚书气得说不出话来，干脆闭门不出。乡亲们都说，这次解缙给大家出了口气。

解缙始终刚正不阿。后来他当了官，还是看不惯欺负百姓的事情，经常用诗文嘲弄坏人。后来，他被加上"犯上"的罪名，冤死在牢狱中。但老百姓依然怀念他，他的对联故事在民间流传至今。

传统文化小·课堂

"尚书"的称呼从何而来？

"尚书"是古代朝廷里的重要官职。战国时，"尚书"被称为"掌书"，齐国、秦国均设置，属于低级官员，负责发布文书。到了汉武帝时，朝廷选拔尚书、中侍组成"中朝"，相当于为皇帝专门组建的秘书班子。大臣们的上文要经过尚书，虽然他们的地位不高，但他们协助皇帝处理政务，有很大的权力。

魏晋以后，尚书的事务变得越来越复杂。到了隋代，设置了吏部、礼部、户部、兵部、刑部、工部这六个部门，分别协助皇帝管理不同方面的政事。尚书就是这六部长官的名号，属于国家部级官员。

对联练兵场

填一填：下面的对联缺了数字，请试试填上吧。

1.冰冷酒，（　）点（　）点（　）点；丁香花，（　）头（　）头（　）头。

2.生意兴隆通（　）海；财源茂盛达（　）江。

3.（　）粥（　）饭，当思来处不易；（　）丝（　）缕，恒念物力维艰。

4.（　）分天下（　）川地；（　）出祁山（　）丈原。

参考答案 1.一、两、三；百、千、万。2.四、三。3.一、一、半、半。4.三、四；六、五。

13

何绍基是清朝的书法家，在道光年间考上了进士，曾在四川做官。年老退休后，他回到家乡湖南。乡亲们都知道他为官正直，书法水平高，而且擅长写对联。于是经常上门请他写对联，他也总是来者不拒。

有一天，当地有个商人碰到了大麻烦。他的父母先后去世了，按照风俗，应该将他的父母合葬。可是这个商人因为太过伤心，误将父亲葬在西边，把母亲安葬在了东边，这可违背了礼仪。

商人思前想后，最后决定在墓前立两个大石柱，再刻上对联，以弥补自己的过错。但是谁能写好这副对联呢？商人四处找人，很多人都说写不了。最后，他登门请何绍基帮忙。

何绍基听完缘由，笑着说："让我试试。"说完，他泼墨挥毫，写下了一副对联：生前既不离左右；死后何必分东西。

这副对联的上联描述了商人的父母，生前婚姻幸福，感情方面很完美，让人啧啧称美。下联又用豁达口吻，婉转地替商人承认"错误"，并加以原谅。商人看到对联，非常惊喜，重谢而去。

又有一次，乡里东岳庙的住持圆寂（古时候指佛教僧侣去世）了。有个小和尚特地前来，请何绍基写一副挽联。何绍基听完来意，思索了一会儿，提笔写出了上联："东岳庙死个和尚。"

　　小和尚看完大吃一惊，他本以为何绍基学识过人，会将对联写得高雅、肃穆。没想到，上联竟然是一句大白话，看起来平淡无奇。小和尚面露不悦，不由得噘起嘴嘟囔起来："老爷，您这样的句子，我也会写！"

　　何绍基笑着说："你可真性急，看我下联就明白了。"

　　小和尚定睛再看过去时，何绍基已写好了下联："西竺国添一如来。"

　　西竺国，就是古印度。汉明帝时，西竺国的僧侣带着佛经来到洛阳，佛教正式传入了中国。这才有了后来的唐玄奘取经，有了鉴真东渡。何绍基将圆寂的老和尚比作西竺国的如来佛祖，是大大褒奖，让小和尚非常有面子。

　　将上下联结合起来看，对联一下子由平淡化为神奇。果然，小和尚兴高采烈地道了谢，捧着对联急忙回庙里去了。

"天竺国"称呼从何来?

根据古书《广雅》记载,"竺"(zhú)就是竹子。天竺是古代印度的国名。在古代,古印度除了"天竺"这个称呼,还有"身(juān)毒(dǔ)""天笃""贤豆"等称呼,后来又叫作"印特伽罗"。

在我国也有"天竺",既是山名,也是寺庙的名称。在浙江省杭州市灵隐山飞来峰的南边,有一座山,名叫"天竺山"。这里是杭州佛教的发源地,故此得名。山上建有上、中、下三座"天竺寺",分别建于五代、宋代和隋代,合称"三竺三寺"。

有趣的是,古代从印度来中国的僧人,大多用"竺"字作为姓氏。后来,只要是外国人归化中国的,也都开始用这个字作姓。这充分说明了"天竺"名称的重要。

对联练兵场

答一答:下面的对联分别对应哪些物品?

1. 一口能吞二泉三江四海五湖水;孤胆敢入十方百姓千家万户门。

2. 白蛇过江头顶一轮红日;青龙挂壁身披万点金星。

参考答案 1.热水瓶。2.油灯、秤。

蒲松龄出生于明崇祯十三年（1640 年）。那天夜里，他的父亲梦见了一个瘦和尚走进屋内。父亲担心这个孩子注定不凡，却无法富贵。

长大后，蒲松龄聪颖好学、兴趣广泛。他的私塾老师姓石，人称石先生。石先生不准学生玩耍，更不准养小动物。蒲松龄却偷偷地养了一只家雀，将它养在墙洞里，用砖头堵住。

没想到，石先生发现了这件事。他残忍地将家雀捏死，放回洞内，重新用砖头堵住。为警告学生，他在墙上写了一句话："细羽家禽砖后死。"

等蒲松龄再去喂家雀，发现了尸体，又看到这句话，非常难过。他看出这是石先生的笔迹，于是在后面补了下联："粗毛野兽石先生。"

事情传出去后，孩童们纷纷嘲笑石先生。他恼羞成怒地责问蒲松龄。蒲松龄却不慌不忙地说："先生，这两句话确实对仗。"

原来，细对粗，羽对毛，家禽对野兽。砖对石，后对先，死要对生。这副对联浑然天成，并无一处错误。石先生捏紧了戒尺，却打不下来，直气得拂袖而去。

蒲松龄机智地讥讽了石先生，学业却并未荒废。19 岁那年，他参加科举考试，以第一名成绩中了秀才。考官、学使、县令纷纷称赞他的文章。然而，他此后的科举考试却充满坎坷。直到 31 岁时依然还只是普通秀才，无法为官。

蒲松龄又坚持考了十几年，还是没有中举。最终，他看透了科举考试的本质，将毕生的精力投入《聊斋志异》的创作之中。

为了激励自己，蒲松龄在铜镇尺上，镌刻了一副自己撰写的对联。

上联是：有志者，事竟成，破釜沉舟，百二秦关终属楚；

下联是：苦心人，天不负，卧薪尝胆，三千越甲可吞吴。

在这副对联里，蒲松龄使用了破釜沉舟和卧薪尝胆的历史故事来激励自己。他最终完成了《聊斋志异》的创作。这本书看似在说狐仙、妖魔和人类的神话故事，实则蕴藏着蒲松龄对当时社会的看法，寄托着他对未来美好人间的期待，成为不朽的文学经典。蒲松龄用自己的方式，被后人永远铭记。

"卧薪尝胆"与"破釜沉舟"

"卧薪尝胆"与"破釜沉舟"是我国历史上两个著名的典故。

公元前494年，夫差率兵攻打越国，越国不敌投降。国君勾践被迫前往吴国做人质，受尽了屈辱却主动卑躬屈膝。三年后，勾践被放回国。此后，勾践在房梁上悬吊一颗猪胆，每天早晨醒来，他都要尝一口胆的苦味，并提醒自己不要忘记亡国之耻。在这样的精神激励下，勾践带领越国人民转弱为强，消灭了吴国。人们将这个故事称为"卧薪尝胆"。

"破釜沉舟"的故事发生在秦朝末年。公元前207年，项羽率反秦联军进攻巨鹿，对手是秦将章邯率领的秦军主力部队。项羽决定渡过漳水发起进攻。为了鼓舞士兵，他命令全军在渡河之后，将船全部凿穿沉入河底，将部队里做饭的锅砸碎，每人只带三天的干粮。联军部队失去了退路，便开始殊死进攻，终于击败了秦军，项羽也报了楚被秦灭亡的大仇。

对联练兵场

答一答：下面的对联分别对应什么姓氏，请试着说一说。

1. 邹鲁圣人曾问礼；唐朝皇帝也求诗。
2. 北战南征收宝岛；扬帆出海下西洋。
3. 兰亭一集家声远；太学九魁世泽长。

参考答案：1.李，2.郑，3.王。

清朝诗人袁枚，字子才。他从小聪明好学，家穷买不起书，他就经常去书店"蹭读"，借此增长学问。9岁时，他和同伴游杭州吴山。爬到山顶，袁枚脱口而出一联：眼前两三级，足下万千家。

两三级，是说山顶的台阶只有两三级，但山下却有千万人家。大家听了，都纷纷说好。

到乾隆年间，袁枚成了有名的诗坛才子，还做了官。可惜他看不惯官场，加上母亲生病需要照顾，于是辞职回到江宁（今南京）小仓山随园隐居。

袁枚住在随园里怡然自得，在书斋里写下一副对联：

此地有崇山峻岭、茂林修竹；是能读三坟五典、八索九丘。

上联里，"崇山峻岭""茂林修竹"是王羲之《兰亭集序》里的词语。下联里，"三坟五典""八索九丘"则是《左传》里记录的失传古籍名。袁枚写这副对联，流露出少许的得意心理。这种对联叫作"集句联"，是将前人书籍里写过的词分别放在上下联，形成新的对仗组合。

后来，另一位学者汪中前来拜访，他一眼就看到这副对联，心想：袁枚变骄傲了，让我来给他个小小的教训。

　　汪中说："听说贤弟读过三坟五典、八索九丘，这些书确实难见。近日愚兄前来，想要借上一本，不知可否？"

　　袁枚的脸顿时红了。这些书早就失传了，连孔子都没读过，他又去哪里读呢？汪中走后，他就将这副对联收了起来。

　　有了这次经历，袁枚懂得了虚心的重要性。他说："就算是村里牧童说笑的言语，都可以做我的老师，只要善于学习就能得到佳句。"有一次，随园里有个挑粪灌溉的工人，在梅花树下高兴地叫了起来："我有一身花！"袁枚听到后，觉得这句话很有意思，于是写成了另一副对联：月映竹成千个字；霜高梅孕一身花。

　　竹叶的形状在月色映照下，变成"个"字，而梅树则孕育了"一身花"这样富有生活情趣的句子。虚心的袁枚，终于成为一代文学艺术大家。

"左传"是本什么样的书?

《左传》是我国古代的一部历史典籍,记录了春秋时期(公元前722年至公元前464年)鲁国的历史,包括政治、经济、文化、人物等各方面的历史事件。

《左传》也称《春秋左氏传》或《左氏春秋》。左氏,就是这本史书的作者左丘明。他写的这本书包括了许多有趣的故事,具有深刻的启示意义。

《左传》也是文学巨著。作者使用了细节描写等方法,让读者如同亲眼看见了当时重大事件的来龙去脉。在有些内容紧张的地方,《左传》还故意用"闲笔"手法,缓解惊心动魄的紧张感,形成有趣的对比。

小朋友们长大后,读读这本书,能更好地了解我国古代的历史和文化!

对联练兵场

答一答:下面的对联提到了哪些植物?试着回答吧。

1. 遍地蕙兰思化雨;满园桃李谢春风。

2. 玉兰花秀香弥漫;银杏叶稠春盎然。

3. 松竹梅斗雪;桃李杏争春。

参考答案 1.蕙兰、桃、李;2.玉兰、银杏;3.松、竹、梅、桃、李、杏。

张之洞鲈鱼螃蟹对

　　清朝末年有个名臣叫张之洞。他从小热爱读书，还喜欢对对联。上学时，私塾老师为了考考他，指着窗外的景色出了个上联：驼背桃树倒开花，黄蜂仰采。

　　这里面最难对的字，就是"倒"和"仰"。桃树"驼背"，弯得很厉害，花才开"倒"了。黄蜂想要采蜜，只能"仰"起身体。

　　到哪里去找对偶的字、对应的景呢？

　　张之洞非常善于观察，他看着不远处的池塘，聪明的脑袋瓜一转，就想到下联：瘦脚莲蓬歪结子，白鹭斜观。

　　"瘦脚"的茎秆支撑不住硕大的莲蓬，才会变"歪"，白鹭只能"斜"头看着它。

　　老师对张之洞的下联很满意，于是对他的教授格外用心。

　　后来，张之洞科举高中，有所作为，被升为两江总督。有一次，他在松江府微服私访，恰逢松江知府大人办寿宴，邀请当地社会名流参加。张之洞便扮作一家缙绅的私塾先生跟随而去。

　　进了府门，张之洞看来来往往的家人，抬着一箱一箱的金银财宝，就知道这知府办寿宴是假，借机敛财才是真。他想到国弱民穷，松江知府居然还有这样的行为，憋了一肚子气。

　　寿宴开始时，张之洞忍耐不住了，他抢步走入席间，大大咧咧地坐了下来。这个举动让所有人惊呆了，更是让知府觉得好气又好笑。当着所有人面，他又不便发作，于是走到张之洞面前，指着桌上的红烧鲈鱼说："鲈鱼四鳃，独占松江一府。"

这意思是说：我可是独占松江府的"老大"，你敢不尊重我？

张之洞不客气地拿起筷子，指着清蒸螃蟹说："螃蟹八足，横行天下九州。"他的意思是：我乃两江总督，而且受朝廷重用，在天下各处都做过官。你能比得上我吗？

知府听见下联，吓了一跳。再看张之洞气宇轩昂，知道他大有来头，便不再作声。席间，他找人探听，才知道这是两江总督。他十分尴尬，只能向张之洞叩头谢罪，甘受惩治。

"两江"是哪里？

"两江"这个地名诞生于清朝。有人以为它就是指江苏、浙江，也有人误以为是江苏、江西。其实，两江是指当时的江南省、江西省。

清朝以前的明朝，将北京设为首都，南京作为"陪都"（相当于副首都）。北京附近地区叫作直隶，南京附近就叫作南直隶，包括今天的安徽省、江苏省、上海市。南直隶经济发达，一直很受重视。

清朝建立后，将南直隶改名为江南省。到康熙年间，又设立两江总督这个官职，主管江南省、江西省两省事务。担任两江总督的，向来都是皇帝最信任、最看重的大臣，比如于成龙、曾国藩、左宗棠、李鸿章等都担任过两江总督，他们都是清代重臣。

对联练兵场

填一填：下面的对联里需要填入反义词，请小朋友来完成吧。

1. 船载石头，石重船（　）（　）载重；尺量地面，地长尺（　）（　）量长。

2. 北雁南飞，双翅东西分上（　）；前车后辙，两轮左右走高（　）。

3. 青山（　）幸埋忠骨；白铁（　）辜铸佞臣。

参考答案 1. 轻轻，短短。 2. 下，低。 3. 有，无。

25

　　清朝末年，在绍兴城里有个不大的园子。园中有光滑的石井栏，高大的皂荚树，金黄的油菜花……这里叫百草园，属于周府。周家的小少爷名叫周樟寿，最喜欢在这里玩耍。

　　清光绪十八年（1892年），11岁的小少爷进了"三味书屋"学习，老师名叫寿镜吾。他是有名的学者，"三味书屋"也是当地最好的私塾。

　　寿先生要求很严格。他在收徒之前，要逐一上门面试。开学后，除了习字、古诗、典籍等功课，他还经常和学生对对联，训练他们的才思。有一次，寿先生出了个上联：独角兽。

　　独角兽是上古传说中的神兽，据说它头顶正中长有一只角。在《山海经》里记载的动物矔（huān）疏（shū），就属于独角兽。

　　有个学生站起来，恭恭敬敬地对道："两头蛇。"寿先生摇摇头，说不好。两头蛇是不吉利的动物，独角兽可是神兽。

　　又有个调皮的学生站起来，嬉皮笑脸地说："四眼狗。"寿先生气得骂道："无理！粗俗不堪，也能对对联？"调皮蛋吓得一吐舌头，赶紧坐下低头装作看书。

　　接下来又有学生回答"八脚虫""六耳猴""九头鸟"的。寿先生都不太满意。

　　周樟寿一边听着，一边思考。当没人说话时，他举手站了起

来，不慌不

忙地说道："比目

鱼。"寿先生一听，脸上立即多云转

晴，摸着白胡子笑了起来，连说"对得好"。

　　原来，"独"是指一个，但不是数字。"比"是指两个，也不

是数字。"角"和"目"都是动物的器官，"兽"和"鱼"都是动

物。更有意思的是，比目鱼出自古书《尔雅》，可以对上《山海

经》。如此工整，怪不得寿先生很喜欢呢！

　　过了几天，寿先生又出了一个上联"陷兽入阱中"，意思是说

野兽掉进了陷阱里。学生们苦苦思索，想不到好的下联。周樟寿想

到《尚书》里有一句话"放牛于桃林之野"，便用"放牛归野林"

作下联，让所有人都啧啧称赞。

　　周樟寿长大后，离开了寿先生的"三味书屋"，去了更远的地

方求学。他改名叫周树人，笔名"鲁迅"，是我国伟大的文学家、

思想家、革命家。

《山海经》是什么书?

《山海经》是鲁迅先生小时候非常喜欢读的书。这本书究竟说了什么，为什么让鲁迅如此着迷呢?

据说，这本书早在秦朝以前就开始写了。它记载了上古社会的历史、天文、地理、动物、植物、医学、宗教、社会、民族等，堪称最古老的百科全书。

《山海经》有两部分，分别是《山经》和《海经》。《山经》里记载了很多名山地理的故事，还描写了传说中的山神。《海经》内容更多，包括《海内经》《海外经》和《大荒经》，里面有各种各样的神奇事物、奇人异事，比如"夸父追日""刑天舞干戚""精卫填海"等故事，都是从《海经》里诞生的。

对联练兵场

填一填：三个字的对联是最简单的，请小朋友试试写出下联吧。

1. 两蝶斗；_____。

2. 春光好；_____。

3. 读书乐；_____。

4. 祖国富；_____。

参考答案 1. 一蜂忙。2. 气象新。3. 行善美。4. 人民强。

第二章

神童智对

杨亿少年对寇準

　　我国北宋时期，福建有位神童名叫杨亿。他7岁时就能写文章，远近闻名。宋太宗听说后召他写诗，他毫不怯场写出佳作。太宗非常喜欢这孩子，授予他"秘书省正字"的官职，留在宫中。

　　不久后，宰相寇準听说了杨亿。他不太相信11岁的孩子就能做官，想找机会考考杨亿。

　　这天，寇準带着一帮大臣在荷花池畔散步，人群中也有杨亿。寇準看见一轮红日倒映在荷花池，水波粼粼，金光跃动，令人赏心悦目。于是说了一个上联：水底日为天上日。

　　这句上联只有7个字，但观察视角很奇特。水底并没有太阳，那个太阳是从天上投影而来。"水底日"是虚的，"天上日"才是实的。

　　在场大臣们个个饱读诗书，很清楚上联的分量，大家都在沉思却不说话。杨亿却高声对出下联：眼中人是面前人。

　　"人"可以对"日"。我们所以能看见人，因为人经过了光线投射，其形象进入我们的眼睛。为此，首先要让人来到"面前"。"眼中人"是虚的，"面前人"才是实的，其关系和上联一模一样。

　　大家听了，都由衷佩服杨亿，说他反应敏捷，确实是神童。尤其是寇準，不经意间了解到杨亿的真实水平，连连夸赞，并让随从立即摆酒设宴。

宰相宴请可是很大的荣誉。宴席十分丰盛，有山珍海味、冷热菜肴、鲜干果品、甜点蜜糖等。

寇準看见有侍从端上来一盘新鲜菱角，有心再考考杨亿，于是说了上联："菱角三尖，铁裹一团白玉。"

这上联描绘了菱角的形象，用了比喻的手法。

杨亿看见菱角旁边有一盘石榴，立即对答说："石榴独蒂，锦包万颗珍珠。"

寇準将菱角的外壳比为铁，果肉比成白玉，杨亿将石榴外壳比为锦，石榴籽比成珍珠。上下联都是席上的果品，非常工整得体。

这一天，两人谈论诗文，到很晚才散席。后来，杨亿历任翰林学士、户部郎中，官至工部侍郎，建立了"西昆体"诗歌流派。

"西昆体"的来龙去脉

宋朝终结了五代十国的混乱局面，整个国家有了新的面貌。但文坛风气并没有变，人们还是推崇辞藻华美的文风。杨亿后来也没有摆脱这种影响。

宋真宗景德二年（1005年），皇帝交给杨亿、王钦若等人重要任务，让他们编一本记录古代君臣事迹的书。杨亿和十几名官员集中在朝廷藏书的秘阁工作。闲暇之余为打发无聊，大家各自吟诗，结成了一本诗集。

据说，西方的昆仑山上有一座仙人的藏书楼，称为册府。皇帝让编写的这本书就叫《册府元龟》。而编书17人的诗集，叫作《西昆酬唱集》。

西昆体辞藻华丽、典故众多，但内容却很一般，尤其缺乏真情实感。后来，这种诗歌风格很快消失在历史的长河中。

对联练兵场

改一改：对联的上联已经给出，请帮忙修改下联，让上下联对仗工整。

1. 世事如棋，让一着不会亏我；

内心似大海，容纳百川也能容忍他人。

下联修改后：_____

2. 有志者事竟成，破釜沉舟，百二秦关终于属楚；

苦心人苍天不辜负，卧薪尝胆，三千越甲可吞吴。

下联修改后：_____

村童联戏李调元

　　李调元是清代戏曲理论家、诗人，曾被称为"四川三大才子"之一。他出生在书香世家，从小努力学习，5岁背诵经书，7岁对对联吟诗，被人们称为神童。

　　有一次，父亲用窗外屋檐下的蜘蛛网出上联："蜘蛛有网难罗雀。"

　　李调元凝视着细细的蜘蛛网，又看见屋外的泥土地，有了！他信口说道："蚯蚓无鳞欲变龙。"

　　这副对联上下相称，而下联显得更有生气，让父亲非常高兴。

　　又有一次，父亲用曹植七步诗的故事作为上联："曹子建七步成诗。"子建是曹植的字。曹植的《七步诗》在历史上很有名。

　　李调元想了一会，刚想说答不出来，但灵机一动，脱口而出："李调元一时无对。"

　　父亲哈哈大笑："小机灵鬼，你这不是对上了吗？"

　　李调元长大后，被朝廷任命到广东做官。有一次，他坐着轿子出门，几个孩子在路上用三块石头垒了座"桥"。轿夫忙着赶路，将石头"桥"踢翻了。

　　几个孩子吵吵嚷嚷，让轿夫赔。李调元探身出轿，一个聪明的孩子立即跪倒说："请大人对对联，对不上就应该赔'桥'"。

李调元心想：村里孩童，能难得倒我？于是满口答应。

村童清清嗓子，大声说道："踏倒磊桥三块石。"

李调元想了半天，觉得有些难。"磊"字既是指"搭桥"的动作，又能拆开变成"三块石"，这是一个拆字联啊！

李调元此时才不敢小看村童。他借口说有紧急公务，明天再来对下联，在孩子们的哄笑声中急忙离开了。

晚上回到家，李调元将事情告诉妻子。妻子正在裁剪窗花，窗花上既有字、又有山。她信口说道："这也不难。可以对，剪开出字两重山。"

第二天，李调元又碰上了那群孩子，他便将下联说了出来。孩子说："大人，这个下联确实工巧，可惜不是你对的。"

李调元纳闷地说："何以见得？"

孩子说："你当官做老爷，怎么会用剪刀呢！"

李调元哈哈大笑，非常喜欢这个孩子。于是找到了他的家人，赠给银两，勉励孩子努力学习。

"名"和"字"的区别

今天，"名字"放在一起，用来称呼别人。但在古代，"名"和"字"混在一块，就会闹笑话。古人的称谓挺复杂的，有姓、氏、名、字、号等。"名"和"字"是必须分开使用的。

古人诞生3个月后，父辈就会为其取名，比如曹植的"植"就是名。在3个月到10岁之间，还可以用"乳名"。那位后来乐不思蜀的蜀汉后主刘禅，乳名就叫"阿斗"。到女子15岁、男子20岁时，要举行成人礼，此时就要取"字"了。

"字"是"名"的补充，一般意义相近。比如唐朝诗人孟郊，字东野，郊和野的意义就很相近。也可能是相反的，比如韩愈，字退之，"愈"和"退"是反义词。无论如何，字和名必须要有密切关系，这样才能让大家记住哦。

对联练兵场

选一选：下面的对联里，哪些属于拆字联，请在括号里打√。

1. 鸿是江边鸟；蚕为天下虫。（　）

2. 孤树为木，木木林森木；三人是人，人人从众人。（　）

3. 江山澄气象；冰玉净聪明。（　）

4. 宏图大展兴隆宅；泰运宏开富贵家。（　）

参考答案　1、2 题属于拆字联

王禹偁以物为联

北宋初年，济州巨野县出了个神童，叫王禹偁。他5岁就喜欢读书，七八岁能吟诗作对。

他家开了个磨面作坊，非常有名气。县里人一提到"磨家儿"，都纷纷竖起大拇指。

这天，济州城来个新官，叫毕士安。他听说了"磨家儿"的名气，却不太相信，于是找到他家中。

毕士安说明来意后，指着院内的大石磨说："我听说你家世代以磨面为生，何不以此为题目作对联？"

王禹偁毫不怯场，思考片刻说道："但取心中正；无愁眼下迟。"

石磨中间部位有个铁立轴，它将上下两扇结合，下扇固定，上扇绕轴运动。轴必须端正，石磨才能运转自如。上扇有个磨眼。磨面时，人们将谷物通过磨眼加入磨中，才能磨成面粉。

王禹偁这副对联，表面是说石磨的工作原理，实际是说志向。只要一个人将心思端正，就不必担心现在没什么进步。

毕士安一听，顿时喜欢这孩子。后来，他邀请王禹偁来州学，给那些有钱的学生作榜样。这些骄傲的学生看见王禹偁穿着普通，又听说他只是个"磨家儿"，很不服气。

有一天，州里的太守宴请宾客，王禹偁和几个同学陪坐。

酒喝到一半时，太守高兴起来，在席上出了个上联："鹦鹉能言难似凤。"

原本在席间夸夸其谈的人，全都闭上了嘴。他们互相看着，却说不出话来。

毕士安着急地将上联写到屏风上，让大家快点思考。王禹偁稍加思索，泼墨挥毫在屏风上写出下联："蜘蛛虽巧不如蚕。"

下联一出，大家都纷纷称赞，说对得巧妙、对得妥帖。太守和毕士安也连连点头说好。那些曾经看不起王禹偁的同学，也纷纷羞愧地低下了头。

后来，王禹偁考上进士，担任右拾遗一职。他一改宋初文风，让后世的苏轼也敬佩不已。

"右拾遗"是什么官职?

"拾遗"是唐代的官名,设立者是大名鼎鼎的女皇帝武则天。"拾"就是捡起来,"遗"就是丢下、忘记的意思。当时,这个官职负责及时发现问题、提出建议,避免朝廷会忘记什么事情。

"拾遗"最初分为"左拾遗""右拾遗"两种。他们的工作不仅繁杂琐碎,很多时候还会得罪人。比如发现文武百官的问题,就要及时上报。发现不公平的社会现象,也要及时指出来。甚至发现了皇帝本人的错误,也必须直言进谏。这个官职虽然级别不高,但对人才要求很高,因此必须由学识、德行兼备的人担任。

在古代,"右拾遗"与皇帝直接交流的机会比较多,所以这是一个很有前途的职位,陈子昂、白居易等人都是由此崛起,做出一番成绩的。

对联练兵场

猜一猜:下面的对联,分别描写什么物品,请在括号里填入。

1.隔壁千家醉;开缸十里香。(　　)

2.善恶全是人自作;是非算定法难容。(　　)

3.赠君时时皓亮;还我日日容光。(　　)

4.玉露磨来浓雾起;银笺染处淡云生。(　　)

参考答案　1.酒。2.算盘。3.镜子。4.墨水。

周起渭对倒影联

　　清代早年，贵州出了位神童，名叫周起渭。他自幼聪明好学，尤其擅长对对联。

　　有一次，当地来了个巡抚大人。他带着随从幕僚，趁月夜明朗，到南明河畔观赏风景。眼前，清澈的河水在月色笼罩下，映出岸边的树影。偶尔有鱼儿游过河水，又有乌鸦呱呱地叫着，飞回枝头休息。

　　此情此景，让巡抚来了兴致。他随后吟出了上联："树影横江，鱼游枝头鸦宿浪。"幕僚们一听，连连点头称赞。大家都说，这可真是妙联，妙就妙在一反常理。鱼儿怎么会在枝头游泳？乌鸦又怎么会睡在浪里？答案已经写在最前面啦，"树影横江"就是原因！好，简直太好了！

　　称赞声中，巡抚扬扬得意地思索下联，却怎么也想不出。幕僚们更是力不能及。没办法，众人只得先回了府衙。

　　第二天，巡抚就命人将上联贴到城门，还发出告示，谁如果能对出下联，就重重有赏。告示发出十几天，依然无人能对。

　　这天，周起渭和家人来贵阳。他站在城门前，端详着上联。不一会儿，他就一把扯下了告示，高兴地对公差说："这个下联，我能对出来！"

公差看他还只是个小孩，十分惊奇，立即将他带回府衙。巡抚说："你既然能对出来，不妨写给我看看。"

随从们送上笔墨纸砚，周起渭挥毫写道："山色倒海，龙吟岩畔虎眠滩。"

巡抚捻着胡须，盯着这句下联，脸色从严肃转向喜悦，最后哈哈大笑起来："好，确实是好下联！"左右随从也一起喝彩。

山色被海水倒映后，原本生活在海里的龙，居然在山崖边吟叫。老虎本应在山洞休息，此时却在海滩上睡眠。这就是周起渭对出的下联。他在后半句运用了想象，其画面则来自前半句的写实，既与巡抚大人的上联对应成趣，又不乏文采。

巡抚让人拿金银赠送给周起渭表示鼓励。但周起渭婉言谢绝，说自己只想要几本书，巡抚更高兴了，立即让人挑一担书，送到周起渭家中。

后来，周起渭果然在康熙年间中了进士，在翰林院为官，成了清代著名的诗人。

翰林院、翰林学士的变迁

翰林院听上去像学校，其实是古代朝廷下属的官署。它最初建于唐代，是专门服务皇室的人才部门，其中储备了文学、艺术、医学、方术、僧道等各类知识人才，甚至还出过"茶翰林""酒翰林"等。

唐玄宗时，大诗人李白就曾以"翰林供奉"的身份，在翰林院供职。但他始终郁郁不得志，原来，当时除了专门服务皇室的翰林院，还另外建立了学士院，由富有文学才能的大臣出任翰林学士。翰林学士和翰林供奉，无论在身份、职务、等级、地位上都有天壤之别。到唐代后期，有些翰林学士甚至直接升任为宰相。这也难怪李白不高兴了。

宋朝延续了唐朝的做法，读书人依然向往学士院，而不是翰林院。文学家苏东坡就做过翰林学士。明朝则干脆撤销了翰林院，直接将学士院更名为翰林院。到清代依旧如此，但翰林院的级别更加提高。新考中的进士，如果文学水平高、书法漂亮，就会被选入翰林院为官。

对联练兵场

选一选：下面的对联，哪些使用了夸张手法？请在括号内打√标出来。

1.千年古树为衣架；万里长江做浴盆。（　）

2.此木为柴山山出；因火生烟夕夕多。（　）

3.登楼望南北；行路吃东西。（　）

4.一粒米众藏世界；半边锅里煮乾坤。（　）

参考答案　1、4使用了夸张手法。

明朝洪武年间，常州出了个神童，名叫陈洽。他家世代是书香门第，哥哥名叫陈济，是《永乐大典》的总编。陈洽从小酷爱读书，很有文采。

常州紧靠长江，陈洽小时候经常跟着父亲去江边玩。有一次，江里有两条船一块前进。不大一会儿，那只帆船借助风力提高速度，跑到那只摇橹船前面去了。父亲看这场景，想到一个上联。他对儿子说："两船并行，橹速不如帆快。"

这个上联很有意思，不但说出了船的快慢，还有历史人名谐音。谐音，就是指两个词发音一样或差不多。"橹速"谐音"鲁肃"，"帆快"谐音"樊哙"。鲁肃是三国时期东吴的文臣，樊哙是西汉初年辅助刘邦建国的武将。如果让鲁肃和樊哙对阵厮杀，鲁肃肯定打不过樊哙，所以说"鲁肃不如樊哙"。

这个人名谐音上联，一下把陈洽难住了。他此时才刚八岁，相当于现在的小学二年级学生。小朋友，二年级的时候，你和同学能对得出这样的上联吗？陈洽也觉得困难，但他没有放弃，而是不断思考着。

正在此时，江边亭子里传来一阵音乐，原来是有钱人家正在宴会，请来乐师演奏助兴。一会儿是悠扬的笛子声，一会儿是低沉的箫声。这两种乐器都是吹奏的，不过笛子需要横吹，箫需要竖吹。

陈洽听着音乐，感到笛子声虽然清亮悠扬，但如果没有箫的伴奏和声，始终会缺少一种韵味。他转而一想，这不正是现成的下联吗？

陈洽脱口而出："八音齐奏，笛清难比箫和。"

八音是古代对乐器的总称。"笛清"谐音"狄青"，"箫和"谐音"萧何"。狄青是北宋年间的将军，萧何是汉朝开国的宰相，论功劳，狄青自然难比萧何了。

陈洽的下联既写了景，也用了人名谐音。更妙的是，萧何与樊哙一样，都是西汉建国功臣。父亲听他对得如此精妙，高兴地把他抱了起来。

陈洽长大后，精通书法、擅长记忆。明太祖朱元璋非常欣赏他，永乐皇帝朱棣则任命他为兵部尚书。遗憾的是，后来他为国捐躯，牺牲在战场上。

《永乐大典》的故事

明朝开国皇帝朱元璋虽然没读过书，但很重视文化。他儿子朱棣登基后，更想着手编纂一部百科全书，这部书要包罗宇宙万象，涵盖古今世界。

要知道，在古老的年代，文化信息的流动方式是非常落后的。书籍的编纂都是靠人工完成。朱棣提出的这个工程，可谓浩大无比。

明永乐元年（1403年）七月开始，朱棣征召解缙、姚广孝、胡俨等人，主持编撰这部大百科全书，经过大约一年半的时间初步完工。但朱棣并不满意。明永乐三年（1405年）重新开始编著，陈济作为实际总编。在他的建议下，总共动员2000多人参与，经历近6年才完成。

《永乐大典》共22877卷，光目录就有60卷，整本书分为11095册，共约3.7亿字。朱棣对这套书非常满意，亲自写了序言。这套书可谓空前绝后，总共保存了我国从先秦到明初各类古今资料8000多种，是我国古代最大的百科全书。

对联练兵场

写一写：下面的对联，提到了哪些历史人物？请在括号内写出来。

1. 平生最喜说东坡，日啖荔枝三百颗。（　　）

2. 天下几人学杜甫，安得广厦千万间。（　　）

3. 立湖石于江心，岂非假岛。（　　）

4. 蒙虎皮于马背，谓是班彪。（　　）

参考答案 1.苏轼；2.杜甫；3.贾岛；4.班彪。

周秉成写 "乱" 对联

明代时，苏州城里出了一件大新闻：年仅 10 岁的周秉成考上了秀才。他小小年纪，就实现了许多人一辈子的梦想，顿时声名大噪，成了苏州城赫赫有名的人物。

过了两年，外乡有个戏班子来乡里演戏。戏台上要有一副对联。乡里的几个老秀才互相推诿："周秀才思维敏捷，还是他来写好。"

周秉成觉得，无论按年龄、按资历，都轮不到自己写。但他年幼势单，架不住几个老秀才半拉半劝，硬是将他架到了桌前。大家东一句、西一句地劝说，非要他写这副对联。

无奈之下，周秉成只好拿起笔，顺手写下了三个字："乱乱乱"。写完后，他暗自叫苦。此时一点灵感都没有，而自己周围乱糟糟的一片，怎么写呢？

几个老秀才看见后暗自吃惊。有一个嫉妒周秉成的人却高兴起来，觉得能看笑话了，于是大喊一声："好！"

他这一叫好，周秉成更慌了，手上的笔不自觉地摇动，又写出来一个 "乱" 字。

这一下周围炸开了锅。有人开始为周秉成担心，还有人建议让周秉成重新写。

周秉成深吸一口气，稳定心神，同时，他的头脑在急速地运转着。"乱"字该怎么接？戏台上演戏，怎么会乱？突然，他灵光乍现，有了……

他运笔如飞，写就了一副绝妙对联：

乱乱乱，乱不出纲常伦理；

演演演，演的是古今忠奸。

是啊，无论剧情多么庞杂、无论矛盾多么尖锐，戏曲故事都在弘扬伦理道德。无论演技高低，演员们表演的都无非是古今故事、好人坏人。这副对联，生动地写出了戏曲的特点，特别适合挂在舞台两边。

周秉成刚写完，周围的人就顿时安静下来，随即纷纷竖起大拇指，直夸对联写得妙。而刚才那个想看周秉成笑话的人，也非常佩服他的应变能力，情不自禁地为周秉成叫起好来。

我国的戏曲

在我国古代，文学、美术、音乐、舞蹈、杂技都是不同的艺术"宝贝"。平时，它们在各自的王国遨游，但有时也会相遇，那就是在戏曲舞台上。

文学构成了戏曲的内容，传奇的故事、丰富的台词，让戏曲情节跌宕起伏、引人入胜。美术构成了戏曲的形象，演员的妆容、服装、道具都很精美，让人一眼看过去就再也放不下。音乐是戏曲的组成部分，包括演员的唱腔、念白和乐器的伴奏，用音乐旋律和节奏来推动故事发展。舞蹈和杂技能表现各种情绪，有的体现战争激烈，有的体现内心波澜，可以让观众走入戏曲的世界。

我国戏曲是世界闻名的艺术形式，是真正的国粹文化，值得我们了解和发扬。

对联练兵场

填一填：下面的对联，可以使用叠字技巧，请在括号内将叠字写出来。

1. 绿（　）红（　）处（　）莺（　）燕（　）；
   花（　）草（　）年（　）暮（　）朝（　）。

2. 读书好，耕田（　），学（　）便（　）；
   创业难，守业（　），知（　）不（　）。

李东阳对联寻物

李东阳是明代人。他为官数十年，当过吏部尚书、华盖殿大学士，又是著名诗人，门生弟子无数。少年时，他就勤奋好学，是湖南茶陵有名的神童。

据说，李东阳少年时勤奋好学，善于思考。有一次，一个长辈和他开玩笑，用他的名字出上联："李东阳气暖。"

这个上联的意思是，李树东边，太阳让空气温暖。

李东阳觉得这个上联很有意思，自己的名字加上另外两个字，含义就变了。他认真地想着一个又一个古书上的人名，终于找到合适的下联："柳下惠风和。"

柳下惠是春秋时鲁国大夫，他非常注重礼仪。下联的意思就是，柳树下面，美好的风很柔和。

长辈听了以后，顿时赞不绝口。

又有一次，李东阳和小朋友去放风筝。一不小心，风筝的线被吹断了，风筝摇摇摆摆落到隔壁员外的园子里。李东阳自告奋勇，翻墙去拿风筝。

这家员外刚捡起风筝，看到李东阳聪明淘气的样子，就想要逗逗他。员外说："我来出上联，你要是能对得上，我就还给你风筝。"

其他小朋友怕李东阳吃亏，都趴在墙头上向里看。员外看着那排小脑袋，又好笑又好气地说："童子六七人，毋如尔狡。"

这个上联的意思是，六七个小孩，都不如你狡猾。

李东阳看这员外很有些气派，心里想他八成是个退休的官员。于是信口说道："太守两千石，唯有公……"

员外盯着李东阳，看他说什么。李东阳故意拖长了字说："唯有公……"

员外觉得他想不出了，得意地笑道："如何，对不上了吧？"

李东阳调皮一笑说："员外，这最后一个字，我不说而已。其实早就有了。"

员外问道："这是什么意思？"

李东阳说："员外如果还我，这个字就用廉。如果不还我，就用贪。"

员外哈哈大笑，他本来就是逗孩子玩，又怎么会落下"贪"字？于是他立即将风筝还给了李东阳。

"石"与度量衡

"太守两千石"里用到的"太守",最初是汉代郡级的最高官员,他们能拿到每年"两千石"的俸禄。那么,"石"是指什么呢?

要解释明白"石",就要从解释度量衡开始。

度量衡是我国古代用于计量物体长短、容积、轻重的单位统称。"度"主要测长短,包括分、寸、尺、丈等。"量"主要测容积,包括合、升、斗、斛等。"衡"主要称轻重,包括两、斤、钧、石等。

在汉代,16两为一斤,30斤为一钧,4钧为一石。因此,一石等于120斤。那时候的一斤大约只有249.6克,一石约为29.95千克。太守每年能拿到两千石的粮食作为俸禄,放在今天也是一笔不小的财富了。

对联练兵场

找一找:下面的对联里,有一副写反了,请帮忙找出来,在最后的括号里打√。

1. 天开美景春光好;人庆丰年节气和。( )

2. 家门欢乐财源进;内外平安福运来。( )

3. 天增岁月人增寿;春满乾坤福满楼。( )

4. 户纳春风吉庆多;门迎晓日财源广。( )

参考答案 4

何孟春是明代人，曾经做过吏部右侍郎。他少年时入私塾，学习认真刻苦，老师很喜欢他。

有天晚上，师生二人研读经典，不知不觉到了夜深。窗外月色明亮，清风徐来。老师来了兴致，说道："窗外一团风月，这般情趣少人知。"

这上联抒发了老师孤傲的心性。他既在夸赞景色，也不在乎别人是否理解这种夸赞。

何孟春想了想说道："架头几部诗书，那里精微皆自得。"

下联表达了何孟春对学习的热爱，是对上联感情的进一步发扬。钻研诗书，就难免需要孤独，而学习者必须喜爱这种孤独，从中怡然自得。

老师听他对得这么好，更加喜欢他了，教授得也更加认真。

不久后，何孟春跟随老师来到县学（县衙设置的学校）。学堂先生看他年纪不大，却很受重视，便有心想试试他的才学。

先生出上联："夫子之墙数仞高，得其门而入者或寡矣。"

这是"典故联"，故事出自《论语》。原文是孔子的弟子在用墙来比喻人的才华。他说，我们就像齐肩高的宫墙，外面的人能看见里面的景色。但孔夫子就像高达数仞的大墙，能找到门进去看景色的人很少。

先生故意出这个对联，为的就是考验何孟春对"四书五经"的熟悉程度。何孟春立即答道："文王之囿七十里，与其民同乐不亦宜乎。"

下联出自《孟子》，原文是孟子在举例，说周文王有纵横七十里的猎场，但是同老百姓一起享用。

所有人一听，都连连点头。能在短时间内答出这样的下联，确实很难得！上联既用了典故，又有长短句，字数也比较多，而且还出自《论语》。如果不是对"四书五经"充分熟悉，加上思维敏捷，是不可能对出下联的。

就这样，何孟春顺利进入县学，开启了人生的新篇章。

"四书五经"的渊源

小朋友，我们经常听说"四书五经"，它并不是一本书，而是九本书的合称，是古代做学问的人必须熟读的典籍。

"四书"，是指《大学》《中庸》《论语》《孟子》。"五经"是指《诗经》《尚书》《礼记》《易经》《春秋》。

"四书"一开始并未归类，是南宋时期的著名理学家朱熹整理合并而形成的。《大学》原本是《礼记》中的一篇，朱熹认为它是儒学的入门读物，因此将它抽出来，和孔丘的《论语》、孟轲的《孟子》、子思的《中庸》放在一起，称为"四书"。

"五经"的说法则经历了不同朝代。先秦时，儒家原本有"六经"，《诗经》《尚书》《礼记》《乐经》《易经》《春秋》。经过秦始皇的"焚书坑儒"，《乐经》失传，因此只剩下了"五经"。

对联练兵场

补一补：下面的对联，都缺了最后一个字，请试着补上去吧。

1. 海纳百川，有容乃（　　）；壁立千仞，无欲则（　　）。
2. 海市蜃楼皆幻（　　）；忠臣孝子即神（　　）。
3. 万山不隔中秋（　　）；千年复见黄河（　　）。
4. 发奋识全天下（　　）；立志读遍世间（　　）。

参考答案　1.大，刚；2.象，仙；3.月，清；4.字，书。

53

1839年6月3日，广东虎门，将近两万箱从英法商人手中收缴的鸦片被集中在海滩上。下午两点，钦差大臣、两广总督林则徐出现在人群中央，他环顾四周，将手一挥，道："销！"

搬运工人和士兵立刻将一箱箱鸦片倒入大池子，用水浸泡一会儿后，就倒进海盐和生石灰。池子里立刻沸腾起来，浓烟喷涌而出，直上天空……

"虎门销烟"大涨了中国人反击外国侵略的士气，也拉开了近代史的序幕。

"虎门销烟"的发起人林则徐，自幼就是著名的神童，留下了很多对联故事。

据说，林则徐童年时有一次从私塾放学回家，路上碰到一群乡里文人，站在池塘边看鸭子游水。有人顺口说道："我来出个上联，母鸭无鞋空洗脚。"

这上联充满了乡野趣味，将母鸭拟人化，显得真实生动。大家都觉得有些意思，但没有人能对出下联。林则徐听见，想了一会儿说："我可以对，公鸡有髻不梳头。"

公鸡是乡下最常见的动物，用来对"母鸭"很适合。公鸡头上有漂亮的"发髻"，但从不会梳头，这同样充满生活趣味。

几个乡下文人听了，都觉得这个孩子不简单，将来肯定会有大

作为。

果然，两年后，林则徐就参加乡试去了。因为年纪小，父亲担心他走进考场太累，就让他骑在自己肩上赶路。正巧，这一幕被主考官看见了。主考官觉得这么小的孩子也来赶考，简直太有意思了。于是开玩笑地说道："以父作马。"

这句话虽然是玩笑，但让林父尴尬地红了脸。在讲究等级尊卑的过去，大庭广众之下让孩子骑肩，确实有辱斯文。

林则徐却并不尴尬，他眼珠转了转，立刻用稚嫩的童声回答说："望子成龙！"

这四个字虽是成语，但和主考官说的上联天然相对。而且其内涵深刻，巧妙地为父亲解了围。林则徐的意思是，不要看我将父亲当马骑，实际上是因为父亲期盼我将来会有伟大的成就！

主考官听了以后，马上就知道这个孩子不简单。他礼貌地向父子二人深施一礼，预祝成功。

这次考试，林则徐果然顺利通过。在后来的科举考试中，他始终榜上题名，终于成为一代名臣。

传统文化小·课堂

"科举"的来历

科举是我国古代社会的一种考试，主要为朝廷选拔人才，这也是文化人施展抱负的重要考试。科举考试非常难，即使"唐宋八大家"里面的韩愈，也不是一次就考上的。这是为什么呢？

原来，古代科举最早起源于隋代，因为是"分科取士"（分门别类选择人才的意思），所以叫科举。最早的科举考试主要考背诵"四书五经"的能力，以及写诗写赋的创作能力。到明清时候，开始考治国理政的思想，处理国家大事的能力，科举考试的行文内容和格式也形成了明确要求。

科举考试可不像现在的期末考试，而是要经过多轮选拔，并要到不同城市参加。有的考生要走上几个月才能到考场，然后关在封闭的房子里考几天。这样艰苦的考试，怪不得很多人都难以通过。

对联练兵场

写一写：下面的对联，都镶嵌了古人的名字，请试着找出来，写在括号里。

1. 悲哉秋之为气；惨矣瑾其可怀 。（　　　）

2. 月照纱窗，个个孔明诸葛（格）亮；风送幽香，郁郁晚华梅兰芳。（　　　）（　　　）

3. 虞兮奈何，自古红颜多薄命；姬耶安在，独留青冢向黄昏。
（　　　）

4. 史鉴流传真可法；洪恩未报反成仇。（　　　）（　　　）

参考答案 1.宋玉；2.孔明、梅兰芳；3.虞姬；4.史可法、洪承畴。

56

第三章

民间谐对

潘县令以联斗智

　　清朝时，江南某县的读书人自高自大，经常抱团欺负外地人。这不，他们胆子越来越大，甚至打起了戏弄新县令的主意。

　　新县令姓潘，一口浓重的山东口音，人长得瘦小又其貌不扬。刚上任没几天，县里的秀才们就借着拜望的名义，请他对对联。

　　潘县令早就知道他们的用意，正想趁此机会树立威信，便微笑着同意了。

　　带头的胖秀才摇头晃脑地说出上联："多山多水多才子。"

　　他刚说完，身边的秀才就七嘴八舌地补充道："潘大人，他这上联，说的正是本县。""对对对。"

　　十几道怀疑的眼光，集中到潘县令身上，那意思是：你要说我们这里好，气势就输了。要说不好，哈哈，这是县令能说的吗？

　　没想到，潘县令不慌不忙地说："一泰一岱一圣人。"

　　县令说的是山东故乡。一泰，是指泰山。一岱，是指岱水。一圣人，自然是孔子。泰山是"五岳之首"，古代著名君王都要亲自封禅祭拜，堪称天下第一山。

　　孔子的地位就更不用说了，他是儒家学派的开创者，周游列国，传播学问，对后世影响深远长久。在古代，小到民间私塾，大到朝廷学堂，都要悬挂他的画像。

　　不论是泰山还是孔子，都是山东人的骄傲。

县令在数字运用上很谦虚，上联用"多"，下联用"一"。但圣人当然比才子强多了，又体现出强烈的自豪感。这下联看似不卑不亢，其实却完全超越上联，顿时镇住了所有人。

秀才们你看我，我看你，都感到有些下不来台。但有个瘦秀才不甘心，往前走了一步，作了个揖说："大人，坐北朝南吃西瓜，皮往东放。请教下联是？"

潘县令心想：上联用了东西南北四个方位，看我下联用上下左右来对。他脱口而出："自上而下看《左传》，书向右翻。"

上联在说普通的"吃瓜"，只是生活琐事。而下联说读书是文人雅事。相比之下，下联又一次赢了。

两斗两败，秀才们再也不敢放肆。几个年纪大的秀才站了出来，恭恭敬敬带头施礼，表示将来一定唯命是从。

从此以后，他们再也不敢抱团欺负外地人了。

"五岳"的来历

"五岳"是我国五大名山的总称,具体包括东岳泰山、南岳衡山、西岳华山、北岳恒山和中岳嵩山,以东岳泰山为首。

在传统文化里,"五岳"的意义可不只是大山,而是具有深厚的文化价值。不少古人相信,"五岳"是神仙居住过的地方。因此,皇帝向上天举行祭祀盛典时,往往会选择"五岳"作为祭祀地点,表现自己的权威。为了显得更庄重,皇帝们还不忘封赏"五岳"。比如,唐玄宗、宋真宗就曾经将"五岳"封为王甚至帝。到明太祖时,没有名号封了,就干脆封"五岳"为神。

"五岳"风景优美,也留下了很多动人的诗篇。小朋友们,等有机会时,就和爸爸妈妈一起去游览吧!

对联练兵场

说一说:下面的对联描述了"五岳",请说出对应的山名。

1. 人间灵应无双境;天下巍岩第一山。

2. 水落渭河,海日夜从金掌出;天围华岳,莲花春向石盆开。

3. 岳擎于北;坤载唯恒。

4. 七二峰雾失云迷,好留佳客寻衡岳;九千丈风回雪舞,喜看飞花落洞庭。

5. 近四旁唯中央,统泰华恒衡,四塞关河拱神岳;历九朝为都会,包伊洛瀍涧,三台风雨作高山。

参考答案 1.东岳泰山。2.西岳华山。3.北岳恒山。4.南岳衡山。5.中岳嵩山。

"好读书"怪联

　　明代，浙江山阴（今浙江绍兴）出了位大才子，名叫徐渭。他自幼聪明，20来岁就跻身"越中十子"之列，擅长诗文、书画、戏剧、对联，备受时人赞扬。今天，如果你去杭州市吴山的山顶，有一座"江湖汇观亭"，亭上的楹联就是徐渭的佳作："八百里湖山，知是何年图画；十万家烟火，尽归此处楼台。"

　　徐渭有才华，有抱负，但没有运气。20岁那年，徐渭考中秀才，随后连续考了8次，都没有中举。后来他成了胡宗宪的幕僚，为抗倭出谋划策，不料胡宗宪又被罢官。

　　中年时，徐渭在绍兴的"青藤书屋"藏书数千卷，开始了隐居生活。

　　后来，徐渭的儿子长大了。他虽有些小聪明，但读书并不用心。这天，徐渭想了想，写了一副怪联，挂到儿子桌前。

　　这副对联是这样的：

　　好读书时不好读书；

　　好读书时不好读书。

　　儿子放学回家，看了半天，悟不出来道理。于是去问徐渭："父亲，你写的是什么呀？"

　　徐渭说："你没有看出来吗？我写的就是你呀！"

儿子依然懵懵懂懂，不知道该说什么。

徐渭叹了口气说："上联是，好（hǎo）读书时不好（hào）读书。你现在年轻，我写字画画颇有些积蓄，能供得起你，这正是读书学习的好时光。可是你偏不喜欢读书。"

儿子似乎若有所思，嘴巴动了动，没说出话。

徐渭又说："下联是，好（hào）读书时不好（hǎo）读书。等你长大成人，虽想读书，无奈要养家糊口，如何能学好？你当铭记，读书不可错过少年好时间，否则必将抱憾终身哪！"

可惜的是，儿子没有听进去，最终一事无成。徐渭也在贫病交加中逝去。

"写意画"的由来

徐渭的绘画成就极高。他画画时将水墨直接倒在宣纸上。水墨会散化流淌，徐渭根据其形状来勾勒描画。最后形成的画面酣畅淋漓、纵横狂野。徐渭因此开创了明代泼墨大写意画的流派，连后来清代的郑板桥，都说自己是"青藤门下走狗"呢！

写意画是中国画的重要类别，"写意"，从名字就能看出来，着重表现事物的神韵和意趣，抒发画家的主观情感。写意画不是为了"画得像"，而是要"画出意境"。创作写意画时，画家落笔要准，运笔要准，用看似简练的笔墨来表达丰富的意趣。

从南宋开始，写意画就出现了。到明清时写意画更加流行，徐渭就是其主要变革人物。后来的清"四僧"及"扬州八怪"，都是写意画的大家。

对联练兵场

填一填：下面的对联，都用了多音字或近音字，请将用到的拼音写在对联末尾。

1. 禾花何如荷花美。　　　　拼音（　　　）

2. 莓子没比梅子酸。　　　　拼音（　　　）

3. 鸡饥争豆斗。　　　　拼音（　　　）（　　　）

4. 鼠暑上梁凉。　　　　拼音（　　　）（　　　）

参考答案　1.hé；2.méi；3.jī dòu；4.shǔ liáng。

63

趣对 "征婚联"

明代，安徽休宁有位读书人，名叫程敏政，字克勤。他自幼学习勤奋刻苦，饱读诗书，学问渊博。10岁那年，他就名扬当地了。

消息传到了北京，明代宗朱祁钰特地召见他。程敏政在紫禁城对答天子，毫不怯场，受到代宗的赏识，特地下诏让他在翰林院读书。

内阁首辅李贤听说这件事，专门设宴款待他。宴会虽不算奢华，但不乏佳肴美酒、时令果蔬，令人眼花缭乱。

酒席上，李贤询问起程敏政的学识。程敏政不慌不忙，对答如流。程敏政少年英才，年轻有为，李贤越看越喜欢，断定他将来会是建功立业的人才，就想到将宝贝女儿许配给他。

李贤刚想询问，但转念一想：我可是首辅，这种话怎么能明说？万一被拒绝，那可太丢脸啦。于是，他想到了对对联。

李贤手指着一盘莲藕，当着众人面说道："我有个上联，因荷而得藕。"

说完，他的眼睛就看向了程敏政。表面上，这是谈论盘中的藕，说藕因为荷花才有。其实，这是在用谐音的方法，询问程敏政："小伙子，你想凭什么来娶妻呢？"

程敏政多聪明啊，马上听出了首辅的言外之意。他立即恭敬地

64

回答道："有杏不须梅。"

　　此时，宴会桌上正放着一盘杏子。程敏政表面说，有了杏子，就不需要再吃梅子了。但实际上是说，如果我足够幸运，大人能看得上我，那就连媒人这种礼仪上的中介也不用了。

　　李贤一听，哈哈大笑，双方的心思尽在不言中。在场客人都是朝廷的文官，全听出来了弦外之音，大家相顾一笑，随即举杯，共同预祝这桩美好婚事的顺利达成。

　　这正是：因和而得偶；有幸不须媒。

　　李贤爱才的诚恳态度，打动了许多人。程敏政的才华胆量，同样让在座所有人印象深刻。他长大后，参加科举考试，中了进士，做到礼部右侍郎的官职，也成了李贤的乘龙快婿。

　　婚礼那天，朋友们恭喜说，这可是"因联而得偶；有才不须媒"啊！

古代的"婚礼"

《礼记》这本周代礼仪规范书，对婚礼程序有严格的规定。

第一步，纳采。男方家要派出媒人，带着大雁作为礼物，去女方家提亲。

第二步，问名。媒人在女方家要问清女孩的名字、在家中排行、出生年月日等。古人很迷信，要将这些资料带给男方卜算吉凶。

第三步，纳吉。媒人带着女方资料回来报信，经过卜算，结果又很好，就可以再派媒人去报告。这一步之后，就算正式订婚了。

第四步，纳征。男方要向女方赠送彩礼。

第五步，请期。男方派人去女方家，选定成婚日期。

第六步，亲迎。到了约定那天，新郎要亲自在黄昏时去女方家，接妻子过门。因为时间规定在黄昏，"婚"字就产生了。

作为源远流长的中华文明的一部分，婚姻礼仪值得大家去了解和探究。

对联练兵场

连一连：下面的对联来自"四大名著"，请将它们一一相连。

1. 假作真时真亦假；无为有处有还无。　　A.《西游记》

2. 匙箸失时知肺腑；风雷吼处动心胸。　　B.《水浒传》

3. 英雄双枪将；风流万户侯。　　　　　　C.《三国演义》

4. 万寿山福地；五庄观洞天。　　　　　　D.《红楼梦》

参考答案　1.D; 2.C; 3.B; 4.A。

祝枝山的谐趣对联

祝枝山是明代文学家、书画家，他才华横溢、思维敏捷，擅长诗文书画，为人诙谐有趣，留下了许多有趣的对联故事。

有一次，祝枝山去杭州玩，刚到西湖边住下，很多人就慕名而来，排队请他写字、画画，热闹得就像今天的"追星"。这事情得罪了杭州城里的张秀才和钱秀才，他俩觉得祝枝山没什么学问，只是故意卖弄，便相约前来挑战。

张秀才率先发难，说道："屋北鹿独宿。"在明代官话里，"北"念作"bù"，上联的每个字韵母都是u，想对好有些难度。

祝枝山应声说道："溪西鸡齐啼。"下联也用了同韵母的字。张秀才黯然失色。

钱秀才赶紧说："童子打桐子，桐子落，童子乐。"桐子是桐树的果实，和童子谐音，"落"又和"乐"谐音。这个上联也用了心思。

祝枝山笑笑说："丫头啃鸭头，鸭头咸，丫头嫌。"他用丫头对童子，非常完美，"咸"和"嫌"也是谐音。

周围观战的人一齐叫好，两个秀才灰溜溜地离开。祝枝山的名气更大了。

这年除夕，很多人来祝家求春联。对富人，他酌情收费。对平民百姓，他只收几个铜板，或者几条鱼、一只鸡，甚至分文不取。有个胖财主听说了，也从乡下跑来，死皮赖脸要请祝枝山写春联。

祝枝山早就知道，胖财主在当地为非作歹，欺压良善。他决定戏弄他一番。等书童铺好纸、研好墨，祝枝山成竹在胸，写下这样一副对联：

明日逢春好不晦气；终年倒运少有余财。

胖财主看到后，气得直跳脚。立刻带着春联，到衙门报官，说祝枝山故意羞辱他，请求县官治罪。

县官让人找来祝枝山，询问情况。祝枝山哈哈大笑，说："大人，这位财主不通文理，故此误会了。请大人明鉴，这副对联该这样句读。"说着，祝枝山就将春联读了一遍：

明日逢春好，不晦气；终年倒运少，有余财。

县官很清楚胖财主的为人，此时正好找个台阶下。他呵斥财主说："你自己不通文墨，还冤枉祝先生。祝先生乃吴中才子，怎么会写错？快赔不是。"

胖财主虽觉得不对劲，但又说不出来，只好赔礼道歉，气哼哼离开了。消息传出，百姓们都感觉出了口恶气。

"句读"的故事

"句读"的"读"，可不能念成"dú"，而是要念成"dòu"。这是为什么呢？

句读，也称为"句逗"。如果小朋友有机会去博物馆，看到古人写的文章、编的书籍，会发现它们都是不断句的。一行行文字从右到左，从上到下，都连在一起，没有标点符号。

上古时文句简单，没有断句不影响阅读。但后来文章复杂了，这样读起来很不方便。古人就想了个办法，自己动手，标记句子。古人在每个句子中间的停顿处，用笔标一个"瓜子点"。对每个句子结尾处，加一个"小圆圈"。标记这种符号，就是"句读"。

对联练兵场

加句读：下面的对联缺少了句读，请在句子内加上去吧。

1.富贵贫贱总难称意知足即为称意；山水花竹无恒主人得闲便是主人。

2.碧海青天嫦娥应悔偷灵药；一身虎胆后羿无惧射九阳。

3.读诗书礼易读出书香境界；品酸甜苦辣品尝百味人生。

4.窗前灯一盏照亮学子千般大志；桌上半卷书囊尽天下万种风情。

参考答案（略）

69

近视眼秀才对对联

从前，有个秀才，他每天忙着准备科举考试，不注意保护眼睛，变成了近视。那时候没有眼镜，他看东西经常会出错。

这年冬天，雪花飞舞一夜。第二天，雪后初晴的风景令人心旷神怡。邻居私塾先生特地登门，请他出门踏雪赏景。秀才很高兴，跟着先生出了门，两人朝乡间野外走去。

刚走到小桥头，秀才就大呼小叫起来："先生，快看梅花，还有竹叶！"

先生放眼一看，这大雪刚过，哪来的竹叶啊？就是梅花，也并未看见。正当他纳闷时，秀才指着桥面说："就在那里！"先生定睛观看，不觉笑出了声。

秀才不解地问："先生，那不正是梅花和竹叶吗？也不知道是谁，画在这桥面上。"

先生大笑说："哪有梅花、竹叶，那不过是村里的鸡犬在雪上走过，留下的脚印哪！"

秀才半信半疑地走上前，盯着看了半天。突然灵机一动，摇头晃脑地说道："雪落板桥鸡犬行，踏成梅花竹叶。"

先生听了，连连称赞。可惜，虽有上联，却无下联，秀才为此又多了个心事。

到了第二年春日，秀才坐在家里的绿纱窗前读书，忽然看见窗纱上晃动起牡丹、芙蓉的花影。

秀才心里很高兴，以为是隔壁院子的小妹爬上墙头，举花和他开玩笑呢。想到这里，秀才书也不愿读了，悄悄推开门，轻步走到院子里。再一看墙头，哪有什么小妹？只有空中飞远的黄莺，还有穿梭在树枝间的蝴蝶。

原来，只不过是明媚的阳光，将莺蝶的影子投上了窗纱，让秀才误以为是芙蓉和玫瑰的影子。秀才哑然失笑，觉得自己真是自作多情。他摇摇头，准备回去温书。突然想到了冬日的上联，当时的情景，不正和现在能对得上吗？秀才稍微思考了下，连忙回到桌前奋笔疾书。写完之后，他拍手大笑："终于对上啦！"

桌上，是秀才写下的完整对联："雪落板桥鸡犬行，踏成梅花竹叶；日落纱窗莺蝶飞，映出玫瑰芙蓉。"

这副对联，前半句有天气、地点和动物的行为，后半句则是因此而形成的有趣景观，看似是生活中的普通场景，但能工整对上，也算是秀才用了心思。

牡丹的传说

牡丹，自古就是我国的"百花之王"。它颜色鲜艳，花形硕大，在花丛中最为耀眼。在传统文化中，牡丹象征着富贵堂皇、吉祥繁荣。

牡丹花之所以如此出名，还与我国历史上唯一的女皇帝武则天有关。据说，有一年腊月时节，大雪纷飞，武则天饮酒作乐，兴致颇高，带着醉意写下一首诗：明朝游上苑，火速报春知。花须连夜发，莫待晓风吹。

这首诗的意思是，明天我就要游玩皇宫的花园，你们立刻向掌管春天的神仙报告。百花要连夜开放，不必再等晓风吹拂。

当天晚上，百花连夜盛开，只有牡丹不为所动，坚持花期。第二天，武则天看见这一幕，生气地将牡丹贬出京城长安，发配到洛阳。牡丹虽遭此劫难，但次年春季来临时，她却绽放得更加美丽。这种不畏权贵、坚持原则的精神，打动了古往今来许多人。

对联练兵场

选一选：下面的对联分别对应不同花朵，请将正确的答案填入括号。

1. 擂台月下天双艳；春色人间第一香。（ ）

2. 来从山野鸟啼血；却向庭园花映红。（ ）

3. 花中君子三湘客；王者之香九畹心。（ ）

4. 但得片时花轰烈；何求终岁气从容。（ ）

A. 牡丹 B. 杜鹃 C. 昙花 D. 兰花

参考答案 1A，2B，3D，4C。

72

理发店趣联

雍正年间，有位书画家叫董邦达，他从江南到北京游学，钱花完了，回不了家，拖欠了房租。眼看到年底，董邦达只好借来桌子板凳，在家门口摆摊卖字，帮人写春联赚点钱。

董邦达字写得漂亮，对联也撰得好，吸引了不少顾客。有位剃头匠慕名而来，想请他写一点雅词，做店里的春联。董邦达想了一会儿，提笔写出联句：相逢尽是弹冠客；此去应无搔首人。

"弹冠"，出自屈原的《楚辞》，是指弹去帽子上的灰尘，以示庆祝或者敬重。

"搔首"，出自《诗经》，是指用手或工具抓挠头部，表示焦急或者思考的心情。

古人会见客人或者参加重大礼仪之前，都要先"弹冠"来端庄仪表。古人在日常生活中，由于很少理发，所以要经常用梳子、篦子"搔首"，才能清洁头部皮肤，保持头部卫生。

清朝时已经有了理发店，但客人还是想要"弹冠"才光顾，剃头师傅的手艺上佳，才会让人不再"搔首"。这副对联用词文雅、对仗工整，一时间成了剃头店最好的广告，店里的生意一天比一天强。

不久之后，很多店家都知道了董邦达的能耐，纷纷出价，请他写对联。很快，达官贵人也都慕名前来，还有人看中了他的水墨画。就这样，董邦达逐渐在京城站稳脚跟，成了名动当时的书画家。

他挣到钱之后，继续认真求学，并考中了进士。此时，他早就不卖对联了，但并未忘记剃头匠的帮助，又写下一副对联：

虽然毫末生意，却是顶上功夫。

这副对联没有走文雅风格，但同样高明。上联的"毫末"有多种含义，从字面上，"毫末"就是琐碎微小的意思，用来形容头发非常恰当，又让人感觉剃头师傅很谦虚，说自己做的都是小事。

相比之下，下联突然转折，用了"顶上"这个词。"顶上"可以指"头顶"，也可以理解成"最好"。这副对联欲扬先抑，用词充满新意，让人回味悠长，成为后世传扬的经典。

理发

74

古人如何理发？

古人无论男女，都保持留发的习惯。幼年时，或者长发披肩，或者将头发束为发髻。男子到 20 岁时，要"加冠"，即戴上帽子。女子则 15 岁就"及笄"，即使用发簪。在古代，这两件事都很重要，大户人家要举行仪式，以此象征子女的成人礼。

清朝之前，古人的"理发"并非大幅度剪发，主要是剪去碎短须发，让人更精神。相反，剪发还是一种刑罚，叫作髡（kūn）。这种刑罚没什么疼痛，却会给人带来羞耻感，无论走到哪里，都能被认出来是罪犯。三国时期的曹操，有一次骑马踩踏了麦苗，按他规定的军律要斩首，但众人苦苦劝阻，曹操就挥剑割掉了自己的头发，说"以割发代替砍头"。

到唐宋时期，人们对理发的接受程度变高了。朱熹在注解《诗经》时，对"其比如栉"一句加以解释说"栉，理发是也。"但真正的剪发，是到了清朝才有。由于朝廷下令男子一律剃头，理发行当空前繁荣起来。那时，固定的理发店叫"剃头店"，流动的理发称为"剃头挑子"。

对联练兵场

选一选：下面的对联，哪一副是描述理发行业的？请选出来。（　　　）

A. 一池清水洗洁身；满面春风藏笑容。

B. 无求海内珍藏本；快读人间未见书。

C. 不教白发催人老；更喜春风满面生。

D. 乌金滚滚出煤海；白雪茫茫映矿山。

参考答案　C

75

唐伯虎对联故事

苏州，湖光山色、人杰地灵，走出了许多历史名人。唐寅就是其中一个。他字伯虎，号六如居士、桃花庵主，民间流传着不少有关他的对联故事。

年轻时，唐伯虎无意科举考试。后来架不住朋友劝说，考了一次乡试，结果一举夺魁，成为应天府（今江苏省南京市）第一名。消息传出去，有人不服气，前来挑战，出上联说："雪压竹枝头着地。"唐伯虎随口作答："风翻荷叶背朝天。"那人这才知道唐伯虎真是一名奇才。

可惜，后来唐伯虎被冤枉下狱，重获自由后就踏上了隐居的道路。

有一天，他和朋友陈白阳去武昌游玩。路上，两人对对联为乐，约定谁输谁就要请客吃武昌鱼、喝武昌酒。

唐伯虎指着路边的园林，先出上联："眼下一簇园林，谁家庄子？"

陈白阳一听，觉得太简单了。但仔细琢磨，发现了其中奥妙，"庄子"既是庄园的意思，也是春秋时期的哲学家，还是其著作的名称。这下联应如何对？

陈白阳想了半天，没有答案。只好请唐伯虎吃饭。刚进酒店，陈白阳看见酒店墙壁上挂着一副对联：杜康传技，太白遗风。他灵

机一动，说："唐兄，我想到了。壁上两行文字，哪个汉书。"

"哪个汉书"，既是在询问是"哪位先生所写"，也用了古代历史典籍《汉书》，和唐伯虎的上联确实珠联璧合。两人很是高兴，欢饮一番。

唐伯虎爱交朋友，也喜欢喝酒。酒醉后就会吟诗作对，或者写字画画。有一次，他和好朋友张灵一起喝多了。张灵笑着倒在椅子上，一边吟出上联："贾岛醉来非假倒。"

唐伯虎也醉了，但头脑还是很清醒，迷迷糊糊地回答说："刘伶饮尽不留零！"

"贾岛"是唐代诗人，著名的"推敲"典故就是他的故事。"刘伶"是西晋人，"竹林七贤"之一，能诗善画，喜欢喝酒，用他的名字来对上联，确实名副其实。

"推敲"的故事

唐朝，一位叫贾岛的年轻人到京赴考，一天，他骑着驴，一边走，一边吟诗："闲居少邻并，草径入荒园。鸟宿池边树，僧推月下门。"大概是吟诵还不够过瘾，他突然举起手，一边做着推门姿势，一边继续吟诵。过了一会儿，他突然又改成敲的动作，嘴里吟着"僧敲月下门。"

年轻人不断更换动作，始终拿不定主意。这时，著名的大文学家、京兆尹韩愈恰巧从这里经过。按当时规矩，大官经过，行人必须远远回避。贾岛冲撞了队伍，理应受罚。但韩愈问明原委后，不仅没有责备贾岛，还称赞他认真创作的态度。对于"推""敲"两字，韩愈分析说："你的诗题是《题李凝幽居》，既然月下找人，对方又是幽居，大门肯定是关闭的。如果不敲门，岂不太过失礼。"经过韩愈分析，贾岛思路顿明，连连拜谢。韩愈很欣赏他的认真，后来和他成了朋友。

对联练兵场

选一选：下面的对联，都缺少了关键字，请从两个答案中选一个进去。

1. 闻鸡晨起（　）；秉烛夜游园。A.舞　B.练

2. 鸟啼春院静；蛙噪夏池（　）。A.幽　B.安

3. 雨来鱼影（　）；月落酒杯空。A.定　B.乱

4. 岩飞骤雨云翻石；风（　）奔潮水拂天。A.吹　B.挟

参考答案　1.A 2.B 3.B 4.B

第四章

讽喻巧对

欧阳修联刺宋祁

欧阳修是"唐宋八大家"之一，他最擅长古文、辞赋，中年时成了宋代文坛的领袖。

欧阳修思想现实，为人平易。他写文章，总是从最简单的具体事物出发，写出看似平凡的道理，随后再不断阐发，揭示出深刻的道理。他的文章并不讲究辞藻华美，而是强调简洁深刻。

年轻时，欧阳修和著名诗人宋祁共同主修了《新唐书》。这部书可重要了，是奉皇帝旨意编写的唐代历史。为什么叫"新"呢？主要因为前人编写过《旧唐书》，但其中有错，需要更改。

宋祁名气很大，写过"红杏枝头春意闹"的句子。但写词归写词，到写史书的时候，他就把架子端起来了，总喜欢用艰深晦涩的字眼，看起来很简洁，但很难让人搞懂意思。比如，"迅雷不及掩耳"这个词很通俗，但他非要写成"震霆不暇掩聪"。

欧阳修对这种写法不以为然，很想当面劝说，但自己毕竟是晚辈，这样做不妥当。他考虑良久，找到了办法。

这天，欧阳修在家写了一副对联，很早就来到史馆，贴在大门上。这副对联是：宵寐匪祯；札闼洪休。

小朋友，你看不懂吧？写这故事的人第一次看见时，也看不懂哦，经过查询，才明白意思：

宵，是夜里。寐，是睡觉。匪是"非"。祯，吉利。

札，是书写。闳，是大门。洪休，就是洪福。

八个字连起来，就是"夜里做了个不吉利的梦，在大门上书写对联，求得福气"。这明明是很平常的小事，为什么要用这些上古的词语？大家都想问欧阳修，宋祁也在其中。

宋祁刚到史馆，就看见欧阳修这副对联。他不由得笑了起来，拍拍欧阳修肩膀说："你这意思，不就是夜梦不祥，题门大吉？何必刻意求深呢？"

欧阳修笑着说："震霆不暇掩聪，也是这类问题吧。"宋祁醒悟过来，脸顿时红了。后来，他很快改正了修辞上的错误，和欧阳修共同完成了《新唐书》。

"唐宋八大家"是哪些人?

提到韩愈、欧阳修,或者苏轼、王安石,经常会提到"唐宋八大家"。他们究竟是哪些人呢?

"唐宋八大家"是唐宋时期八位著名文人,分别是唐代的韩愈、柳宗元,宋代的欧阳修、苏洵、苏轼、苏辙、王安石和曾巩。在唐朝之前,经历了魏晋、南北朝时期,写文章的人越来越追求形式,不重视内容。文人们喜欢用各种华丽而难懂的词语,格式上严格用"四六字"组合,辞赋越来越多,散文越来越少。直到韩愈开始,积极主张要向先秦文风学习。随后,这八个人不断继承创新,共同创造出我国散文历史上的第二个高峰。

到明朝时,有人编了《八先生文集》。古文家茅坤在其基础上编选,定名为《唐宋八大家文钞》,共164卷。从此,"唐宋八大家"正式得名,流传至今。

对联练兵场

找一找:下面的对联,哪一副有多余的字词?请找出来,在括号里打上 ×,再帮忙删减吧!

1.十里书香争播八方盛誉;九天云路竞写四海风流。 (　　)

2.世上无难事无心人不就;科学有真谛有志者竟成。 (　　)

3.五湖四海到处都是皆春色;万水千山满眼全部尽得辉。 (　　)

4.才听骏马踏花去;又见金羊献瑞来。 (　　)

参考答案 ε

"颜良"岂能遮"文丑"

清朝时，地方的科举考试很严格，要由朝廷派官员担任主考官。这年，广东开平的考官由徐太史担任。

当地有个大财主姓方，为了让儿子考取功名，花了不少银两，总算见到了徐太史。太史收了贿赂，又见方公子一表人才、仪态堂堂，感觉像个人才，于是就满口答应让他考上贡生。

方公子除了长相帅气，浑身上下没有什么优点，更没有做贡生的才学。但徐太史昧着良心收了钱，连他的文章也懒得看了。到了放榜那天，乡亲们看着名单，赫然有方公子的大名，不免议论纷纷。那些每天刻苦练习的儒生们，对此尤为愤愤不平。

有人说："我苦读十年，文章才能入得了考官的眼，给了我一个贡生。他才读过几年？"

也有人说："他的文章我见过，文理不通，根本考不上贡生！"

更有人说："算了吧，方家有钱有势，肯定走了关系。"

一来二去，方财主带着儿子面见徐太史的事，就这样传了出去。大家听了，更是舆论哗然。

第二天夜里，就有人偷偷带着一副对联，贴在了红榜旁边。起早的人看见了，无不夸赞是绝妙好联。

对联只有 8 个字：不嫌文丑；唯爱颜良。

从字面意义解释，就是徐太史根本不嫌弃方公子的文章有多丑，只是欣赏他的外貌帅气俊秀。

"颜良"和"文丑"又是三国时代的武将，在《三国志》和《三国演义》里面都有记载。用"颜良"对"文丑"可谓珠联璧合，既是人名，又是事情。

这副对联构思奇特，含蓄幽默，并没有直接点破徐太史收了钱，但嘲讽了他的人品，作者真是非常聪明而有趣的人！

《三国志》和《三国演义》

小朋友，你是否知道《三国志》和《三国演义》的区别呢？

"志"和"演义"，是古代完全不同的两种写作体裁。"志"是史书的一种，是古代的朝廷为了记录历史，组织有文化的官员编写的。"演义"则是小说的一种，是古代文人出于不同目的，根据历史事实改编创作的。

《三国志》成书很早，就在三国时代之后的晋代写成，写作者叫陈寿，他自己就曾在蜀汉做过官。《三国演义》成书就比较迟了，写作者是明代初年的小说家罗贯中。

《三国志》和《三国演义》的诞生时间，相差了 1000 多年。《三国志》能让后人了解更接近真实的历史，而《三国演义》则围绕事实，加入了许多虚构情节，更为脍炙人口、经久不息。

对联练兵场

写一写：下面的对联，各自对应三国时代的人物，请写出他们的名字。

1. 青灯观青史；赤面秉赤心。

   描述的是＿＿＿＿＿＿＿。

2. 大帝君臣同骨肉；小乔夫婿是英雄。

   描述的是＿＿＿＿＿＿＿。

参考答案 1.关羽；2.周瑜

金圣叹的讽刺联

金圣叹，原名金采，他生活在明末清初的苏州，是著名文学批评家。他少年成名、性情刚烈，遇到事情总要分对错。

金圣叹有个舅父，叫钱谦益，曾是明代崇祯朝的礼部侍郎，后来又跑到南明当了礼部尚书。清兵南下后，钱谦益立即归顺，成了清朝的礼部侍郎。金圣叹对他的人品不以为然。

这一年，钱谦益做寿。金圣叹本不想参与，无奈老母有命，他只能从苏州来到常熟钱府。

这一天，钱府里人声鼎沸，祥和气派。寿宴上觥筹交错，众人纷纷奉承钱谦益。金圣叹想到惨死在煤山上的崇祯皇帝，再看看眼前的情景，不由得紧皱眉头、沉默不语。

有个眼力不佳的宾客，偏要过来找事情："钱大人，令甥金相公乃江南有名的才子。今日幸会，我等想请他献上寿联，为大人助兴如何？"

话刚说完，其他人纷纷叫好。金圣叹只感到一阵厌恶，点头说："各位先生抬举了，小生献丑一番。"

钱谦益看外甥变"懂事"了，自然喜出望外。他马上吩咐家人，准备最好的文房四宝，请金相公撰联。

金圣叹紧握毛笔，不假思索，一阵龙飞凤舞后，纸上留下14个大字：一个文官小花脸；三朝元老大奸臣。

　　"小花脸"是戏台上的角色，嘲讽钱谦益表面上是当文官，实际上只是个丑角。"三朝元老"自然说的是钱在崇祯、南明、清三代为官，所谓的"元老"不过是祸国殃民的奸臣。

　　钱谦益定睛一看，气得倒坐在椅子上，脸色发白、嘴巴直哆嗦。家人、宾客们一齐围了过去，忙着劝慰抢救。金圣叹却仰天大笑，缓缓步出钱府大门。

　　金圣叹爱憎分明的性格，最终还是给他带来祸患。顺治十六年（1659 年），他被人诬陷下狱，判了死刑。临刑前，金圣叹口吟一副对联，作为与家人的诀别：莲子心中苦；梨儿腹内酸。

　　"莲子"的莲心味道苦，"梨儿"没有成熟时，果实也是酸的。"莲子"与"怜子""梨儿"与"离儿"谐音。如此的谐音对联，表达出的却是生离死别的痛苦情绪，真让人感到惋惜！

"评点"是文学创作吗？

金圣叹一生性格狂放，喜欢读书，善于评点古籍。他评点过唐诗、八股文，并将《离骚》、《庄子》、《史记》、杜甫的律诗、《水浒》和《西厢记》称为"六才子书"，打算逐一批注评点。虽然只批注了后两种，却奠定了他在文化历史上的独特地位。

在金圣叹之前，文人读书评点都比较简单，大都只是在文章写得好的地方打圈，最多只是写几句话，好让读者注意。但金圣叹却不同，他的评点密密麻麻，就像写论文，加入了很多自我理解，期待读者从中领悟新的道理，甚至要超越古人的原意。

文学评点原本并不是创作，但从金圣叹开始，"评点"变得为人重视起来。正是他，开启了新的文学评论风气。

对联练兵场

选一选：下面的对联，哪副不是讽刺联？请在括号内打✓。

1. 墙上芦苇，头重脚轻根底浅；山间竹笋，嘴尖皮厚腹中空。
（　　）

2. 宁作劲松迎雪挺；不为媚柳顺风摇。（　　）

3. 人从宋后羞名桧；我到坟前愧姓秦。（　　）

4. 书不读秦汉以下；志常在玩乐之间。（　　）

参考答案 2

魏源智对嘲文痞

魏源，是清朝晚期的著名学者。9岁那年，他参加湖南邵阳县的童生考试，县令看他年纪小，想要逗逗他，便指着茶杯上的太极图说上联："杯中含太极。"魏源不假思索地从怀里掏出两只麦饼，应声答道："腹中育乾坤。"

这下联很大气，而且比喻妥帖。"乾坤"是指天地，麦饼又是圆形的，正符合乾坤的形象。县令一听，连连称赞。

魏源不仅有志气、有才智，还很有正义感。他同乡有个姓胡的举人，中举之后，经常抄袭别人的文章，说成是自己写的，到处招摇撞骗。魏源读书很多，经常看穿他的伎俩，当面加以揭穿。胡举人恨魏源，恨得牙痒痒。

有一天晚上，胡举人遇到魏源。他抓住机会，指着灯笼里的蜡烛说："油蘸蜡烛，烛内一心，心中有火。"

胡举人这分明是在借题发挥，表示自己一看到魏源，就会生气上火。

魏源心想：你自己做的错事，对我有火？他毫不客气地回敬了下联："纸糊灯笼，笼边多眼，眼里无珠！"

上联用了"顶针"的修辞方式，下联也同样用了"顶针"。"笼"和"眼"连起来，正好对上"烛"和"心"，痛斥胡举人

"有眼无珠"。

胡举人更气了。他眼珠一转，又想到上联："宵小欺大乃为尖。"这个上联用了折字的方法，用"小"和"大"组成了"尖"。意思是：你魏源不过"宵小之辈"，竟然敢欺负到我胡大人头上了？你真是尖刻之人。

魏源反而笑了。胡举人越是骂人，就说明他越是愚蠢和猖狂。魏源转念一想，说："愚犬称王即是狂。"

这个下联也用了折字的方法，用"反犬旁"和"王"组成了"狂"，你骂我宵小之辈，我就讽刺你是"愚犬"，你骂我是尖刻之人，我就还击你是狂妄之辈。

魏源的下联奏效了。胡举人的脸上一阵白一阵红，半晌说不出话来，只好灰溜溜地离开了。周围人都称赞魏源做得好。

后来，魏源中了进士，在学术上颇有造诣，成为近代中国最早"睁眼看世界"的人。

"顶针"的修辞手法

"顶针"，是汉语里常见的修辞手法。古人将两个完全相同的字词，放在上一句末尾和下一句开头重复出现，相互"对顶"，就叫作"顶针"。

这种修辞方式，最早出现在南朝五言诗歌里。比如《西洲曲》，"风吹乌桕树，树下即门前""低头弄莲子，莲子青如水"等。由于前后句有字词相同，读起来感觉前后承接，非常顺畅。

到了唐代，诗人在绝句里也用过不少"顶针"手法。例如元稹的《行宫》："寥落古行宫，宫花寂寞红。"李商隐的《天涯》："春日在天涯，天涯日又斜"，分别用"宫"和"天涯"来顶针，显得诗人更为孤独寂寞。

对联练兵场

补一补：下面的对联，都运用了顶针手法，请你帮它们补全。

1. 药号当归（　　）何去；花名含笑（　　）谁人。

2. 怒涛卷风（　　）卷浪；月光射水（　　）射天。

3. 桑养蚕，（　　）结茧，（　　）抽丝，（　　）成锦绣；草藏兔，（　　）生毫，（　　）扎笔，（　　）写文章。

4. 与其苟且偷生，（　　）无足道；非为奋斗而死，（　　）有余哀。

厅堂对联劝谦虚

明朝末年，有个文人叫倪元璐。他学识渊博，做过大官，著书立说，精通书法绘画。

倪元璐认识了很多文人朋友，其中有个人叫吕留良。有一天，吕留良邀请他上门做客。他刚走进吕家客厅，就看见厅堂上挂着一副对联：

囊无半卷书，有虞廷十六字；

目空天下士，只让尼山一个人。

倪元璐心想：这位吕先生也太狂了吧，什么样的话都敢写成对联？他不觉摇了摇头。

上联里的"虞廷十六字"，来自古代典籍《尚书》，即"人心惟危，道心惟微，惟精惟一，允执厥中"。据说，《尚书》最早是虞舜时期编写的，这就叫"虞廷十六字"。到南宋时，理学家朱熹认为这十六字代表了儒学哲理，就将它定为儒家格言。

下联里的"尼山一个人"，就是指孔子。当年，孔子出生在山东尼山脚下，母亲怀孕他时，为了平安，还曾专门登上尼山祈祷。因此后世也用"尼山"来指代孔子。在读书人心目中，孔子可是古往今来学问第一人。

这副对联，上联说家里没什么书，只懂"虞廷十六字"，看起来是谦虚。但下联说目中没有天下的读书人，只承认孔子比自己

92

强，就近乎于狂妄了，也显得上联挺虚伪。

人们欣赏自信，但没人喜欢狂妄之徒。倪元璐看到这副对联，感觉很不舒服。但他很有涵养，没有当面指出问题。

回家之后，倪元璐自己写了副对联，也挂在客厅里：

孝若曾子参，方足当一字可；

才如周公旦，容不得半点骄。

曾子，就是孔子的学生曾参，他的学识和孝行都很有名，孔子很欣赏他。周公，就是周武王的弟弟，是历史上有名的大臣。

这副对联意思是说，即便你德行如曾子，也只不过值得起一个"孝"字的夸赞。即便你才能如周公，也容不下有半点骄傲。

后来，倪元璐请吕留良来自己家，吕留良进门看到这副对联，顿时面红耳赤。他感到，自己和对方比起来，境界差得太远了。这天他回家后，就悄悄地揭下了客厅的对联，从此再也不骄傲了。

"周公吐哺"的故事

周公旦是周文王的第四个儿子。当年，周文王去世后，周武王精心准备，发动了伐纣之战。周公旦跟随其左右，帮助周朝建国。后来，周武王去世了，成王年幼，国内出现谣言，说周公旦准备取而代之，但他不为所动，尽心尽力地发掘人才、辅佐朝政，在历史上留下美名。

周公旦恪尽职守，尤其重视人才。他曾经对儿子说："一沐三捉发，一饭三吐哺。"意思是说，当他沐浴时，有人求见，他就会握住尚未梳理的头发前往。当他吃饭时，有人求见，他就会吐出口中食物，去接待贤人。

周公这种勤劳忠诚的工作态度，影响了我国后世许多人。曹操在《短歌行》这首诗中写道："周公吐哺，天下归心。"他用周公来激励自己，也成就了一番事业。

对联练兵场

选一选：下面的对联里，有一副不符合谦虚美德的，请选出来。（　）

A. 虚心竹有低头叶，傲骨梅无仰面花。

B. 读能明达耕能富，成自谦虚败自骄。

C. 识遍天下字，读尽世间书。

D. 书有未观皆可读，事经已过不须提。

参考答案 C

胡军门讽联对古人

清朝时，有位胡秀才，多次参加科举考试都失败了。为了生活，他托朋友介绍，在有钱人家的私塾做先生。主人却总觉得他水平不行，想要辞退他。

这年冬天，天降大雪，主人大摆宴席，参加的都是本地名人。胡秀才陪坐末席。酒过三巡，窗外的枯竹被积雪压弯了。主人眼珠一转，装着酒醉说："胡先生，有个对子请你对。如果对得出，你继续做我家私塾先生。对不出，就要请你另谋高就了。"

说完，主人说出上联："雪压竹枝头扫地，只因腹内空虚。"

话音刚落，宾客们哄笑起来。这哪是什么上联，分明是在当众嘲笑胡秀才肚子里没有才学空空如也。胡秀才脸色一阵白一阵红，气得说不出话，更不用说对出下联了。

就这样，胡秀才离开了这家私塾。他遭受如此奇耻大辱，发奋努力，考中功名。几年后，他获得军门的官衔。

有一天，手下前来禀报，说有故友求见。胡军门一听，正是当年出上联刁难他的主人。胡军门笑了笑，知道他是来拉关系，就让人请他进来。

一见面，胡军门就说："您当年的上联，我一直都记着。"

那人吓得从椅子上站起来，赶紧下跪："小人有眼不识泰山，

请大人恕罪。"

胡军门说:"不必如此,请起来。当初您是主人,我是私塾先生,答不出来对联理应受罚,何罪之有?"

那人以为胡军门不再计较,脸色又活泛起来。

胡军门继续说:"只是您这上联出得太好,我想了好几年。昨天,我出外游玩,看见柳枝被风吹动,突然想出了下联。现在就写出来,送给您。"

说完,他踱到桌前,笔走龙蛇,写出下联。那人伸头一看,不由得满面通红。上写着:风吹柳叶背朝天,足见眼前轻薄。

"轻薄"就是随便的意思,是胡军门送给这人的评语。当初作为主人,你可以解聘私塾先生,但不应当众羞辱。既然做过这样的事,如今又来趋炎附势想要拉关系,可见你是毫无原则的小人,实在是太随便了。

这人知道再也讨不到便宜,一溜烟地离开了。

"私塾"是何时诞生的?

"私塾",就是古时私人办的学校。

私塾有很多种:教书先生自己办的,叫"教馆"。同个村庄的老百姓凑钱建的,叫"村学"。有钱的官员、地主、商人,在自家府邸里建的,叫"家塾"。也有的是同一个大宗族,用属于祠堂、庙宇的公共土地建立起来的,叫"义塾"。

我国最早的私塾产生于春秋时期,我国教育家孔子开办的学校就属于私塾。除了在秦朝曾被短暂废止,私塾始终绵延不绝,后来更是随着科举考试而盛行。

私塾传承了文化,培养了人才,为中华民族的历史发展做出了重要贡献。

对联练兵场

选一选:下面的对联里,有一副运用了比喻讽刺的手法,请试着选出来。
(　　)

A. 泉自几时冷起;峰从何处飞来。

B. 神州千古秀;华夏万年昌。

C. 画上荷花和尚画;书临汉字翰林书。

D. 三鸟害人鸦鸱鸮;一群卖国鹿獐蟖。

参考答案 ⚲

李彬以联教子

清朝初年，有个文人叫李彬。他少年读书刻苦，长大后学问渊博。他参加科举考试，被朝廷看中，任命为主政一方的官员。

李彬家在苏州，他走马上任后，就和家人分开了。妻子留在苏州城里，抚养三个年幼的儿子，李彬只能和家人书信沟通。尽管如此，他还是经常牵挂着孩子的学习成长。

时光荏苒，李彬的官越做越大，儿子的年纪也在增长。他们读书还没有取得什么成绩，家乡就开始有人巴结了。有的人找借口，送给他们银两花，也有人每天前来讨好，带着他们去玩耍。

毕竟是年轻人，很难抵挡外界的诱惑。这三个孩子渐渐荒废学业，忙于奢侈挥霍。

对这一切，李夫人看在眼里，急在心里，但身处封建社会，女性权力很小，无法有效管束他们的行为。

这可怎么办？难道就看着孩子们一天天学坏？

李夫人深知，没有无缘无故的好处，这些人如此讨好孩子，就是看中了李彬的官位，想要从中渔利。将来有一天李彬退休了，或者失去了官位，受害的只会是孩子。

眼看着问题越来越严重，李夫人愁得彻夜难眠。她最终决定写一封家书寄到京城，请李彬想办法。

接到家书，李彬也很着急。他巴不得插上翅膀，飞回家里，好好教育孩子。但可惜公务繁重，难以成行。这天夜里，他在床上辗转反侧，想到了用对联点醒儿子的方法。他立即起床，来到书房，提起笔来写下一副对联：

爱惜精神，留此身担当宇宙；

蹉跎岁月，将何日报答君亲？

上联，写出了对孩子的深切期盼，劝告他们要爱护身体和精神，保持健康的生活方式，才能担起未来重任。

下联，是对孩子现状的质问，询问他们如果再这样浪费时间下去，将要到什么时候才能报答国家和父母。

不久后，对联就寄到了家里。李夫人立即将它悬挂在厅堂。三个儿子看到父亲的手书，读懂了其中的深意，一个个羞愧无语。从此后，他们断绝了与狐朋狗友的交往，重新认真学习，后来都开创了自己的事业。

古代的信封是什么样的?

2000多年前的秦汉时期就有了信封。当时,不管是衙门用的文书,还是家里写的书信,都是刻在木板、竹简上。为了保护书信,古人用两块鲤鱼形状的木板,夹在书信的外面。这两块木板上还刻有三道线槽,用绳捆扎三圈,再穿过一个方孔束好。在线的交叉处,人们封上黏土,盖上印章,这样就确保不会被人私拆了。

东汉时期,蔡伦发明了造纸术。到魏晋南北朝时期,书信的材料改变了,人们不再用厚重的木片、竹简,而是用轻薄的纸。此时,信封改成了两片厚厚的蓝色纸张,上面依然画着鲤鱼图,只是不再用黏土封上了。到盛唐时期,信封依然这样。所以,古人又将信封美称为"双鲤""鳞鸿"。

明清时期,信封上的鲤鱼消失了,变得和现代信封差不多。只是当时的信封正反面都会写字,而且写法会根据双方身份有所不同。

对联练兵场

选一选:下面的对联里,有一副富含教育意义,请试着选出来。( )

A.一年好运随春到;四季彩云滚滚来。

B.忠厚培心和平养性;诗书启后勤俭传家。

C.美酒千盅辞旧岁;梅花万树迎新春。

D.旭日临门添百福;春风得意纳千祥。

参考答案 B

第五章

民俗趣对

史载最早的春联

每年农历正月初一，是我国民间最重视的节日，这就是"春节"。在很多地方，人们又将过春节称为"过年"。

"年"是怎么来的呢？相传，"年"是远古时的猛兽。每当严冬到来时，它就会钻出山林，伤害人类。为了吓走它，上古居民们在门口悬挂染成深红色的桃木板，它们被称为"桃符"。据说，"桃符"从周朝开始就在民间流行。每到过年时，人们就会选择两块桃木板，加工成长6寸、宽3寸的大小，然后画上"神荼""郁垒"这两位神仙的形象，或者直接写上他们的名字，挂在大门旁。

为什么要用"神荼""郁垒"的形象来装饰桃符呢？原来，根据《山海经》记载，这两位神仙擅长降伏妖魔鬼怪，他们常年把守着一株桃树。桃树的根茎盘错3000余里，两位神仙就在大桃树下巡逻，用苇绳捆绑妖魔鬼怪，再将它们送去喂老虎。

到了唐朝，有人用金漆装饰桃符，上面不仅画着神像，还会写上神仙的名字、吉利的话语。此时，距离春联的诞生已经很近了。

历史上第一副被正式记载的春联，诞生于五代十国的后蜀。

后蜀是位于四川的小国，末代皇帝孟昶读书很多，也很擅长写文章，诗词水平都很高，开创了后蜀的"文治"局面。

孟昶对桃符很讲究，他不喜欢只有画像的桃符。后蜀广政二十七年（964年）初，除夕快要到来时，他叫来朝廷大学士辛寅逊，说："大学士，桃符上只有画像太无趣，你写两句话吧。"

辛寅逊憋了半天，只能写出来两句官气十足的吉利话。这也难怪，毕竟身为大学士，平时写的都是公文之类的。

孟昶摇摇头说："朕是想要将这桃符挂到寝宫大门上，要的就是对仗和吉利。"于是，他自己提笔写出一副对联："新年纳余庆；佳节号长春。"这副对联的意思是：新的一年，要收藏留给子孙的福气；美好的节日，名字就叫长春。其中，"余庆"出自《易经》里的"积善之家必有余庆"。这副对联平仄和谐，对仗工整，尤其是富含庆祝新年的意蕴，成了春联的开端。

后蜀的百姓官员们很喜欢皇帝的创意，大家纷纷仿效，画桃符就这样开始变成了写春联。

作为皇帝，孟昶在历史上没有多少存在感，但他亲自撰写的对联，却成为历史记载的第一副春联。后来，随着造纸业不断发展，桃木板被更轻便的红纸替换，用红纸写春联的风俗流传至今。

敦煌莫高窟的对联

孟昶撰写的春联，被记录在《宋史·蜀世家》里，成为历史记载的最早春联。但它并非最早的春联。

1899 年，在我国甘肃敦煌东南，发现了世界为之震惊的莫高窟藏经洞，其中的"敦煌遗书"里就出现了类似春联的内容。

岁日：三阳始布，四序初开。

又：福延新日，庆寿无疆。

立春日：宝鸡能僻（辟）恶，瑞燕解呈祥。

又：年年多庆，月月无灾。门神护卫，厉鬼藏埋。

这里所写的"岁日""立春日"，正是按照传统过年习俗张贴春联的时候。语句的形式、内容，更和春联区别不大。

这卷"敦煌遗书"的卷尾题写时间是"开元十一年"，即公元 723 年。这说明我国实际上的春联，可能要比历史记载的更早。

对联练兵场

选一选：哪些适合作为春联？在其后面的括号内打√。

1.丰年龙腾盈喜气；新岁蛇舞涌春潮。（   ）

2.一年四季春常在；八方财宝进家门 。（   ）

3.岁岁六畜兴旺；年年五谷丰登。（   ）

4.身无半亩心忧天下；读书万卷神交古人。（   ）

参考答案 1、2、3

书法家三写春联

　　春联，是民间最常见的对联。千百年来，也由此产生了很多妙趣横生的传说。书法家防贼的故事，就是其中一则。

　　有位大书法家，退隐后住在家乡。眼看快要过年了，他自撰一副对联：春风春雨春色；新年新岁新景。

　　写完后，书法家端详一番，感觉很满意。于是让儿子将对联贴到门上，没想到，腊月二十五这天，家人就慌忙跑来："老爷，少爷，咱家的春联被人偷走了。"

　　书法家知道，这是乡里邻居有人想收藏自己的墨宝，才招来了"贼"。没办法，他又写了一副对联：莺啼北里；燕语南邻。

　　儿子将对联贴了上去。腊月二十六，家人又来禀报，说对联还是被偷走了。

　　就这样，书法家每天写一副对联，都会被人偷走。直到大年二十九，虽然春联写了不少，但家门上还是空空荡荡。

　　书法家气坏了，他把笔一扔，决定不写了。这下，夫人可不高兴了。她皱着眉头说："老爷，这贴春联可是老祖宗传下来的规矩。怎么能不贴呢？它可是能辟邪的。"

　　"辟邪？"书法家眼睛一转，顺手从桌上把笔捡了起来，说："这下我有办法了！"

　　第二天，正是大年三十。这天清早，书法家的儿子照例走出大门，将春联贴好，然后仔细端详一番，点点头高兴地走回屋内。

屋外，一群"书法爱好者"立刻围了过来。有人小声地念道："上联是，福无双至？"一阵尴尬的沉默后，另一个人接上了话："下联是，祸不单行？"

所有人不约而同地发出哄笑声。"福无双至"是说好事不会连续到来，而"祸不单行"意指坏事接踵而至。就算再没文化，也不能拿这样的晦气句子做春联哪？这样的春联，谁又会去偷呢？

就这样，这副春联保留了下来。到了夜里，家家户户燃放爆竹，迎接大年初一的到来。书法家儿子喜气洋洋走出门外，将上下联各续了三个字，整齐地粘在下面。人们一看，这副春联变成了："福无双至今朝至，祸不单行昨夜行。"

好事不会连续到来，但是今天来了；坏事会接踵而至，但是昨夜走了。各加了三个字的春联，意思变得完全不同。邻居们看见了，纷纷喝彩，那几个"贼"，再也不好意思偷偷揭走了。

这位书法家是谁呢？那就众说纷纭了，有人说是王羲之，也有人说是苏东坡。无论是谁，他真的很厉害哦！

王羲之"入木三分"

王羲之是东晋时期的著名书法家。他的书法艺术成就很高，离不了他的努力。据说，他7岁练出了一笔好字，12岁从父亲王旷那里得到书法秘籍，每天苦练研究，甚至连吃饭、睡觉时都在不停地空手练习。

王羲之家里养鹅，他经常观察鹅的行走、游泳姿态，逐渐从中找到了书法运笔的奥妙。他看到鹅头高高扬起，鹅颈弯曲，就想到执笔时胳膊的姿势。他看到鹅在水中游泳，又想到运笔姿势。他将这些动作运用到书法创作中，艺术造诣得到了提升。

王羲之曾为朝廷写过祭天祷词的木板。后来，皇帝司马衍祭天，需要更换木板。等工人们动手削木板时才发现，王羲之写字的墨迹，已深深渗透到木板里了。这就是成语"入木三分"的由来。

对联练兵场

试一试：请向书法家学习，在括号内为下面的对联续字吧。

1.有月即登台，无论春秋（ ）（ ）；是风皆入座，不分南北（ ）（ ）。

2.洛阳桥，桥下荞，风吹荞动（ ）不（ ）；鹦鹉洲，洲上舟，水推舟流（ ）不（ ）。

3.福如东海（ ）；寿比南山（ ）。

4.东阁春光（ ）；西京瑞气（ ）。

参考答案 1.冬、夏、东、西。2.桥、动、洲、流。3.广、阔、高。4.满、盈。

107

"数一数二"人家

明太祖朱元璋非常喜欢对对联，无论是行军打仗、茶余饭后，还是治国理政、游山玩水，有兴致时都会来几副对联。

明代陈云瞻的《簪云楼杂记》中说，有一年除夕到来时，皇帝朱元璋下旨，要求京城无论是达官显贵还是普通百姓家，都要贴上春联。他还在除夕夜微服出行，检查执行情况。此后，春联走进了千家万户，原本桃符上威武的门神，被绚丽多彩的对联替代了。

到清朝时，社会名人乃至达官显贵亲自撰写春联，用于赠送他人，已成为寻常可见的事情。

有一年，纪晓岚回家省亲，正赶上春节。他听说乡里有一家，只剩老父亲带着弟兄三个，孩子们都没成家，经常受到大户人家的歧视。纪晓岚同情他们，便亲自写了一副春联送给他们张贴起来。这副春联是：惊天动地门户，数一数二人家。横批是：先斩后奏。

大年初一，乡亲们纷纷前来围观。因为书法精美，语句惊人，加上又是大学士纪晓岚的亲笔书写，顿时成为当地的大新闻。

恰巧，有个财主向来嫉恨纪家。他抓住这个机会，向官府汇报，说纪晓岚胆大妄为、横行乡里，犯下了欺君之罪。

事情很快传到了北京，乾隆皇帝知道后，龙颜不悦。等纪晓岚回京后，乾隆皇帝当面怒斥："纪晓岚，你是否知罪！"

　　纪晓岚连忙跪倒："皇上，为臣奉公守法，并未犯下罪过。"

　　乾隆就将他的春联内容说了一遍，又说："一个普通农户，你为何敢说他是数一数二人家，又凭什么讲他有先斩后奏之权呢？"

　　纪晓岚不慌不忙地说："皇上，春联虽是我写，但我也是据实而写，并没有欺君之罪。"

　　乾隆说："那你说说理由，说对了，赦你无罪。"

　　纪晓岚说："这家有哥三个。老大是卖爆竹的，爆竹炸起来很响亮，正是'惊天动地的门户'。老二是集市里管秤的，每天都要算斤两，岂不是'数一数二人家'。"

　　乾隆忍不住说："那横批呢？"

　　纪晓岚连忙回："老三是个卖烧鸡的，每天都要先杀鸡做熟，再出去吆喝，岂不就是'先斩后奏'。"

　　纪晓岚认真解释的模样，让乾隆不由得发笑。他心知纪晓岚是出于同情，便不再追究了。

传统文化小·课堂

爆竹的来历

上古时代，居民为了驱赶"年"，就在家门口点燃一堆篝火。贵族家里有庭院，这种篝火就称为"庭燎"。周朝时，主要用麻或树枝来燃烧。到了汉代，又用芦苇和竹子来引燃。当烧到竹节的时候，会发出噼里啪啦的声音，这就是爆竹的雏形。

到了南北朝时，人们开始专门用竹子燃烧，希望以清脆的爆裂声响赶走妖魔鬼怪，"爆竹"的名字由此而来。到了唐朝，人们又将之称为"爆竿"。

真正的爆竹是用纸卷起来、用硫黄作火药的，它出现于宋朝，当时称为"爆仗"。随着技术进步，又出现了各种花式炮仗，形成了专门的产业。隋唐时期，出现了烟火，也就是烟花，到宋代时已很盛行。宋孝宗在位时，元宵节夜晚的皇宫里要放烟火上百架。

后来，这种习俗也影响到民间，官宦富贵人家在过年时都要燃放爆竹和烟火来营造庆祝气氛，这也成为民族节日的传统。

对联练兵场

连一连：请用线将对联和对应的行业连在一起。

1. 三鲜六菜香百里；八碗五碟乐万家。 　　　　A. 蔬菜店

2. 六书传四海；一刻值千金。 　　　　B. 裁缝店

3. 和谐社会诚心剪；多彩人生巧手缝。 　　　　C. 雕刻店

4. 挑嫩选鲜一篮春色；夸红炫紫四季真情。 　　　　D. 饭店

参考答案：1.D；2.C；3.B；4.A。

端午对联故事

端午节又叫"端阳节"或"蒲节"，它不仅在中国流行，日本、韩国、越南、印度尼西亚等亚洲国家的人民，同样也会欢庆这个节日。

每年的农历五月初五就是端午节，它的由来有很多说法，民间流传最广泛的版本与屈原有关。

据说，战国时楚国诗人屈原遭到陷害，被楚王流放。途中，他听到秦国入侵，国家命运危在旦夕，自己却又无能为力，便在五月初五这天投汨罗江自沉。当地百姓同情屈原的遭遇，为了保护他的遗体不被鱼虾等水族侵害，于是往江中抛入粽子等食物，并划船打捞他的尸体。后来，就衍生成为端午节的风俗。

为了庆祝端午节，古人往往会在这一天吟诗作对，自然也流传下不少与之相关的对联故事。

宋朝之后，春联得到迅速普及。明太祖朱元璋非常热衷春联文化。据说，朱元璋当上皇帝后，闲暇时经常和文官武将在一起对对联。这年端午节，他大宴群臣，忽然想到一句上联："端门北，午门南，朝廷赐宴于端午。"

这个上联并不简单。"端门""午门"是皇宫的大门，端门开在北边，午门开在南边，将"端""午"连在一起，是"端午"的节日名称，表明了宴会的时间。而"南北"又能体现出朝廷的威仪。

朱元璋很高兴，他传旨下去，谁要是能对得出下联，就重重有赏。

皇帝有旨，谁敢不听？大家都开始冥思苦想。很快，有个名叫沈应的官员交上了答卷。

朱元璋展开答卷，不由得龙颜大悦，只见上面写着"春榜先，秋榜后，科场取士在春秋"。

明代科举考试，有春榜和秋榜两种。春榜先录取，称为甲榜，甲榜取进士。秋榜后录取，名为乙榜，乙榜取举人。沈应的下联里才有"先""后"的区分。而"春秋"两个字合起来，又同"端午"两字的用法十分相对，可谓工巧而自然。

朱元璋见沈应对出全不费功夫，不由得暗暗叫好，他兑现承诺，重赏了沈应，君臣二人为端午节留下了对联佳话。

端午的植物

端午节这天，民间习惯将艾草和菖蒲插在门窗上。大人们要饮菖蒲雄黄酒，孩童们要佩戴香囊，屋子里还要用烟熏来除掉害虫。这些，都离不开植物的身影。

艾草是一种植物，它有独特的香气。古时，每逢端午，有些地方会将艾草扎成人的形状，悬挂在门窗上，还会用蒜瓣做成拳头的样子来装饰，用强烈的气味和威仪的姿态来赶走蚊虫。也有些地方的人会将艾草做成老虎的形状，戴在头上行走，以赶走生活环境里的蚊虫、毒气。

艾草也可以入食物。南方人喜欢用新鲜艾草加入糯米粉，制作成艾叶饼，也可以加入芝麻、花生和红糖等，做成糍粑食用。

端午节的另一种常见植物是菖蒲。民间认为，菖蒲能辟邪防疫，能去除身体里的风湿寒邪，让人更加健康。因此，很多地方都有用菖蒲、艾叶等煮水后沐浴的端午习俗。

对联练兵场

选一选：哪些是端午节的对联？在其后面的括号内打√。

1. 保艾思君子；依蒲祝圣人。 （ ）

2. 天上一轮满；人间万里明。 （ ）

3. 菖蒲似剑斩千邪；艾叶如旗迎百福。 （ ）

4. 千载招魂悲楚仕；万人抚卷叹离骚。 （ ）

参考答案 1、3、4

113

七夕对联故事

　　七夕节，又称为"乞巧节""女儿节"，它最初起源于牛郎、织女的传说。早在我国春秋战国时期，就对天空中二十八星宿进行命名，其中包括了牵牛星和织女星。牵牛星由三颗星组成，中间的星比较亮，左右两颗星稍暗，宛如正挑着两个孩子去见织女的牛郎。

　　七夕夜晚，夏夜微凉，正适合仰望星空，诉说神话。从唐宋开始，每逢七夕节日，大户人家就会在庭院搭起大棚，棚里挂上牵牛织女的图像，用瓜果酒饼加以祭祀，再邀请亲眷中的女孩子共同"乞巧"。其中的活动包括掷花针、比巧手、接露水等，享受美好的共处时光。

　　如此有意思的节日，古人自然也不会忘记对联。

　　明末清初，著名戏曲理论家李渔，就曾写过一副七夕对联，也是他写给好友宋建三的寿联。宋建三出生于七月七日，正是七夕节的夜晚，出生的地点名叫百花巷。李渔的对联囊括了这些因素，既文雅又传神：

　　七夕是生辰，喜事业功名从心，处处带来天上巧；

　　百花为寿域，美玉树芝兰绕膝，人人占却眼前春。

　　上联说，朋友出生在七夕节，所以聪明机巧，事业有成。下联说，朋友出生在百花巷，因此儿女孝顺和睦，家庭幸福。

　　在民间，有很多七夕节的对联故事。

　　据说，某财主家请了个私塾先生。每年七夕，只要先生住在家里，财主就会请他吃一顿酒席。这年七夕，先生虽然住在家里，但厨房却没有准备的动静。一直到晚上，也没有任何活动的样子。

　　先生不高兴了，于是叫来学生说："我出个上联，你如果对不出来，可以请教你父亲。上联是：客舍凄清，恰是今宵七夕。"

　　学生果然对不出来，于是报告财主。财主笑着说："确实是我忘记了。你回答下联吧，就说是：寒村寂寥，可移下月中秋。"

　　七夕节的下个月就是八月，八月十五日就是中秋节。财主的意思是，可以到中秋节再补上这次宴会。

　　没想到，中秋节时，财主再次忘记了。于是私塾先生故技重施，这次他出的上联是：绿竹本无心，遇节即时挨不过。

　　财主听说后，又笑着说："我确实忘了。不如对：黄花如有约，重阳以后待何迟？"

　　财主将七夕节应该举办的酒宴，又一次推到了重阳节。说不定，他只是在用对联和私塾先生开玩笑呢！

李渔的少年时光

李渔，出生于明朝末年，号笠翁。他祖籍在浙江兰溪下李村，父亲、伯父都经营医药，家庭颇为富裕。

李渔自幼聪明好学。三四岁的时候，就能分辨汉语声调。七八岁时，就在院子的梧桐树上刻下诗句，提醒自己切勿虚度光阴。九岁时，他就写出了《交友箴》这首诗，诗云："劝君休刎颈，劝君休剖心。盟血未干口，干戈常相寻。"意思是说，为人处世，别动不动就"为朋友两肋插刀"，很多时候结盟用的鲜血还没有干，双方就已经大动干戈了。

李渔的科举考试之路也比较顺利，一路从童子试考到了乡试。但崇祯十七年（1644年），李自成率军攻入北京，崇祯皇帝自缢煤山，他也只好放弃了科举考试。在老家，他不甘寂寞，开始组织剧团唱戏，自任编剧和导演。后来，他又去了杭州，开始了自己的戏剧和出版生涯，终成一代文化名人。

对联练兵场

选一选：下面哪些是七夕节的对联？在其后面的括号内打√。

1. 天街夜永双星会；云汉秋高半月明。（　　）

2. 灼灼牵牛，大河东流参北斗；熠熠织女，鹊桥仙境在百合。（　　）

3. 江山千古秀；天地一家春。（　　）

4. 燕子来时春社；梨花落后清明。（　　）

参考答案　1、2

中秋对联故事

中秋节又名"团圆节",是东亚文化圈各国的重要节日,其时间在农历八月十五。

"中秋"的词语最早出现在《周礼》一书中。作为节日,它兴起于唐朝,盛行于宋代,到明清时候已变得和春节同样重要了。这一天,古人要祭拜月亮、赏玩月亮,还要吃月饼、赏桂花、饮用桂花酒,最重要的则是阖家团圆。中秋节用月亮的"圆满",凸显了家庭团圆的文化理念,形成了我国流传上千年的传统文化遗产。在古代,很多文人雅士都曾围绕"中秋节"的主题进行文学创作,其中自然也少不了对联这样的风雅娱乐。

据说,清代的金圣叹,就曾为中秋节写过对联。

金圣叹热爱文学创作和批评,也擅长写对联,为了写一副好对联,他经常花费很长时间冥思苦想。

有一年中秋节,金圣叹和朋友饮酒赏月,大家对对联助兴。金圣叹出了个上联:

天上月圆,人间月半,月月月圆逢月半。

大家听了这个上联,纷纷说好。有人说,月圆正好对应中秋节,也有人说,八月十五,可不是人间计算历法时的"月半"吗?还有人说,其实,每个月的十五日,月亮都很圆,所以叫"月月月

圆逢月半"。

　　人们说来说去，却始终对不出下联。金圣叹自己想了半天，也对不出来，他感到很是扫兴。过了数月，已经是岁末时分，朋友们又相聚欢饮，谈到了很快就要来到的除夕。金圣叹听着大家议论"年尾""年头"，神思又飞回到了中秋的上联。良久，他突然大喊一声："有了！"

　　朋友们被他吓了一跳，可金圣叹却笑嘻嘻地说："中秋的上联，终于有了下联：今夜年尾，明日年头，年年年尾接年头。"

　　"月圆""月半"，恰好对应"年尾""年头"。而且上联以中秋节为主题，下联以春节为主题，也相当对应，可谓绝妙好联。

　　其实，在金圣叹之前，明代大学士杨廷和也有一副中秋妙对。那时，他还是 8 岁的少年，有天深夜，父亲和客人相对饮酒，父亲出了上联"一夜五更，半夜五更之半"，朋友们都答不出来，只有杨廷和想了想说道："三秋八月，中秋八月之中"。这副对联上下各有数字，对偶却异常工整巧妙，且意思完整流畅，当时就语惊四座。

除了名人出手，还有一副写中秋的对联流传久远，可惜已不知道创作者了：

银汉流光，水天一色；金商应律，风月双清。

"银汉"就是指银河，作者看到天上的银河，觉得"河"中流动着皎洁的月光、闪烁的星光，它悬挂在地面河流之上，宛如水天一色。

"金"是八音之一，属于金属乐器种类，声音清越悠扬。"商"是五声音级之一，代表秋天。"金商应律"的意思，是指秋天的自然界会有悦耳悠扬的声音，它们和中秋的明月清风相互映衬，令人心旷神怡。

中秋节的赏月风俗

中秋赏月的风俗，最早始于魏晋，并在唐朝和宋朝兴盛。《晋书》记载说，谢尚领兵镇守牛渚（今安徽当涂县西北采石矶附近），恰逢中秋，他与随从穿着便服泛舟江上赏月，成为一段佳话。后来，李白还在《夜泊牛渚怀古》里提到这件事，写下"登舟望秋月，空忆谢将军"的诗句。

唐朝时，赏月已成为时尚。开元年间的中秋节，唐玄宗李隆基总是会和杨贵妃到太液池观赏月色。到北宋太平年间，八月十五日被正式定为中秋节，老百姓家家户户都养成了在这一天赏月的习惯。到元代、明朝时，不仅有赏月习俗，还有了月饼这种特殊的节日食品。明代田汝成在《西湖游览志余》里说："八月十五谓之中秋，民间以月饼相馈，取团圆之义。"这就是对中秋月饼的最早记载。

对联练兵场

选一选：哪些是中秋节的对联？在其后面的括号内打√。

1.香桂接天籁，月映中秋人已醉；玉蟾流地垠，星寒碧宇世皆醺。（ ）

2.榴裙萱黛增颜色；艾酒蒲浆记岁华。（ ）

3.人逢喜事精神爽；月到中秋玉镜明。（ ）

4.汨罗沉没一流恨；湘楚长怀千古羞。（ ）

参考答案 1、3

重阳对联故事

农历九月初九，是中国人熟悉的重阳节，也是继中秋节之后的重要传统秋季节日。

重阳节来自先秦时期的丰收庆祝和祭祀活动。在古人看来，三月三日是"寒食节"，意味着生命苏醒的开始，而九月九日的重阳节，则代表着生命达到成熟后，即将面对寒冷的到来。

重阳节的"重"，代表"九"这个数字的重叠，它是100之前的最大数字，也是需要人们加以注意规避灾难、保持健康的日子。为此，人们需要用各种仪式例如登高、插茱萸、喝菊花酒等习俗来庆祝重阳，即便贵如天子，也会加以遵循。

清朝乾隆五十五年（1790年）重阳节时，乾隆皇帝从热河木兰围场狩猎而回，来到承德避暑山庄，住在万壑松风殿。跟随他的侍臣有纪晓岚和彭元瑞。

大概因为狩猎战果丰厚，乾隆心情很好，便让两人对对联。彭元瑞灵机一动，想到了万壑松风殿的名字，又想到乾隆皇帝的年纪，便抢先说了上联：八十君王，处处十八公，道旁介寿。

这个上联可谓非常巧妙。当时，乾隆皇帝已经快80岁了，所以叫"八十君王"。"十八公"合起来是"松"的意思，古人认为松树是寿命最长的植物，因此又有"松鹤延年"的说法。整个上联，就是恭维皇帝万寿无疆的意思。

纪晓岚心想：漂亮话都被你说了，我该说啥呢？他想到重阳节就要到来，不觉有了下联：九重天子，年年重九节，塞上称觞。

乾隆听了，哈哈大笑，非常得意。

原来，"九重天子"是对皇帝的敬称。"九重天"是古人形容天庭的高远，也用来比喻皇宫的深邃。"重九节"就是重阳节。清朝时，这个节日已具备了祝福老年人身体健康、长寿的寓意。"年年重九节"，就是祝福皇帝能长生不老，每年重阳节都可以到塞上打猎、喝酒。

纪晓岚的下联同样稳重工整。上联说的是地方，下联就说了时间，上联说了"八十"，下联就说"重九"，难怪乾隆听了非常高兴。

重阳节的赏菊风俗

九月菊花盛开，人们将九月又称为"菊月"。按照传统习俗，人们在重阳节不仅要观赏菊花，还要饮菊花酒，庆祝节日的到来。

三国魏的魏文帝曹丕就曾给大臣钟繇写信，信中说："九月九日，草木遍枯，而菊芬然独秀，今奉一束。"由此可见，早在三国时期，就有了重阳节赏菊的习俗。

宋代时的重阳节，大街上的酒馆、客栈，会用不同颜色的菊花扎成花门，以吸引顾客。顾客在这里消费之后，可以挑一朵菊花，戴在帽子上或者插在耳边。

明清时候，大户人家经常会在重阳节这天举办盛大的赏花活动，还要大摆酒宴增加兴致。重阳节除了对对联，也离不开吟诗作赋。东晋诗人陶渊明很喜欢写关于菊花的诗，"采菊东篱下，悠然见南山"是其中的经典诗句。

对联练兵场

选一选：下面哪些是重阳节的对联？在其后面的括号内打√。

1. 岁岁插萸采菊登高远；年年载舞欢歌送祝福。（ ）

2. 相逢马上纷桃雨；喜见树前闹杏花。（ ）

3. 三径就荒菊绽蕊；一堂大喜雁来宾。（ ）

4. 一元复始从头越；万象更新放眼收 。（ ）

参考答案　1、3

123

传统文化
真的超有趣
谜语

谷雨 / 编著

北京工艺美术出版社

图书在版编目（CIP）数据

传统文化真的超有趣．谜语 ／ 谷雨编著．－－ 北京：
北京工艺美术出版社，2024.1
ISBN 978-7-5140-2792-1

Ⅰ．①传… Ⅱ．①谷… Ⅲ．①中华文化－少儿读物②
谜语－中国－少儿读物 Ⅳ．① K203-49 ② I277.8

中国国家版本馆 CIP 数据核字 (2024) 第 014821 号

出 版 人：夏中南　　　策 划 人：刘慧滢　　　装帧设计：韩海静
责任编辑：赵　微　　　责任印制：王　卓
法律顾问：北京恒理律师事务所　丁　玲　张馨瑜

传统文化真的超有趣　谜语
CHUANTONG WENHUA ZHEN DE CHAO YOUQU MIYU

谷雨　编著

出　　版	北京工艺美术出版社
发　　行	北京美联京工图书有限公司
地　　址	北京市西城区北三环中路6号　京版大厦B座702室
邮　　编	100120
电　　话	（010）58572763（总编室）
	（010）58572878（编辑室）
	（010）64280045（发　行）
传　　真	（010）64280045/58572763
网　　址	www.gmcbs.cn
经　　销	全国新华书店
印　　刷	德富泰（唐山）印务有限公司
开　　本	710毫米×1000毫米　1/16
印　　张	8
字　　数	92千字
版　　次	2024年1月第1版
印　　次	2024年1月第1次印刷
印　　数	1~10000
定　　价	168.00元（全五册）

目 录

第三章 巧设字谜

第一章 作谜猜物

此花自古无人栽，

每到隆冬就会开，

无根无叶真奇怪，

春风一吹回天外。

(打一种自然现象)

谜语有故事

叔侄作诗猜谜

　　王勃是我国唐朝初期的著名诗人，他为后人留下了很多脍炙人口的诗句，如"海内存知己，天涯若比邻""况属高风晚，山山黄叶飞"等，都是大家耳熟能详的经典。他写的《滕王阁序》，被称为"千古文章第一序"，是我国文学史上的瑰宝。

　　王勃不仅多才多艺，而且头脑聪慧，从小就非常喜欢猜谜语。

　　冬日的一天，下着鹅毛大雪。王勃刚刚跟一位远房叔叔学习完画画，两个人围坐在火炉边烤火取暖。突然，王勃来了兴致，笑呵呵地对叔叔说："叔叔，我们来玩猜谜语的游戏，好不好？您先出题，我来猜，然后我出题您再猜。"王勃的叔叔欣然答应了。

他抬头看向窗外，然后吟出一首诗，就是文前提到的这首诗。王勃思索了片刻，一下便猜中了答案，但是他没有直接说出，而是用一首诗巧妙地回答了叔叔的谜语。

只织白布不纺纱，铺天盖地压庄稼，

鸡在上面画竹叶，狗在上面印梅花。

他的叔叔也很快明白了其中的意思。两个人对视一眼，哈哈大笑起来。

其实，叔侄二人吟诵的谜语诗，谜底是同一个——雪。

小朋友，你们猜出来了吗？

"初唐四杰"都有谁?

"初唐四杰"是中国唐代初年对王勃、杨炯、卢照邻、骆宾王的合称,简称为"王杨卢骆"。这四个人小时候都才华横溢,个个是天才少年。

王勃6岁能写文章,9岁可以读史学巨著,16岁时顺利地通过了科考,成为当时最年轻的官员,被列为"唐初四杰"之首;杨炯才华出众,10岁时就被推举为神童,善于写散文和边塞征战诗,现存诗作30余首;卢照邻幼年时也饱读诗书,留下了很多脍炙人口的名篇;骆宾王7岁能作诗,我们都会背诵的启蒙诗《咏鹅》,正是他所创作的。

"初唐四杰"在才学方面不分伯仲,各有千秋,他们开拓了诗歌的题材,丰富了诗歌的内容,让诗歌飞入了寻常百姓家。也正因初唐时期他们的改革创新,才有了盛唐时期诗歌的辉煌。

谜语练兵场

1.秦始皇大怒。(打一个人名)

2.王勃字字尽千金。(打一字)

3.试倾王府千春饮,为涤人间万古愁。(打一种饮品)

参考答案 1.王勃。2.金。3.酒。

菜馆灯谜
cài guǎn dēng mí

文

打《红楼梦》中一人物

谜语有故事

1940 年的一天，在桂林的北路口聚集了很多人，这里有一家川菜馆开张，名为"嘉陵川菜馆"。

人家新店开张都是张灯结彩、鞭炮齐鸣，而这家嘉陵川菜馆却一点动静都没有，只是在店门口立了一个牌子。牌子上也没有列出饭店的主打菜单，只有几个大字——"有灯谜候教"。从川菜馆门口到餐厅的一路上，店主还特意搭了一个猜谜的棚架，上面挂满了五颜六色的纸片，每个纸片上都有一则谜语。其中挂在大堂中的一个灯笼特别显眼，它下面还悬挂着一张卡片，上面写着"文——打

5

《红楼梦》中一人物。"卡片的背面还写着这样一段附言："答对赠送一桌川菜，作者还赠诗一首。"

消息很快传开，人们纷纷到菜馆一探究竟。这时，一个男人从人群中走出，伸手取下灯谜，并毫不犹豫地说出谜底："晴雯"。

猜谜者叫陈开瑞，是广西戏剧改进会的常务编审。他刚答完灯谜，出题者就从不远处走了过来，边走边说："谜底正是晴雯！"这个人叫端木蕻良，是国内著名的作家和红学大师。

原来，晴天里没有"雨"，所以空留一个"文"字。陈开瑞猜中了字谜，所以端木蕻良当场送给他一首诗：

未到巫山已有情，空留'文'字想虚名。

可怜一夜潇湘雨，洒上芙蓉便是卿。

出题者造诣高超，猜谜者学识深厚，从此，他们成了朋友，这件事也成为一桩美谈。

猜灯谜的来历

灯谜是我国特有的一种文化娱乐形式，又叫"打灯谜"，最早出现在宋朝时期。每到农历正月十五的元宵节，很多地方都会挂满灯谜，人们竞相猜答。

灯谜一般由三部分组成，即谜面、谜目和谜底。谜面就是问题，谜目就是答案的范围和提示，谜底就是答案。灯谜是由谜语演变而来的，而谜语这种形式，最早从春秋战国时期就有了记载。相传，一些大臣为了劝谏君主，但又不方便直说，于是就用隐喻的手法来暗示。这就是谜语的雏形，后来逐渐成了民间百姓的一种文化娱乐活动。

灯谜就是一个文化宝库，题目的范围也十分广泛，可以是字谜、歇后语、对联、谚语，甚至也可以是脑筋急转弯。可以说，小小的谜题中却蕴藏着无穷的智慧，它是中国博大文化的一个缩影，值得一代代流传下去。

谜语练兵场

1. 专营翡翠与玛瑙。（打《红楼梦》中一人物）

2. 莫等闲、白了少年头。（打《红楼梦》中一人物）

3. 借问酒家何处有。（打《红楼梦》中一人物）

夫妻猜谜

fū qī cāi mí

一刀剖开舟两叶，内载黄金白玉。
双手打破坛一个，中藏玛瑙珍珠。

🔍 打一食物和一水果

谜语有故事

　　秦观，字少游，北宋时期的文学家，文采十分出众。民间至今还流传着很多关于他吟诗猜谜的趣事。

　　相传，一天早晨，他家中的丫鬟来送早餐，是两碗粥和几碟小菜。秦少游看了一眼饭菜，可怜巴巴地对妻子说："夫人，虽然今天的早餐很丰盛，但如果能再给我添一个菜，那就再好不过了。"秦少游的妻子看到他的样子忍不住笑出声来，说道："夫君请说吧，我让丫鬟去准备。"秦少游思考片刻之后，便吟诵起来：

　　一刀剖开舟两叶，内载黄金白玉。

妻子明白他的意思，赶紧让丫鬟到后厨去准备。等丫鬟再回来时，手里多了一个托盘，上面还盖着一块红布。秦少游掀开红布一看，里面放着两枚咸蛋，他笑着对妻子说："果然还是我妻聪明！"

过了几天，秦少游和黄庭坚相约到朋友家赴宴。出门前，秦少游的妻子走过来，笑着问秦少游："夫君，你路上是不是路过集市呢？"秦少游点了点头，妻子便对他说："那请夫君路过集市的时候，帮我带一样东西好吗？"秦少游问道："当然可以了，不知道夫人要带什么呢？"妻子略带神秘地说道：

双手打破坛一个，中藏玛瑙珍珠。

秦少游听完拍着胸脯说："放心吧，我一定带回来！"然后便和黄庭坚大摇大摆地走了。

傍晚的时候，秦少游赴宴回来，手里还提着几个大石榴。妻子看见后，捂着嘴笑了起来，她对秦少游说："果然还是我夫君聪明！"秦少游听后也哈哈大笑起来。

苏东坡的关门弟子

"两情若是久长时，又岂在朝朝暮暮。"这是很多古装电视剧里男女主角常说的台词。这一句正是出自秦观的《鹊桥仙》。

传说中的秦观，是个英俊少年郎，娶了苏东坡那聪慧灵巧的妹妹苏小妹，二人过着你唱我和的神仙眷侣生活。可是历史上并没有苏小妹，苏小妹是小说中虚构出来的人物。

据史料记载，秦少游的妻子名叫徐文美，她的父亲是一位主簿，名叫徐成甫，自然也就跟苏小妹没什么关系了。

不过，秦少游确实是苏东坡的得意弟子。虽然没有显赫的出身，但他天资聪颖，读书过目不忘。爱才的苏东坡，欣然接纳秦观为自己的弟子。后来，秦观和黄庭坚、晁补之、张耒被称为"苏门四学士"。

谜语练兵场

1. 下围棋。（打一种食物）

2. 小小丸子白又白，里面黑泥流出来。（打一种食物）

3. 粉脸红唇模样美，偏偏是个大歪嘴。（打一种水果）

参考答案 1.包子 2.汤圆 3.桃子。

竹做栏杆木做墙，只关猪来不关羊，
三个小子来捉猪，吓得猪儿乱撞撞。

🔍 打一物品

谜语有故事

　　刘孝绰是我国南北朝时期的一位著名的学士和文学家，徐州彭城人，他从小就是神童，人们都叫他"彭城才子"。由于家风熏陶，他的家人在文学方面都很厉害。据说，包括他的兄弟、儿子、侄子、侄女等在内的70多人，都很会写文章，这在整个中国历史中都是极为少见的事情。刘孝绰的三妹刘令娴是南朝梁著名的女诗人，不仅人漂亮，而且文笔极好，人们都叫她"刘三娘"。

　　有一天，刘三娘的大姐夫王淑英和二姐夫张嵊一同来看望大哥刘孝绰。几个人喝酒喝到兴头，两个姐夫突然提议要猜字谜，表面上说要娱乐一下，实际是想考一考刘三娘的本事。刘孝绰和刘三娘也都点头同意。二姐夫张嵊首先出题：

竹做栏杆木做墙，只关猪来不关羊，

三个小子来捉猪，吓得猪儿乱撞撞。

刘三娘思考片刻，笑着慢悠悠地说："姐夫这个题可难不倒我，谜底就是'算盘'，对不对？"张嵊见没难倒三妹，只能无奈地点头。可是，刘三娘并不想就这么放过二姐夫，她又反过来给他出了一个字谜，她说：

砍去左边是树，砍去右边是树，

砍去中间是树，只有不砍不是树。

张嵊想了半天也没想出来谜底，憋得满脸通红，刘三娘在旁边看他这副模样高兴得手舞足蹈，就是不告诉他答案。最后，刘孝绰有点看不过去了，慢悠悠地说道："三妹说的这个字谜，谜底就是'彬'字。没想到区区一个字谜，竟然把她姐夫给难倒了，真是'巾帼不让须眉'啊！"说完众人开心地笑了起来。

算盘——古代的计算器

算盘，是我们祖先创造发明的一种便捷的计算工具。最早的算盘用石头和骨头制成，通过刻线或刻痕来计数。这种原始的算盘虽然简单，却为人们的生活提供了便利。

随着时间的推移，算盘的设计逐渐被改进。算盘的四周采用木框，里面是一根根直柱，俗称"档"。一般为十三档，档上串着珠子。档中横以梁，梁上两珠或一珠、每珠作数五；梁下五珠或四珠，每珠作数一。运算时定位后拨珠计算。算盘简单易学，运算方便，到了元代和明代，它逐渐取代算筹成为主要计算工具，并流传于东亚各国。

除此之外，算盘还是古代新娘的陪嫁物，警醒新娘要学会"精打细算"。它出现在嫁妆"六证"中，以祝福新人婚姻生活富足安宁，赢得广茂财源。

随着计算器的普及，算盘已逐渐淡出人们的视野。然而也有一些人以收藏和使用算盘来表现自己对算盘的情有独钟。

谜语练兵场

1. 一月七日。（打一字）

2. 人无信不立。（打一字）

3. 要一半，扔一半。（打一字）

参考答案 1.脂。2.有。3.扔。

13

颜、怀论书

乌龙挂壁，身披万点金星。

🔍 打一物品

谜语有故事

唐代是我国书法艺术的巅峰时期，当时的名家更是举不胜举。这一时期，有一位名叫怀素的和尚，他的草书十分精妙。

怀素是他的僧名，俗姓钱，字藏真，他是唐玄奘的得意弟子，但是他的行为有时看上去很"癫狂"，比如身为出家人却喜欢喝酒吃肉，再比如写字的时候还会时不时地吼叫。因为怀素的这些"癫狂"行为，人们都叫他"狂僧"。

相传有一天，他的好朋友、大书法家颜真卿来看他，两个人很久不见相谈甚欢。他们一边喝酒一边讨论书法，不知不觉就多喝了几杯。喝到微醉的时候，怀素和尚十分兴奋，他站起身来对颜真卿说："前几天，有一个人给我出了一个谜语。我觉得有趣，所以想和颜太守一起分享，我现在写出来如何？"颜真卿拍手称好，于是怀素立刻走到书桌旁边，拿起笔就在芭蕉叶上写下一行字：

蛇过江，头顶一轮明月。

颜真卿想了想说："这个谜题很有诗意，所以世间广为流传。其实，他只是一个上联，还有一个下联，韵味更加不俗。我给你写下来，咱们一同鉴赏！"

怀素听了颜真卿的话，也非常期待，他便将笔递给颜真卿，退到一旁看着他书写。

不一会儿，颜真卿将写好的芭蕉叶展示给怀素和尚，只见上面写着："乌龙挂壁，身披万点金星。"怀素看完连连叫好，他激动地说："颜兄的草书比我更加娴熟，你的笔法就如同乌龙上天，这字的重量可是比秤杆上的铁砣还要重上万斤哩！"

颜真卿连连拱手，两人彼此惺惺相惜。收拾起笔墨后，两人随后又继续畅饮直至天亮。

绿天庵的来历竟然和芭蕉树有关

湖南永州市有一座高山寺，寺里的大雄宝殿后侧有一座叫"绿天庵"的建筑，它是当年唐代大书法家怀素练习书法的地方。

怀素10岁时就出家修佛，他酷爱书法，每天都刻苦练字，最终成为一代"草圣"。

练字需要大量纸张，怀素买不起。他发现芭蕉树叶是一种不错的材料，质地和纹理都很像纸张，于是就把芭蕉叶当作练习的"纸张"。

为了获得更多的芭蕉叶，怀素在寺庙的周围种植了很多芭蕉树，还把练习写字的地方叫作"绿天庵"。

没有"纸"的时候，他就去摘芭蕉叶，据说每天都要用掉上千张之多。最后，连芭蕉叶也不够用了，怀素就站在芭蕉树旁边，直接往叶子上写字。这样，芭蕉叶经过雨水的清洗，又可以继续使用了。

怀素练字入神忘我，池塘也被他洗笔洗成了墨池，秃掉的毛笔也堆成了小山，这就是"秃笔成冢"和"洗墨成池"两个典故的由来。

谜语练兵场

1. 弯弯像弹簧，花花袋里装。要吃很方便，开水烫一烫。（打一食品）

2. 看看没有，摸摸倒有。像冰不化，像水不流。（打一物品）

3. 一张小方画，没腿走天下。周围是锯齿，佳音传天下。（打一用品）

大雨哗哗飘湿墙，诸葛无计打张良。

关公跑了赤兔马，刘备抡刀上战场。

🔍 每句打一样作料

谜语有故事

　　北宋的大文人欧阳修，十分喜欢喝酒，所以自称"醉翁"。相传有一次，他外出散步，路过江边的一家饭庄，就决定进去喝两杯。欧阳修点了些酒，要了几盘小菜，很快店家就热情地端着酒菜走了过来。店家十分客气地对欧阳修说："客官，这是您点的酒菜，请慢慢品尝。本店刚刚开张，如果对菜品有什么不满意的地方，请您尽管提出来，我们好及时改进。"说着就轻轻地放下酒菜，然后默默地退到了一旁，等着欧阳修提意见。

　　欧阳修将一口酒含在嘴里品了品，又挨个夹起小菜尝了尝，然后说："酒是好酒，但这菜差些东西。"说完，他用手指蘸了一些酒，在桌子上写了一首打油诗：

大雨哗哗飘湿墙，诸葛无计打张良。

关公跑了赤兔马，刘备抢刀上战场。

然后，欧阳修留下酒菜钱，哼着小曲走了。店主不明白这首诗是什么意思，便抄了下来。经过一晚上的研究，再加上高人的指点，他才领悟了欧阳修的意思。

第二天，欧阳修又来到这家饭庄喝酒。店主一眼就认出了他，连忙亲自端了酒菜过去。店主客气地对欧阳修说："客官，您看这次的口味如何？这四样东西对不对？"欧阳修倒也不客气，拿起筷子就挨个尝了起来，之后说："就是这四样，你是怎么猜到的？"

店家冲欧阳修拱了拱手，恭敬地说："先生，这四句的谜底就是无檐（盐）、无算（蒜）、无缰（姜）、无将（酱），于是我就添加了这四味作料。"欧阳修满意地点点头说："正是，现在这菜的口味很完美了。"说完，二人不约而同地笑了。

欧阳修和苏东坡

北宋时期的文坛巨匠欧阳修和苏东坡的家族有着很深的渊源，苏东坡和弟弟苏辙都是被欧阳修发现和一手提携的，他们的父亲苏洵也是被欧阳修推荐到朝廷做官的。所以，他们不仅是亲密的朋友，欧阳修更是苏家的伯乐。

他们两家除了是至交，竟然还是"亲家"。苏东坡的二儿子苏迨娶了欧阳修的孙女为妻，两家有了姻亲的联系，变得更加亲密起来。苏东坡十分崇拜欧阳修，他们师徒之间的情义已经不是"深厚"能够形容的了。

苏东坡比欧阳修小了足足30岁，他们是真正的忘年交。苏东坡事事都以欧阳修为榜样，欧阳修处处照顾这个得意弟子。他们是师生也是朋友，缘分难解难分，二人都在扬州做过官，都被列入了"唐宋八大家"。连他们的名字也常被人们放在一起提及，如被人合称为"欧苏"。

1. 左手五个，右手五个。拿去十个，还剩十个。（打一种日常用品）

2. 半个西瓜壳，口朝上面搁。上头不怕水，下头不怕火。（打一种日常用品）

3. 小小东西，放在腋底。有病没病，看它肚皮。（打一种日常用品）

老农训秀才

lǎo nóng xùn xiù cai

生在高山上，死入泥土中。

魂魄飞青天，骨头留人间。

打一物品

谜语有故事

很久以前，有一个姓王的秀才，不用功读书却天天幻想要考取功名。他每天在家混日子，看了几本闲书，就觉得自己"饱读诗书"了，于是决定进京赶考。

路上，王秀才口渴难忍，于是他来到一个村子，村头是一片瓜田，一个瓜农正在地里干活，王秀才想要跟他买个瓜吃。瓜农一看是个书生，便想要考考他。他对王秀才说："我问个问题。如果你能答上来，地里的瓜你随便吃。"王秀才高兴地答应了。瓜农说："瓜地里有好几种瓜，你想吃哪种？一种胖头胖脑，一身白霜；一

20

种扁头扁脑，凸肚凸腰；一种脑袋圆圆，黑带绿袍；最后一种红头红脑，戴着绿帽。"

王秀才想了半天，一个瓜也猜不出，只能悻悻地走了。他来到河边，喝了几口河水，然后走向独木桥。这时，一个白胡子老人从桥的另一头走来。王秀才没有礼让老者，想自己先过桥。老人却为他出了一道谜题，如果王秀才答对，就允许他先过。老人的谜语是：

生在高山上，死入泥土中。

魂魄飞青天，骨头留人间。

王秀才答不上来，只能退了回去。老人哼了一声说道："这种水平还想考中？还是回去再学学吧！"说完就要走。王秀才偶然看到老人竹篓里的木炭，顿时恍然大悟。原来这个谜底就是木炭。王秀才连忙向老人请教刚刚瓜农提出的问题。老人笑着说："那不就是冬瓜、南瓜、西瓜和北瓜嘛！"王秀才听后羞臊不已，自己的才学确实还欠火候，他只能回家继续努力读书去了。

盘点古代科举中的那些女考生

在古代封建社会的传统观念中，科举考试是男人们的专利，几乎没有女性参加。但历史上并没有"女性不能参加科考"的明文规定。

在宋孝宗的时候，一位名叫林幼玉的9岁女孩参加了科举考试，她是目前已知的第一位参加科举考试的女考生。林幼玉参加的是童子科的考试，她顺利通过了中书省（等同于今天的国务院）的考核。不过，宋孝宗最终只给了她一个"孺人"的封号。"孺人"并不是一个官职，这个封号一般是授予官员的母亲或者妻子的。

第二位女考生是宋宁宗时期的一个女孩，她叫吴志端。她从8岁起就开始参加科考，后来还通过了国子监（古代的最高学府）的考试。但由于当时社会的封建思想根深蒂固，大臣们强烈反对聘用吴志端做官，因此宋宁宗下令取消了她的考试资格。

清朝末期，还出现了一位女状元，名叫傅善祥。她不仅获得了第一名，还当上了太平天国的女丞相。后来太平天国发生了内乱，导致这场运动彻底失败，傅善祥最后也不知去向了。

谜语练兵场

1. 白胖娃娃泥里藏，腰身细细心眼多。（打一种植物）

2. 千条线，万条线，掉进水里都不见。（打一种自然现象）

3. 人脱衣服，它穿衣服，人脱帽子，它戴帽子。（打一种家具）

参考答案　1. 莲藕；2. 雨；3. 衣帽架。

长喙细身，昼匿夜行。

饮朱砂酒，拍见阎王。

🔍 打一动物

谜语有故事

　　东方朔是我国西汉时期著名的文学家，他饱读诗书、博闻强识、机敏善辩，深受汉武帝的赏识。

　　汉武帝有一个宠信的艺人，名叫郭舍人，他对东方朔很不服气，经常出一些稀奇古怪的谜题为难东方朔。但东方朔不仅能对答如流，还会反过来讥讽他一番。为了能够赢东方朔，郭舍人偷偷找了几个作谜大师给自己支招，希望能让东方朔在皇帝面前出丑。

　　一次，汉武帝闲来无聊，传唤东方朔和郭舍人过来解闷。两人表演完各自准备的"小节目"，汉武帝让他们继续比猜谜。皇帝有这样的兴致，东方朔当然不能推辞。而郭舍人终于盼到了机会，急不可耐地第一个发问。他从事先准备好的谜语中选了一个自认为有难度的：

客从东方，讴歌且行。

不从门入，逾我垣墙。

游戏中庭，上入殿堂。

击之拍拍，死者攘攘。

格斗而死，主人被创。

东方朔听完并没有什么反应，反而是郭舍人一脸得意地看着他，好像胜券在握了一样。

谁知聪明的东方朔一下就猜出了谜语，不过他并不着急揭秘，而是马上又抛给郭舍人一个谜语：

长喙细身，昼匿夜行。

饮朱砂酒，拍见阎王。

说完，东方朔还偷看了郭舍人一眼。原来，这两个谜语的谜底都是"蚊子"。东方朔并没有直接公布答案，而是回敬了郭舍人一个相同谜底的谜语，足以看出他非凡的智慧。郭舍人自知才不如人，为了不再自取其辱，从此以后，他再也不敢找东方朔的麻烦了。

东方朔——汉武帝身边的"活宝"

东方朔本姓张，据说他出生时，太阳正好从东方升起，因此而得名。

东方朔谈吐间充满了智慧和幽默，据传，他曾给汉武帝写了一封求职信，足有3000多片竹简，需要两个大力士才能拿得起来。汉武帝看了两个月才看完，里面讲述了他的人生经历。

东方朔说自己是"高富帅"：有着贝壳般洁白的牙齿，珍珠般的眼睛，还有可比肩古人的勇武和忠信。这番"自吹自擂"真得到了汉武帝的青睐，汉武帝赐给他一个职务，相当于"保安"。东方朔对这份工作很不满，他想得到重用却见不到皇帝。于是，他吓唬一群给汉武帝喂马的矮人，说皇帝觉得他们没用，要杀死他们。矮人们很害怕，见到汉武帝就哭着喊冤。汉武帝立马传唤东方朔，想要责罚他造谣。结果东方朔却发起了牢骚，说自己吃的比矮人多，却领取和他们一样的俸禄，他幽默的谈吐把汉武帝逗得前仰后合。最后，东方朔不仅没有被治罪，还得了一个"待诏金马门"的称号，等同于皇帝的贴身秘书。

谜语练兵场

1.黑脸包丞相，坐在大堂上。扯起八卦旗，专拿飞天将。（打一种动物）

2.你坐我不坐，我行你不行。你睡躺得平，我睡站到明。（打一种动物）

3.一支香，地里钻。弯身走，不会断。（打一种动物）

参考答案　1.蜘蛛，2.马，3.蚯蚓。

25

罗贯中拜师

白蛇游过清水塘，

一朵莲花开岸上。

🔍 打一种古老的日常用品

谜语有故事

施耐庵是元末明初的大文学家、《水浒传》的作者。

一天，一个从苏州来的商人，专程带着儿子来找施耐庵拜师。施耐庵十分爱惜人才，亲自迎接这对父子，还热情地招待了他们。

施耐庵收徒有个不成文的规定，就是要通过他的考验。他想了想，出了一首诗谜：

云落不因天雨，吹残岂借东风，

结成一朵自然红。费尽功夫怎种？

有蕊难藏粉蝶，生花不惹游蜂。

夜阑人静画堂中，曾伴玉人春梦。

然后，施耐庵问向这个孩子："我讲的这几句诗，你知道是什么意思吗？"

这个要拜师的孩子十二三岁的样子，看起来聪明伶俐。他对施耐庵鞠了一躬，淡定地说："我明白其中的意思，我想用一句诗来回答您，可以吗？"施耐庵笑着点点头。孩子用清脆的声音说道：

白蛇游过清水塘，一朵莲花开岸上。

施耐庵听后不由得夸赞："妙！这孩子真是聪慧，今后必成大器！"

父亲在一旁不解，忙询问原因。孩子说："施伯伯的诗是一个谜语，我用一首诗回答了谜底。"父亲问："那谜底是什么呢？"孩子指了指桌上的油灯，说道："就是它。"父亲恍然大悟。

施耐庵对孩子父亲说："从今天起，你的儿子就是我的弟子了。他叫什么名字？"孩子嘴角一扬，恭敬地说："弟子罗贯中拜见师父！"

《三国演义》中的"张冠李戴"

罗贯中是施耐庵的学生，元末明初的著名小说家，他的作品中最为著名的就是四大名著之一的《三国演义》，其实它还有一个全名——《三国通俗演义》。《三国演义》虽然精彩，但是它毕竟是一本小说，很多情节都经过罗贯中的设计和改编，甚至还有很多移花接木的情况，比如：我们熟知的"空城计"是很著名的篇章，诸葛亮淡定地坐在空无一人的城头抚琴弹奏，使得司马懿疑惑是诸葛亮的计谋，于是不敢进攻，这件事实际上是孙坚的计谋；家喻户晓的"草船借箭"的故事，它的主人公也不是诸葛亮，而是出自孙权的计策；还有"张飞鞭笞督邮"这件事，张飞是替刘备背了"鲁莽"和"不计后果"的锅；"火烧赤壁"这一幕经典的章节也是经过艺术加工的，据说它原本是黄盖提出的计谋，由周瑜具体实施的，这也被罗贯中"嫁接"给了诸葛亮。像这样的情况，在《三国演义》中还有不少，但这并不是罗贯中不尊重历史，只是一种艺术创作的方法而已。

谜语练兵场

1. 穿着大红袍，头戴铁甲帽。叫叫我阿公，捉捉我不牢。（打一种动物）

2. 生的是一碗，煮熟是一碗。不吃是一碗，吃了也一碗。（打一种动物）

3. 为你打我，为我打你。打到你皮开，打得我出血。（打一种动物）

婆婆与儿媳

大圆球，满天红，里面住着小火虫，

天亮火虫睡大觉，天黑火虫闹天宫。

🔍 打一物品

谜语有故事

　　清朝乾隆年间，北京郊区的一户人家刚刚娶了个新媳妇。家里的婆婆是个脾气很直的人，受了别人挑拨，所以对这个刚进门的儿媳妇经常打骂。

　　不久后，小媳妇想要回娘家，婆婆没好气地说："回来的时候，给我带三样东西，一样也不能少，不然你就得挨拳头。"小媳妇问是哪三样东西，婆婆说："一条白蛇在乌江，乌江两岸放光芒，乌江有水蛇吐芯，乌江没水命就亡。这是第一样东西。嫩似藕，白似葱，樱桃小口一点红，陪伴郎君过一夜，泪水汪汪到天

29

明。这是第二样。大圆球，满天红，里面住着小火虫，天亮火虫睡大觉，天黑火虫闹天宫。这就是最后一样。"说完就把小媳妇撵出去了。

小媳妇知道这是婆婆又在为难她，一时想不开便来到河边想要跳河，正巧被曹雪芹遇到，救了下来。小媳妇讲述了来龙去脉，曹雪芹听后对小媳妇说："我已经知道谜底了。但是，如果要缓和你们的关系，你还要按我说的做。"

后来，小媳妇按照曹雪芹的嘱咐空着手回到了婆家，不出所料地遭到了婆婆的质问。小媳妇却恭敬地回答道："母亲，您要的东西，都装在我心里。您打我不恼，背后有人挑，心中亮堂堂，指明路一条。"婆婆一听，心里非常惭愧，小媳妇不仅猜到了答案，还隐晦地说出了自己的委屈，从此婆婆再也没有为难她了。

其实，婆婆所说的三样东西都是用来照明的，一个是油灯，一个是蜡烛，最后一个就是灯笼，你猜出来了吗？

曹雪芹的家族当年有多"牛"？

《红楼梦》是我国文学四大名著之一，它的作者名叫曹雪芹。明朝的天启年间，曹雪芹的家族一直为清朝皇室服务，他的高祖曹振彦是摄政王多尔衮的家奴，曾祖母是康熙皇帝的乳母。康熙年间，曹雪芹的曾祖父曹玺被任命为江宁织造郎中，主要负责为皇家织造布匹绸缎，曹玺的儿子曹寅被选为康熙的伴读书童，后来还做了康熙的侍卫。曹玺深受康熙皇帝的信任，曹家的地位也如日中天，连当时位列从一品的两江总督对他家都要客客气气。曹玺死后由曹雪芹的爷爷——曹寅继承家业。曹寅更是深得康熙皇帝的信赖，康熙一生六次南巡，有四次都是住在曹寅家里。这几次的"招待费"花销巨大，曹家因此欠下朝廷巨额的债务。后来，康熙去世之后，雍正皇帝即位，没过多久就以多项罪名查抄了曹家的家产，并把他们赶出了京城。雍正查抄曹家的真正原因始终是个谜，200多年间一直众说纷纭。虽然曹家没落了，但也正因为曹雪芹经历过人生的大起大落，才有了《红楼梦》这样的巨著，让我们去体会其中的意味。

谜语练兵场

1. 没到手抢它，抢到手扔它，越是喜欢它，越是要打它。（打一种物品）

2. 生在山岭中，颜色都相同，到了你们家，有绿又有红。（打一种饮品）

3. 一件东西来回走，只有牙齿没有口。（打一种工具）

参考答案　1.毽球；2.茶；3.锯。

jiǔ guǎn cāi mí

酒馆猜谜

大姐用针不用线，二姐用线不用针，

三姐点灯不干活，四姐干活不点灯。

打四种昆虫

谜语有故事

很久以前，有个小酒馆，客人总是络绎不绝。有一天，一个卖米郎经过此处想休息一下，就走了进去。酒馆的老板娘迎上来问道："这位客官，贵姓啊？"哪知卖米郎和她猜起谜来，指着立在墙边的扁担说："这就是我的姓，先给我来壶好酒吧。"

不一会儿，老板娘送来店里最好的酒，然后她笑呵呵地说："杜大哥，这是你要的酒。"说着转身要走。

卖米郎赶忙叫住了老板娘，笑着问道："老板娘真是聪慧，怎么称呼？"

老板娘回答说："左边十字路口，嫦娥就在旁边瞅。"

卖米郎听后很高兴，他端起酒说道："初次见面，那我就敬你这一杯，胡大嫂。"从此，两个人便成了朋友。

后来，卖米郎就经常来这家酒馆休息，每次来两人都会以谜语对答。有一次，老板娘出了一道题：

大姐用针不用线，二姐用线不用针，

三姐点灯不干活，四姐干活不点灯。

卖米郎哈哈一笑说道："这谜果然妙，林子里到处都是这些昆虫，有蜜蜂，有蜘蛛，运气好还能看到萤火虫和纺织娘呢。"

老板娘夸卖米郎聪明，卖米郎不甘落后也出了一道谜：

大哥一声叫，二哥吓一跳，

三哥拿刀砍，四哥点灯照。

老板娘思索片刻答道："我倒是经常听到知了叫、蚂蚱跳，还能看到螳螂打架，但我最喜欢萤火虫，真的是太漂亮了！"说完，两个人高兴地将杯中的酒一饮而尽。

因为猜谜而丧命的才子

　　猜谜游戏是体现自己文化水平的儒雅活动，但历史上却有因为猜谜而被砍头的。这位不幸的文人名叫杨修，是三国时期曹操身边的一个谋士，他很聪明，但是太过张扬，最终因为乱猜曹操的心思而招来杀身之祸。

　　一次，曹操视察新修的花园，他在大门上写了一个"活"字，杨修看后就令人把大门拆除了。他对别人说："'门'字里加个'活'念'阔'，主公是嫌门太宽了。"还有一次，一个叫马腾的将军给曹操送了一盒点心，曹操没吃在盒子上写了"一合酥"。杨修看到了，就自作主张把点心分给了其他人吃。后来曹操问起点心，他居然说是曹操让他吃的，因为上面写了"一人一口酥"，就是让他分给大家"一人一口"，把曹操气得够呛。魏国攻打汉中时久攻不下，吃饭时曹操随口说了一句"鸡肋"，杨修便给翻译成了"吃着没什么味道，扔了又可惜"。还到处宣扬曹操要撤退，导致军心大乱，曹操一气之下就把他给杀了。猜谜把命搭进去的，杨修恐怕是第一个，所以光有聪明不够，还要懂得为人处世才行。

谜语练兵场

　　1.一生都在忙，飞在百花乡，围着花儿转，花汁变蜜糖。（打一种昆虫）

　　2.身穿花衣裳爱打扮，一对翅膀光闪闪，不会唱歌爱跳舞，花丛里面跳得欢。（打一种昆虫）

　　3.集体劳动好榜样，通力合作终日忙，山林花间勤往返，储备粮食防饥荒。（打一种昆虫）

参考答案　1.蜜蜂；2.蝴蝶；3.蚂蚁。

行运早，行运迟，

正行运，不行运。

🔍 打四味药

谜语有故事

　　杜甫是唐代著名的大诗人，他为人正直却命运坎坷。

　　杜甫在沙头镇的时候，曾经开过一个药铺。因为他卖药太过良心，而遭到黑心同行的排挤，隔三岔五就有人来药店闹事。

　　这一天，店里来了一个官吏，他进门就把一张药单拍在桌子上，恶声恶气地说："快给县令大人抓药！如果抓错，你们就休想在这里干下去了！"伙计拿起药单一看，顿时就傻了，上面写着："行运早，行运迟，正行运，不行运。"这是什么药？根本就没听说过，于是他找来经验更丰富的老伙计求助。可是，老伙计看了也是直皱眉头，半天说不出个所以然。官吏见状得意地说道："就这点本事，还开药铺？县令大人今天吃不上药，你们的招牌也别要了！"

老伙计赶忙找来了杜甫，杜甫却淡定地取来四味药材，然后小心翼翼地包好递给了官吏。官吏打开药包，居然也看傻了，里面装的是萝卜干一片、生姜芽一枚、李子一个和干桃一颗。他怒气冲冲地问道："你这抓的都是什么药？有什么说法？你要是敢骗我，可要砸了你们的招牌！"

杜甫笑呵呵地说道："萝卜干不就是'干萝（甘罗）'吗？他12岁就当了宰相，自然是'行运早'。'生姜芽'就是'姜子牙'，他70多岁才辅佐周文王，难道不是'行运晚'吗？现在正是李子成熟的时节，说它是'正行运'也不过分吧？还有这桃子干，已经没有新鲜时的模样，当然就是'不行运'喽！"杜甫说完，官吏的额头上已经渗出汗来，他知道这点伎俩根本难不倒杜甫，像泄了气的皮球，垂头丧气地回去交差了。

穷困潦倒却忧国忧民的"没落贵族"

杜甫出生在一个官宦世家，祖上世代为官，年少时生活条件十分优越。杜甫的父亲是位名列五品的高级官员，母亲的身世更是显赫。他的家族中曾经有过12位宰相。杜甫的祖父是武则天时期的朝廷要员，岳父是掌管农业的高官。

虽然有强大的家庭背景，可是杜甫的人生却并不顺遂。24岁时，他参加了人生中的第一次科举考试，可惜最终落榜了。29岁，杜甫的父亲去世了，家中失去了唯一的经济来源，他的生活也开始变得惨淡。

经历过屡试不第、官场失意、国家动荡，杜甫过上了颠沛流离的生活，只能四处流浪靠别人接济度日。据说，杜甫的家是四面漏风的茅草屋，全家好几口人都挤在一张床上，却只有一床被子。吃的就更不用说了，经常是有上顿没下顿，他的小儿子就是活活饿死的。然而，即使生活穷困潦倒，杜甫却依旧担忧国家和百姓的命运，留下了无数忧国忧民的经典诗句，被后世所铭记。

谜语练兵场

1. 红身体，小嘴巴，一年四季墙上挂，不吃饭，不喝茶，火一见它就害怕。（打一种防火器材）

2. 不吃素，不吃荤，只吃灰尘来充饥，环境卫生它保护，清洁工人都爱它。（打一种家用电器）

参考答案 1.灭火器。2.吸尘器。

bái jū yì de yuàn wàng
白居易的愿望

此宝瘦又细，说话把头低，

不吃农夫粮，能为民出气。

打一物品

谜语有故事

　　伟大的诗人白居易，年少时生活十分困苦，他从小就离开家乡，独自在异乡漂泊。但他从没有放弃学业，依然刻苦勤奋地读书。白居易心怀天下，无数次目睹了穷人们悲惨的生活，他只能用诗歌来感怀世道艰难。他的诗歌朗朗上口，不仅反映了底层人民的困苦，也讥讽了那些贪官污吏，这些都是唐朝晚期的真实写照。

　　京都长安有一位叫顾况的官员，当时在朝廷当史官，为人十分善良。他无意中读了白居易的《赋得古原草送别》，诗中这样写道："离离原上草，一岁一枯荣。野火烧不尽，春风吹又生。"顾况连连叫绝，大加赞赏，他评价说："如果胸中没有才气，肚子里没有真才实学，年纪轻轻怎么可能写得出这么字字珠玑的诗句。真是妙作！"顾况觉得白居易是一位不可多得的人才，就产生了帮助他的想法，于是他就向白居易表明了想法，还问他有什么需要。白居易想了想，恭敬地施礼表示尊敬，然后说道："先生的好意我心中感谢万分。我虽然只是个读书人，但也有报效国家的志向。现在奸佞当道，如果先生问我所需之物，我就用一首诗来回答您吧。"于是白居易思考片刻之后吟诵道：

此宝瘦又细，说话把头低，

不吃农夫粮，能为民出气！

顾况听后，思索了片刻，然后欣慰地一笑说："我相信，以你的才华，用这小小的毛笔足以作为刀剑与这艰难的世道抗争。有才如此，居易何难！"

后来，白居易终于在科考中一举成名，顺利踏入仕途。他的诗句也因为通俗直白而备受世人追捧，被后世誉为"诗王"。

白居易为何背上"不孝"之名？

唐代大诗人白居易，写过很多脍炙人口的诗篇。他做了官之后，怀着报效国家的梦想，经常直言上谏。虽然赢得了皇帝的信任，但在朝中却得罪了很多人。

一年，宰相武元衡被人刺杀，所有人都知道真凶是朝中的一位权臣，却没人敢说真话。只有白居易毅然上疏皇帝，请求朝廷彻查真凶。后来，皇帝并没有接受白居易的建议，反而将他贬为江州司马。原来，一些大臣向皇帝上疏，状告白居易不孝，说他母亲坠井而亡，他却还在赏花作诗，是"甚伤名教"的典型。

其实，白居易的母亲由感情问题导致精神失常，最终跌入井中不幸去世。那些官员为了扳倒白居易便借题发挥，还翻出白居易多年前写的诗，给他扣上了"不孝"的罪名。白居易虽然冤枉，但他深知当时官场的黑暗，也只能接受现实，从此他便不再露锋芒，变得与世无争了。

谜语练兵场

1. 一鞠躬，二鞠躬，生来只有一只眼，专往黑暗地方瞄。（打一物品）

2. 借得天边东风力，鸟雀飞到半天空，用根丝线来相连，只怕下雨不怕风。（打一玩具）

3. 脑袋生就莲蓬相，辫子长长胜姑娘，上台从来不说话，专替他人来帮腔。（打一物品）

参考答案 1. 手电筒；2. 风筝；3. 麦克风。

40

第二章

借谜喻义

zǎi xiàng de duì lián

宰相的对联

有这样一副有趣的对联：

上联：二三四五

下联：六七八九

横批只有两个字：南北

猜猜这副对联是什么意思

谜语有故事

寒门宰相吕蒙正

题目中的对联，出自宋代的一位宰相之手，他的名字叫吕蒙正。吕蒙正字圣功，出生在河南洛阳一个官宦世家。他的父亲叫吕龟图，在朝中任起居郎，是正六品的官员，负责记录皇帝的日常和国家大事。母亲刘氏出身于名门望族，是吕龟图的正妻。

吕蒙正身为家中嫡子，本该深受父亲的宠爱。但是，吕龟图却有很多妾室，根本不在乎刘氏和吕蒙正。在一次争吵过后，狠心的吕龟图将他们母子赶出了吕家。

在当时，女子出嫁便不能再回娘家，刘氏为了不给娘家添麻烦，便带着年幼的吕蒙正四处漂泊，露宿街头，最后在一个寒窑中落脚。刘氏平日里做一些缝缝补补的工作，换取微薄的收入贴补家用。

一年除夕，家家户户都在准备年货，吕蒙正家里却穷得揭不开锅了。刘氏逼不得已下，到邻居家借粮食，可借了一圈，没人肯借给他们。感慨于世态炎凉，吕蒙正在除夕之夜写下了这副对联：

上联：二三四五

下联：六七八九

横批：南北

对联一贴出，就引来很多人观看。当众人参透了其中的含义时，纷纷拍手叫好。聪明的你猜出这副对联的意思了吗？其实，它想表达的是：缺一（衣），少十（食），没有东西。仅仅10个字，有着巧妙的构思，吕蒙正不仅写出了生活的艰辛，也表达出了对现实的不满和无奈。

吕蒙正与噎瓜亭

吕蒙正年少时家贫，立志于改变命运而发奋读书。终于，他在宋太宗登基后举行的第一次科举中考中了状元。中举后，他回到家乡洛阳。按照当地的规矩，中举的人家可以在家门口竖起高 10 多米的旗杆，1 里地以外都能看到。但这位新科状元并不热衷做这种虚荣的事，而是在洛阳伊水河边的驿道上，建造了一座亭子，还为这座亭子取名为"噎瓜亭"。

噎瓜，指的是腐败变味的瓜。亭名上匾那天，惊动了半个洛阳，乡亲们都不理解这个亭名的含义。吕蒙正毫不避讳，对众人讲述了年轻时的一段经历：一个炎热的夏天，他经过伊水河边，看到有商贩在卖瓜，吕蒙正又渴又馋，很想买一个尝尝，然而身无分文。恰巧此时，商贩扔掉一个坏瓜，吕蒙正看到后马上捡起来，狼吞虎咽地吃了。

吕蒙正以噎瓜亭纪念曾经捡瓜而食的日子，鞭策自己不断进取。这种优良品行受到了人们敬佩和赞扬。

1. 读对联，猜一种动物。

上联：新月一钩云脚下；下联：残花两瓣马蹄前。

2. 读对联，猜一种常见物品。

上联：倚阑干柬君去也，霎时间红日西沉；

下联：灯闪闪人儿不见，闷悠悠少个知心。

参考答案 1.燕；2.门。

44

慈父肩挑日月，

家母手转乾坤。

猜一猜，解缙的父母分别是做什么工作的

谜语有故事

神童与知府

解缙是明代第一大才子，《永乐大典》的总编官，于明朝洪武年间出生于江西吉水县。解缙是当地有名的神童。据说，他 2 岁就能朗诵诗歌，并且有过目不忘的本事；4 岁就能作诗，达到出口成章的程度；6 岁时，他跟随欧阳衡学习写作，开始关注氏族之学，并立志要重修家谱；10 岁时，他熟读四书五经，并且还能给它们作注；12 岁时，他通读所有儒家的经典著作；14 岁时，练就了看书"一目十行"的本事。

45

解缙幼年时，知府大人来到吉水县进行巡视，听县令说起神童解缙，知府顿时来了兴致，想见一见这个人物。当知府看见面色黝黑、一脸稚气的小解缙后，便笑着问："孩子，你的父亲是做什么的呀？"

没想到，小解缙没有正面回答问题，反而抛出了一道谜语："慈父肩挑日月"。

知府又问："那你母亲呢，是做什么的？"

解缙回答说："家母手转乾坤。"

知府大人听了，高兴地感慨说："小神童果然名不虚传哪！"说完，便让手下奖赏了解缙5两银子。小解缙谢过知府，高高兴兴地回家去了。

原来，解缙家是开豆腐坊的，他父亲整日挑水，母亲每天就磨豆。小朋友，你猜出答案了吗？

《永乐大典》，世界最大的百科全书

与法国学者狄德罗编纂的《科学、美术与工艺百科全书》和英国的《不列颠百科全书》相比，明代的《永乐大典》要早 300 多年，堪称世界文化遗产的珍品。《永乐大典》编撰于明朝永乐年间，是中国百科全书式的文献集，全书 22877 卷，11095 册，约 3.7 亿字，它保存了 14 世纪以前中国历史地理、文学艺术、哲学宗教和其他百科文献，显示了中国古代科学文化的光辉成就。

《永乐大典》前后编纂过两次，第一次编纂开始于明成祖永乐元年（1403 年），由解缙、胡广、胡俨、杨士奇等人负责，召集了 147 人，在第二年完成了编纂工作，名为《文献大成》。朱棣在翻阅过程中发现，有很多内容没有录入进去。于是命令解缙、姚广孝、郑赐等人重新编著。永乐六年（1408 年），这部巨著终于完工，朱棣看后十分满意，亲自作序，并命名为《永乐大典》。

谜语练兵场

1. 天雨路成沟，跌瘸一只狗。这是一位姑娘给解缙出的一道字谜，猜猜这是什么字？

2. 玉甑蒸开天地眼，金槌擂动帝王心。猜一猜解缙的祖父祖母的职业是什么？

3. 异乡得中乡试魁。（打一人名）

参考答案　1.足。2.祖父是酿酒的，祖母是弹棉花的。3.解缙。

诗谜巧评文

两个黄鹂鸣翠柳，

一行白鹭上青天。

🔍 打两个成语

谜语有故事

宋朝有个十分昏庸的县令，喜欢夸耀自己的儿子。他还厚着脸皮找一些有名的文人墨客，给他儿子的文章题词。

一次，县令找到大才子祝枝山，要求给他儿子的作品题一首诗。祝枝山推辞不过，只好勉强答应下来。可他打开一看，却都是些狗屁不通的话。既然已经答应了也没法反悔，他只好在文章上写了一首诗。

县令得意扬扬地拿起来观赏，只见上面写着："两个黄鹂鸣翠柳，一行白鹭上青天。"他不理解其中的含义，便问祝枝山。祝枝山只告诉他这是夸赞他儿子文章的话，其他的便闭口不言了。

　　知县听了很高兴，拿着文章回到了衙门。一路上，知县见人就得意地说："祝枝山给我儿子的文章题词了，夸我儿子的文章写得妙。"随后就迫不及待地给大家展示。不一会儿，许多好奇的人就围了过来。大家七嘴八舌地猜测是什么意思。有人说："上半句的谜底应该是'有声有色'，这是夸公子的文章写得栩栩如生！"还有的人说："这下半句意思就是'青云直上'，明明是说公子将来一定官运亨通、前途无量啊！"县令听了捋着胡子大笑不止。

　　这时，正好祝枝山经过这里，知县连忙拉住他问道："快过来给大家说说，你这两句诗是如何夸我儿子的文章的？"祝枝山扑哧一声笑出声来，然后不慌不忙地说："谜底就在令公子这幅大作的右下角，你们一看便知。"说完一甩袖子就走了。

　　县令赶忙去找答案，只见右下角歪歪扭扭地写着几个小字："不知所云，离题万里。"县令看后，气得鼻子都歪了，在众人面前出了这么大的丑，只能灰溜溜地走了。

"屡战屡败，屡败屡战"的书法怪才

祝枝山，名叫祝允明，字希哲，"枝山"是他给自己起的称呼。祝枝山的样貌有点与众不同，首先他的长相并不帅气，而且右手先天就患有六指病，古代叫"枝指"，所以他称自己是"枝山"。

虽然外貌奇特，但掩盖不住祝枝山的才华，他在孩童时期就能出口成章、写诗作文。他还是一个难得的书法天才，创造了独特的草书风格，他被人们称作是"明朝第一"的书法家。可是，祝枝山始终与仕途无缘，他19岁才考中秀才，从21岁开始参加乡试开始，连续五次都没有考中。直到32岁的时候，他才考上了举人，但是已经成了同学里的"大龄考生"。后来的会试更加悲惨，一连七次的结果都是名落孙山，他同学的儿子都考中了进士，他却始终没有盼来"金榜题名"。此时，祝枝山已经55岁了，屡试不第的他只能以举人的身份入仕为官，成了一名县令。8年之后，祝枝山以"年老体病"为由辞官回家，开始专心练习书法，从此不再追求功名利禄。

谜语练兵场

1. 小荷才露尖尖角。（打一成语）
2. 此曲只应天上有。（打一成语）
3. 桃花潭水深千尺。（打一成语）

参考答案：1. 出水芙蓉，2. 不同凡响，3. 无与伦比

táng shī bàn jù
唐诗半句

雪径人踪灭，

雀飞入高空。

🔍 打一句七言唐诗

谜语有故事

宋代的大文豪苏东坡与同科的袁公济是一对挚友。有一段时期，恰巧两个人都在杭州做官，于是经常互赠诗词，还时常聚在一起猜谜娱乐。一年冬天，他们一起欣赏西湖边的雪景，袁公济在落满白雪的路上行走，顿时来了猜谜的兴致，他对苏东坡说出了谜面："雪径人踪灭，打半句七言诗。"

苏东坡从来没有听说过猜诗还有猜半句的。他正在疑惑之时，一群鸟儿受到惊吓，从不远处的树林里飞出，成群结队地向天空飞去。苏东坡见此情景，突然灵光一现，终于有了解谜的方法。他对袁公济说："袁兄！我这里也有个谜语，也打半句七言。你有没有兴趣呢？"袁公济一听，脸上露出惊讶的神情，心想：我出的题你还没回答，怎么还给我出上题了？我倒要看看你葫芦里卖的什么药！于是，袁公济笑着说道："当然感兴趣，苏兄你说吧。"谁知，苏东坡只是淡淡地说了一句："雀飞入高空。"袁公济听后陷入沉思，左想右想也没想到答案。苏东坡等了半天也不见他回答，便假装不经意地提示说："巧了，没有你这道谜题，就没有我这道谜题。"袁公却说："可不是嘛，要不是我出题难为你，你哪能出题难为我啊？"苏东坡被他逗笑了，便开门见山地说道："咱俩本是一道题，你是上半句，我是下半句。"袁公这才恍然大悟，一拍脑袋说道："哎呀！可不是嘛！"随后，两人各自在地上捡起一根木棍，把答案写在了雪地上。

小朋友，你们知道这句唐诗是什么吗？答案就在书中，快去找一找吧！

走到哪吃到哪的非职业美食家

苏东坡的一生是真正的"三起三落"。他三次被贬，又三次复出，被贬的路上，渐渐地成了一名"干饭人"。他每到一个地方就先去发掘当地的美食，还研究出很多吃法。苏东坡一生写了上千篇关于吃的文章，简直就是一本美食传记。

第一次被贬，苏东坡到了黄州，他在那里发现了一样宝贝——猪肉。苏东坡以它为食材，发明了"东坡肉"这道名菜。

第二次被贬是到广东的惠州，这一次他又爱上了岭南的荔枝，还写下"日啖荔枝三百颗，不辞长作岭南人"的经典名句。

苏东坡第三次被贬已经60多岁了，这次他被贬到了更远的儋州。在这样一个偏远荒蛮的地方，苏东坡还是找到了"心头好"——生蚝。他发现生蚝味道鲜美，还写信推荐给自己的儿子，并且细致地教他做法。

苏文豪之所以爱吃，是因为他性格豁达。他把人生的不如意都化作了"食欲"，最终留给我们无数的美食做法和诗篇，这也成了他留给后世的宝贵财富。

谜语练兵场

1. 龙王是我的好朋友。（打一句五言诗）

2. 小燕不喜豪门住。（打一句七言诗）

3. 春回大地。（打一句七言诗）

参考答案 1.海内存知己。 2.飞入寻常百姓家。 3.春风又绿江南岸。

53

jǐ xiǎo lán xì hé shēn
纪 晓 岚 戏 和 珅

竹苞

🔍 猜四个字一句话

谜语有故事

　　纪晓岚是清朝乾隆年间的著名学士，他文采出众，学问渊博，经常用一些隐晦和玄妙的话来讽刺那些纨绔子弟，往往他们被骂还乐不可支，总是闹出一些笑话。

　　据说有一天，大贪官和珅在自己家的后花园中又建了一座气派的书亭。为了显示自己的地位，他邀请纪晓岚给书亭题一块匾，还要挂在亭子上让众官瞻仰。

　　纪晓岚看不上和珅的为人，而且和珅的儿子们都是胸无点墨的纨绔子弟，天天就只知道花天酒地。但是和珅身居尚书，又是皇上

54

身边的宠臣，不去又怕落了口实，最终他还是答应了下来。

　　来到和珅家，和珅隆重地招待了纪晓岚，其实是为了让别人都知道纪晓岚来给他题字了。酒足饭饱之后，纪晓岚拿起毛笔写了"竹苞"两个大字，和珅看了觉得两个字韵味十足，而且"竹苞"还有"竹苞松茂"的寓意，代表"家门兴旺"。和珅对这幅题词很是满意，连忙让家丁找京城里最好的工匠，把题词做成了金灿灿的大牌匾，挂在了书亭中最显眼的位置上。

　　后来，乾隆皇帝偶然经过和珅家，来到了他的后花园。走到书亭处，乾隆一眼就看到了那块夸张的大牌匾，居然不顾仪态，笑得前仰后合。和珅很疑惑，便问乾隆为什么发笑。乾隆捂着肚子说："这一定是纪晓岚题的字吧？你知道这是什么意思吗？"和珅把自己的理解讲给了乾隆，谁知乾隆听完笑得更厉害了，他对和珅说："好一个纪晓岚，骂人都不带脏字。你这哪里是'显眼'，分明就是丢人'现眼'，这'竹苞'两个字就是说你们家里'个个草包'。"说完乾隆摇着头走了，只留下和珅气得捶胸顿足。

和珅到底多有钱？

和珅是乾隆皇帝的宠臣，也是历史上有名的贪官。人人都说他"富可敌国"，实际上他很可能比皇帝还阔绰。

关于他的富有，有这样一个流传很久的传说：一次，七阿哥永琮失手打碎了乾隆最喜欢的玉盘，慌忙中他找到和珅请他帮忙，结果和珅送给他一个品相更好的，七阿哥用和珅的玉盘换下碎掉的那只，最终才免于责罚。

传说有可能是假的，但和珅的家底真的是很殷实，那他到底有多少钱呢？有些史料上记载：和珅下台后，被查抄的家产总共有 8 亿两白银之多，相当于当时清政府 15 年的税收总和。当然，也有人说，和珅的家产达不到那么多。不管贪污的具体数额是多少，他是一个"巨贪"，这是毋庸置疑的。虽然乾隆去世后，嘉庆皇帝抄了和珅的家，一下子就变得"宽裕"了不少，却仍旧没能挽救清朝走向衰败的命运。

谜语练兵场

1. 一群鸭子开会。（打一个成语）

2. 哪一种蝙蝠不用休息。（打一个成语）

3. 有 10 只羊，9 只蹲在羊圈，1 只蹲在猪圈。（打一个成语）

<ruby>蒲<rt>pú</rt></ruby> <ruby>松<rt>sōng</rt></ruby> <ruby>龄<rt>líng</rt></ruby> <ruby>辞<rt>cí</rt></ruby> <ruby>职<rt>zhí</rt></ruby>

七窍已通六窍。

🔍 打一成语

谜语有故事

蒲松龄是我国清代著名的文学家，他才华出众、知识渊博，有很多作品流传于世，其中最为著名的就是《聊斋志异》。

蒲松龄是信守孔孟之道的正直之士，生平最看不起那些攀附权贵的人，所以经常写诗文讽刺那些官场上的黑暗和贪图金钱的人。

有一年，一个姓胡的守备军官请蒲松龄给自己的儿子当老师，他最大的愿望就是自己的孩子能够考取功名。但是，胡守备的儿子整天游手好闲，仗着父亲的官威胡作非为，哪里是读书的材料。蒲松龄教了不到三个月，就打算辞职回家了，他对胡守备说："您儿子已经可以出师了，我要回去了。"胡守备一听很高兴，马上摆下酒宴，为蒲松龄饯行。

酒菜备好之后，一群人围在一起喝酒聊天，胡守备问道："先生，您觉得我儿子的文章写得怎么样？"蒲松龄说道："可以说是'高山响鼓，闻声百里'。"胡守备心想：原来我儿子的文章这么有气势。他又笑呵呵地问："先生，我儿子对'四书五经'都领悟通了吧？"蒲松龄微微一笑，答道："通了，可以说七窍已通六窍了。"说完，蒲松龄就告辞回家了。

胡守备听了蒲松龄的评价很是得意，就跑去和在衙门里当师爷的弟弟显摆，还信心十足地让弟弟为他儿子报名参加科举考试。

哪知他弟弟听后哭笑不得，他对胡守备说："我侄子被嘲笑了，你竟然不知，还考什么科举？'高山响鼓，闻声百里。'不就是说像鼓一样'不通'嘛！'七窍已通六窍。'不就是说你儿子是'一窍不通'吗？"胡守备听后气得直跳脚，回家把他不争气的儿子狠狠地教训了一顿。

山东一道美食，是蒲松龄的最爱

山东省淄博市的烧烤曾经一度登上网红热榜，成为网友热议的话题。其实，山东还有一种比淄博烧烤更有名的特产——煎饼，蒲松龄对它情有独钟，还专门为它写了一篇长文，名叫《煎饼赋》。

他在文中对煎饼的原料、加工过程和如何食用都做了详细的研究和描述，还对煎饼的外形和色泽都做了生动的刻画，简直就是"舌尖上的煎饼"。蒲松龄喜爱煎饼，更爱自己的故乡，他是一名地地道道的山东人，与煎饼有解不开的缘分。在他的故乡淄博还流传着这样一个有趣的故事：有一对贫穷的母女靠摊煎饼为生，但是由于没有本钱，煎饼的材料都是最廉价的农家产品，因而生意冷清。蒲松龄也很清贫，只吃得起这种"简配"的煎饼，而且觉得十分好吃，别有一番风味。为了帮助这对母女，他特意写了一副对联，挂在了煎饼摊前面。上联是："铛圆糊好摊开大"，下联是："葱多酱甜卷上长"，横批为："越吃越短"。后来，这副对联出了名，吸引了很多人前来品尝，大家也都觉得风味独特，于是母女俩的生意也逐渐火了起来。

谜语练兵场

1. 没病去抓药。（打一个成语）

2. 十五个吊桶打水。（打一个成语）

3. 躺下才舒服。（打一个成语）

鲁班让小木匠修"一百一十一座庙",

小木匠很快就完成了任务。

🔍 猜一猜,小木匠是怎么完成任务的

谜语有故事

　　早在春秋战国时期,有一个很著名的工匠,名般,亦作班、盘,他是公输氏家族的后代,因为是鲁国人,所以人们都习惯叫他"鲁班"。

　　鲁班出生在一个工匠世家,从小就跟随家人参与建筑工程。因为他有着精湛的技艺,尤其精通木工技术,所以很多人慕名前来拜师学艺。

　　一次,一个小木匠千里迢迢地来找鲁班拜师。鲁班却没有直接答应他,而是带他在山里游逛。走了很久,他们来到一块巨大的怪石前面，上面长了一棵苍劲的古柏。鲁班对小木匠说道："如果半月内，你能在这块怪石上修建一百一十一座庙，我就收你为徒。"于是，小木匠开始思考如何完成任务，不知不觉几天过去了。

眼看期限就要到了，小木匠还没有想出办法。他愁眉不展地在山林里溜达，心里还在想着修庙的事情。突然，他眼前出现了一个白胡子老人，那老人浑身仙气飘飘非常神秘。见小木匠有心事，老人就上前追问原因，小木匠便把鲁班让他修庙的事一五一十地说了一遍。老人捋着雪白的胡须对小木匠说："这还不简单？你多读几次就知道了。"说完就消失不见了，此时小木匠突然从树边坐起，原来这只是一个梦。但他仔细琢磨了一下老人的话，忽然茅塞顿开，赶忙带着工具和材料跑到怪石旁边开始工作了。

又过了几天，小木匠带着鲁班来到怪石前看他建造的庙宇，他对鲁班说："这就是您让我建造的'一柏、一石、一座庙'，您觉得满意吗？"鲁班一看小木匠果然聪明，而且技艺也很娴熟，是一个可以培养的材料，于是便欣然地收他为徒了。

鲁班的神奇发明

鲁班是工匠的祖师，他一生发明了很多神奇的工具，极大地提高了生产效率，有很多至今还在使用。我们就来细数一下，那些传说中鲁班的发明。

"锯"是鲁班应用最广的发明，一直被沿用至今。据说鲁班发明锯子的灵感来源于一种长着锋利锯齿的草。"曲尺"也是鲁班的发明，同样是应用较广的测量工具之一。在他众多的发明中，像这样的木工工具还有"墨斗""刨子""斧子"等。

鲁班还发明了打井的方法，为了防止泥沙污染井水，他给井的四周加了一层井壁，从此人们就能喝到干净的水了。你可能想不到，"石磨"也是鲁班的发明，它让人们告别了手工磨面的时代，是一种相当古老且应用广泛的工具。

除了这些，鲁班还对锁头和钥匙进行了改进，发明了提东西更省力的滑轮。关于鲁班的发明数不胜数，他的想法天马行空，而且技艺精巧绝妙，说他是"圣匠"真是一点都不为过。

谜语练兵场

1. 野马手提老鼠。（打一种蔬菜）
2. 又是一片草地。（打一种植物）
3. 草地上来了一群羊。（打一种水果）

参考答案　1. 马铃薯（马拧鼠）；2. 野梅花（也没花）；3. 草莓（草没）。

辛弃疾学武

不受脂粉半点侵，穿麻吞石自甘心。

只因误入少林寺，惹得拳头捶到今。

🔍 打一种体育运动

谜语有故事

南宋的抗金英雄辛弃疾，10 岁的时候就已经是饱读诗书、出口成章的小才子了。

相传，在一个冬天的早上，辛弃疾端着书卷正准备要念诵。他突然看到稍远处的一棵梅树下，有一位白发苍苍的老人正在练习武功。他的招式让人眼花缭乱，这情景把小辛弃疾看得着了迷。

辛弃疾从小就有抗击金人、收复失土的志向，他一直想成为一个文武双全的人，用自己的本事报效国家。于是，小辛弃疾决心拜师学武，他跑到老人面前，跪在地上央求老人收他为徒。老人虽然

63

被他的虔诚所打动，却还想考验他一下，便笑着说："我看你手里拿着诗卷，诗文肯定得心应手。你就先背诵一首与它相关的诗吧。"辛弃疾思索片刻，朗诵了一首王淇的诗："不受尘埃半点侵，竹篱茅舍自甘心。只因误识林和靖，惹得诗人说到今。"

老人听了十分赞赏，认为辛弃疾聪明伶俐，是个可塑之才，就答应教他武艺。辛弃疾非常高兴，连忙又跪下冲着老人磕了几个响头。拜完师后，辛弃疾站起身来就问道："师父，我应该先学习什么啊？"老人却没有直接回答他的问题，而是笑着说："我也给你朗诵一首王淇的诗吧，然后你猜猜要练习什么？"老人吟诵道："不受脂粉半点侵，穿麻吞石自甘心。只因误入少林寺，惹得拳头捶到今。"

聪明的辛弃疾马上就领会到了老人的意思，在梅树上挂起了沙袋，每天就用它练习筋骨，最终练就了一副强壮的身体和精湛的武艺。很多年后，辛弃疾顺利出师，他毅然加入了抗金的队伍，最终成为一名文武双全的抗金英雄。

谜语小·学堂

文武奇才辛弃疾

辛弃疾是著名的爱国将领和豪放派词人，也是货真价实的文武奇才。他的词充满了豪情壮志，读来让人热血澎湃。

辛弃疾是个壮汉。据专家考证，辛弃疾的模样一点也不"文艺"，他身材黑胖、目光如炬、体健如牛，就算上了年纪依旧生龙活虎、满面红光。

辛弃疾是个富豪。据说他家境很殷实，对朋友也非常慷慨。相传他曾经觉得好友陆游的住所太简陋，便想出钱帮他买一套像样点的房子，但是被陆游拒绝了。为什么辛弃疾这么有钱呢？其实，宋朝官员的福利待遇相当优厚，是历朝历代最高的。有人特意计算过，辛弃疾当官时的俸禄相当于现在每月40多万元，即使是退休后，每个月也有2万多元的退休金。

但辛弃疾终归还是一代英雄，也是一代文坛巨匠。临终前，他曾指向北方，口中依旧高喊"杀贼"，那份守卫国土的信念，就是流传万古也不会褪色。

谜语练兵场

1. 两把刀，雪白白，不切肉，不切菜，用力一蹬蹭蹭跑，拐弯转圈快又快。（打一种体育运动）

2. 发言不许拿稿子。（打一种体育运动）

3. 草坪大，树林少，挥杆小球飞得高。（打一种体育运动）

参考答案　1.滑冰。2.空手道。3.高尔夫球。

65

zhì tuì xiōng nú

智退匈奴

天心取米

🔍 在每个字上加一笔，变成另一句话

谜语有故事

　　汉朝是中国历史上较为强大的王朝之一，但它刚刚建立的时候也经历过内忧外患的时期。比如盘踞在北方的匈奴，一直对中原地区虎视眈眈，经常来边境骚扰。所以那一时期发生过很多抗击匈奴的故事，其中一个故事十分有趣，广为流传。

　　一天，汉朝的第七任皇帝——汉武帝刘彻接到一封来自匈奴的战书，上面只写着"天心取米"四个大字。他不明白匈奴的用意，就召集大臣前来讨论。大臣们七嘴八舌却没有讨论出一个结果，于是汉武帝决定张贴皇榜，征集民间的智慧。

　　一个姓何的小官吏看到后，直接揭下了皇榜。汉武帝听说有人揭榜，十分高兴，立刻派人把他请进宫。汉武帝见到他就迫不及待地问："这'天心取米'是什么意思，我们该怎么应对？"

　　姓何的官吏恭恭敬敬地回答："陛下，'天心取米'需要一个字一个字理解：'天'就是我们大汉朝；'心'就是指中原的中心——都城；'米'当然就是目标，是陛下您。这战书的意思就是：进攻大汉，直取都城，捉拿陛下。"汉武帝听完，马上追问破解的方法。官吏说："破解的方法并不难，我只需要一支笔，就能退匈奴的千军万马。"汉武帝命人摆设案桌，取来笔墨。只见官吏大笔一挥，在战书的每个字上都加了一笔。

　　汉武帝拿起战书一看，"天心取米"已经变成了"未必敢来"，他不禁心中赞许，这官员官职虽然不高，但才学真的是一等一的高，大汉有这样的人，怎么可能败在匈奴手里？汉武帝立即命人把这封修改后的战书连夜送给匈奴。匈奴一看这封"回信"，不免心虚起来。他们本来要挫挫汉朝的士气，没想到反被羞辱了，汉朝人才济济，边境怎么可能没有高人？既然阴谋已经被揭穿，再出兵也毫无意义，于是匈奴就取消了进攻中原的计划。

汉朝官员为什么坐牛车？

汉朝刚刚成立的时候，到处是一派破败的景象，朝廷和百姓都没有什么积蓄，经济十分萧条。这时候政权并不稳定，北方匈奴也时常来边境骚扰。朝廷连打仗用的马匹都不够，更不用说出门的交通工具了。所以当时规定：只有皇帝出门时才能乘坐马车，其他的官员只能乘坐牛车。据说，当时就算是皇帝专用的马车，拉车的马也凑不齐同一种毛色，可见当时的马匹有多么稀缺。

到汉景帝时期，人民的生活已经相当富足了。这时候很多有钱人都开始买"私家车"了，结果交通越来越拥堵。当时的养车成本非常高昂，保养一驾高级马车，一年需要消耗上万公斤的粮食。但是对于高级别的官员和有钱的富商来说，马车代表自己的面子和实力，很多人就算砸锅卖铁也要养一辆"豪华私家车"。为了整顿这种不良风气，朝廷采取了征收"车马税"的方式来限制马车等级，并且实行了一系列限制政策。这也应该是最早的"限行"和"限车"制度了吧？

谜语练兵场

1. "日"字加一笔，变成另一个字，请问能写出多少个字？
2. "人"字加一笔，变成另一个字，请问能写出多少个字？

参考答案 1. 至少有 9 个以上能写出。 2. 至少有 9 个以上能写出。

智戏财主

上联：东西南北上下前后左

下联：一二三四五六七八十

横批：文口从土回

🔍 猜猜这副对联是什么意思

谜语有故事

很久以前，一个小县城里有一位姓赵的财主。因为他十分贪婪、一毛不拔，人们就给他起了个外号，叫"铁公鸡"。

这一年，赵财主正好60岁了，他决定要风风光光地办一次寿宴，让当地的名流和绅士都来参加。大家来赴宴时肯定还会带寿礼，这样不仅有了面子，而且还能狠狠地占一把便宜。于是，赵财主让家丁写了很多请帖，发给了当地的乡绅。

不久后，到了举行寿宴的日子，有不少名流和乡绅前来参加。他们以为赵财主弄这么大的声势，可能是想证明一下自己并不吝啬，怎么也会拿出一些酒肉招待大家。

　　等到开席的时候，大家全都傻了眼，哪里有什么酒肉，都是清汤寡水的素菜，连个炒鸡蛋都没有，桌上净是些萝卜、白菜之类的东西。那些送了寿礼的人纷纷后悔不已，没送礼的人躲在一旁偷着庆幸。

　　这时候，一位姓刘的年轻秀才来到赵财主面前，笑呵呵地说道："既然是赵金主寿辰，我想现场送您一副寿联，请笑纳。"然后便冲赵财主拱了拱手。赵财主一听十分高兴，就替他备好了笔墨纸砚，乐呵呵地等着看他能写些什么。只见秀才挥毫泼墨，不一会儿的工夫就写完了，他提起寿联给大家展示，上联是：东西南北上下前后左；下联是：一二三四五六七八十，横批则是：文口从土回。赵财主看后不明白什么意思，不知所措起来。这时，一位老学究忽然说道："缺肉（右），少酒（九），还客啬。绝了！"

　　随后众人恍然大悟，竟然不约而同地拍手叫好。赵财主感觉很羞愧，脸上像火烧一样，心中有气，却说不出话来。

古代庆寿习俗

在古代，不是所有人都可以过寿，在秦朝过生日可是一种身份的象征，只有贵族才能庆祝生辰。因为古人的平均寿命都比较短，所以"长寿"成了人们普遍的愿望，祝寿也就逐渐流行开来。在历史上，曾经有一段时期是不提倡过生日的，因为人们觉得"生日"是父母的"苦日"，应该伤感和感恩，这也是传统孝道的一种表达方式。

到了唐宋时期，过生日的风俗达到了一个巅峰。在寿诞的当天，子女们要向寿星献寿联和寿屏，再写上祝寿的话语，而且根据不同的年龄画上不同的图案。除了这些，还要喝寿酒，吃寿桃或者寿糕，就相当于现在的生日蛋糕。

现在的寿宴已经成为一种孝道文化，寄托了后辈对于长辈的美好祝愿。"孝顺"虽然是中华民族的传统美德，但是铺张浪费和互相攀比的风气却不应该有，这才是真真正正的"大家之风"。

谜语练兵场

1. 上联：诗也有，词也有，《论语》上也有；下联：对东西南北模糊，虽为短品，也是妙文。（猜两个字，是一项娱乐活动）

2. 上联：鲁肃遣子问路；下联：阳明笑启东窗。（各猜一句话，都是四个字的礼貌用语）

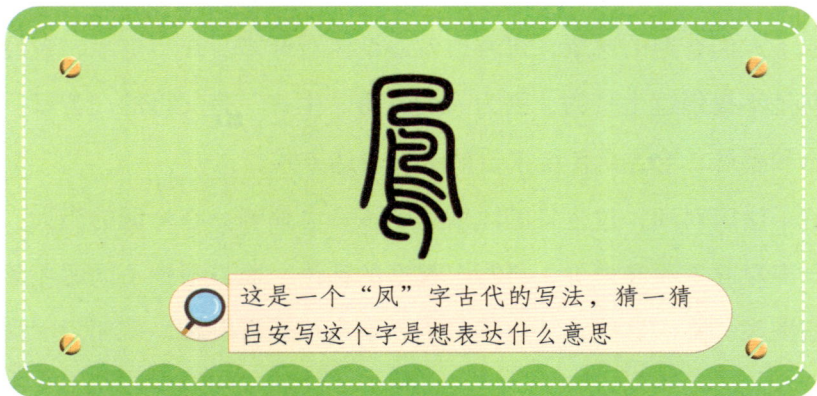

lǚ ān tí zì
吕安题字

这是一个"凤"字古代的写法，猜一猜
吕安写这个字是想表达什么意思

谜语有故事

　　三国的时候，魏国有一位名叫吕安的名士。他出生于官宦世家，为人高傲、性情刚烈，一生最不喜欢与庸俗的人结交，所以他的朋友都是才华横溢、不向世俗低头的人。

　　吕安有一个挚友，名字叫作嵇康，同样很有才气，而且有济世之才，名列"竹林七贤"。虽然嵇康有一身本领，却始终不肯入仕做官，吕安很佩服他高尚的品质，每次想念嵇康，不管相隔多远他都会马上赶去看望。

　　有一次，吕安又思念起嵇康，于是千里迢迢地来到嵇康的家里，想与好友饮酒叙旧。可是吕安来得不巧，嵇康外出云游去了。嵇康的哥哥嵇喜十分热情地迎接了吕安，还执意邀请他进屋休息。可是，吕安面对嵇喜的屡次邀请却不为所动，只肯待在门口。没有见到好友，吕安也不想久留，决定马上启程回家。临走前，他在门上用篆书写了一个"凤"字，然后就扬长而去了。

嵇喜看到门上的字，以为吕安想夸赞他是"人中龙凤"，心里十分得意。不久，嵇康回到家里，看到门上的字就问是怎么回事，嵇喜得意地把事情的原委说了一遍。嵇康听后哈哈大笑，说："他这哪里是夸你，分明是在鄙视你，你难道没看出来吗？"

嵇喜糊涂了，"凤"字不应该是夸赞人的吗，怎么还成骂人的话了？原来，吕安知道嵇喜是一个比较世俗的人，平时热衷于钻营官场的事情，所以他不喜欢嵇喜。吕安做事向来我行我素，为了戏弄嵇喜，他就在他家门上写了个"凤"字。"凤"的篆书写法就是"凡"字里加一个"鸟"字，这是在说嵇喜是一只"凡鸟"，也就是一个庸才而已。

1800 年前的 "养生专家"

　　嵇康是三国时期的文学家、思想家和音乐家，历史上对他的评价都非常高。嵇康不仅才学十分优秀，在人格方面也非常有魅力。

　　据传，嵇康是个美男子，他的身高将近 1.9 米，人们都用 "玉树" "玉山" 这样的词汇来形容他的帅气。所有看到他的人都会惊叹：他耿直得就像松柏一样不屈不挠，就连喝醉了都有 "玉山倾倒之美"，好像一座玉山就要在自己的面前倒下一样。

　　嵇康有一项绝技，那就是他卓绝的弹琴技法。无论在什么情况下，琴声都丝毫不乱，悠扬婉转，连砍柴人听到他的琴声都会流连忘返。

　　"养生" 也是嵇康的一大爱好，他还写了《养生论》，这本书到现在还广为流传。但是这并没有使他长寿，他因被人陷害而丢掉了性命。有个叫钟会的人想和他做朋友，结果因为遭到拒绝而怀恨在心。为了报复，钟会便陷害嵇康入狱，使他最终含冤而死。在刑场上，嵇康毫不慌乱，他优雅地弹奏了一首《广陵散》作为人生绝唱，也成就了一段传世佳话。

谜语练兵场

1. 一笔天，一笔地，天地合，竟为一。（打一个字）
2. 一架小飞机，飞行看天气，晴天飞得高，阴天飞得低。（打一种昆虫）
3. 后羿射太阳。（打一句礼貌用语）

参考答案　1.二　2.蜻蜓　3.多日不见

刘伯温进谏

liú bó wēn jìn jiàn

朱元璋建立了明朝当了皇帝，他给很多亲戚都封了官职。宰相刘伯温便画了左面这幅画献给了朱元璋，实际是为了向朱元璋进谏。你能猜到刘伯温想要表达的意思吗？

谜语有故事

　　明朝在我国历史上，是军事、文化、政治和经济发展都较为繁盛的朝代。经过无数场惨烈的战役，明朝才得以建立，朱元璋作为开国皇帝，自然要好好封赏那些有功之臣。

　　于是，在他举行完登基大典之后，就着手准备对那些跟随自己多年的文武功臣，还有亲朋好友们进行封赏。但是，仔细考虑之后他又开始为难：立战功的人有不少，那些远近亲戚和七七八八的朋友加起来更是不计其数。这些人中还有很多寸功未立，只是沾点亲戚。如果给他们全部都册封官位，恐怕难以服众，而且那些有功劳

75

的人也会埋怨。如果不给这些亲戚封官，他们也要在背后议论，到时候会有人说自己当了皇帝不认亲戚。朱元璋为此十分苦恼。

　　刘伯温见朱元璋每天闷闷不乐，就知道他因为册封的事而烦恼。但是朱元璋现在已经是大明皇帝，他不好直接劝谏，于是就想了一个主意：他画了一幅画，上面是一个体态魁梧的大汉，头发如乱麻一般一束束向上直立，而且每一束头发顶端都戴着一顶很小的帽子，看上去十分滑稽可笑。刘伯温趁进宫议事的机会，把画献给了朱元璋。朱元璋看到画后，一开始并没有明白其中的含义，还以为是刘伯温为了逗自己开心。但经过仔细琢磨，他终于想通了其中的道理，这才暗自下定了决心。第二天一大早，朱元璋就传刘伯温来宫中议事，他一见到刘伯温就笑着说："你这画献得及时，你告诉朕'冠（官）多发（法）乱'，朕就采纳了你的建议。"刘伯温见朱元璋能虚心纳谏，也非常欣慰。从那以后，凡是遇到这样的事情，朱元璋就只封赏有功劳的人，不再任人唯亲了。

神机妙算的预言家——刘伯温

刘伯温是明朝的开国元勋，也是明朝的首任宰相，他的原名叫刘基，字伯温。传说，刘伯温是一个"神算子"，能预言未来。

民间流传着一本奇书《烧饼歌》，描述的是朱元璋和刘伯温的对话。其中一段对话很有意思。朱元璋问刘伯温："朱家是否能够世代长久？"刘伯温说："您一定万子万孙！"朱元璋听后十分开心，但经过后人的解读，推测刘伯温说的其实是一个预言。他们认为，"万子万孙"实际上是隐喻万历皇帝的孙子崇祯，而明朝的最后一位皇帝就是崇祯。

还有一个传说，刘伯温临死前告诉他的儿子，他死后刘家一定会没落，直到九代以后才会重新崛起。结果他死后，家族果然被政敌打压，最后彻底败落。直到100多年以后，刘伯温的第九代子孙刘瑜受到朝廷的封赏接连升迁，又一次印证了刘伯温的预言。

关于刘伯温的这些传说，如今早已真假难辨。但是，他帮助朱元璋推翻元朝统治，恢复中原统一，这些历史功绩都是不容置疑的。

谜语练兵场

1.打一成语

2.打一成语

3.打一成语

参考答案 1.血口喷人，2.情有独钟，3.相濡以沫

巧改遗书

qiǎo gǎi yí shū

六十老儿生一子言非是我子也家
产田园尽付与女婿外人不得争执

> 在文字顺序不变的情况下，尝试给上面这句话加上标点符号，看看有多少种可能性

谜语有故事

很久以前，有一户姓田的人家，家主田老汉突然病逝，临终前留下了一封遗书，里面交代了家产该如何分配。管家按照田老汉生前的嘱托，把遗嘱分别给了他年幼的儿子还有女婿。

田老汉的遗书只写了一行字："六十老儿生一子言非是我子也家产田园尽付与女婿外人不得争执"，上面没有任何标点符号，虽然大家都看不懂，但也没有人在意，就这样平静地生活在一起。后来，田老汉的儿子成了年，便提出分家的要求，这时田产的归属成

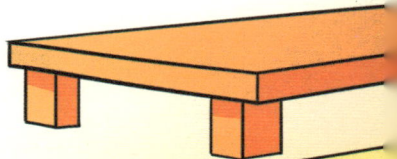

78

了一个问题，他们都拿出田老汉的遗嘱，争得不可开交。

　　田老汉的女婿一气之下，跑到衙门找县老爷给他做主。他理直气壮地说："遗书上分明写着六十老儿生一子，言'非是我子也！'家产田园尽付与女婿，外人不得争执。那遗产自然应该归我！"田老汉的儿子也不让步，两人又在公堂上吵了起来。县老爷一时也没有办法，就没收了遗嘱，然后下令退堂了。

　　第二天升堂之后，县令居然把所有遗产都判给了老汉的儿子，女婿当时就傻了眼，连问县老爷断案的理由。县老爷拿出遗书，女婿看后也只能心服口服。原来，县老爷想了一晚，终于明白了田老汉的用意：他想把遗产留给亲生儿子，又怕女婿对他年幼的儿子不利，于是才想出这个办法留下遗书。县老爷只是加了几个标点符号，意思就完全变了。最终，遗嘱变成了：六十老儿生一子，人言非，是我子也！家产田园尽付与，女婿外人，不得争执。一桩棘手的遗产争夺案就这样被他轻松地断明了。

300多年前的一个奇怪遗嘱

金圣叹是明末清初的一位文学家，他才华横溢，但是行为却狂放不羁，他曾在考试中写下荒唐怪诞的文章，还因此被取消资格。到了清朝顺治年间，顺治皇帝偶然看到了金圣叹的文章，对他的才华赞不绝口。金圣叹感激得放声痛哭，他跪在地上向北方朝廷的方向不停叩首感恩。

可是没多久顺治帝就去世了，随后金圣叹的家乡吴县也出了一件大事，新任县令为了催收欠税而鞭打百姓。金圣叹和百余名读书人到孔庙集会，还在庙前痛哭悼念顺治皇帝，想通过这种方式向朝廷抗议县令的暴行。朝廷为了威慑江南士族，逮捕了金圣叹在内的一部分士人，最后以"叛逆罪"判处斩首，这就是著名的"哭庙案"。金圣叹在临刑前留下了一封让人匪夷所思的遗嘱："字付大儿看，盐菜与黄豆同吃，大有胡桃滋味。"

300多年过去了，这段话始终无人能破解其意，随着金圣叹的生命走向终点，他给这个世界也留下了一个不解之谜。

谜语练兵场

1. 哥哥说我是好人。（添加标点变成不同含义）

2. 我批评他也批评你服气吗。（添加标点变成不同含义）

3. 下雨，天留客，天留我不留。（改变标点变成另一种意思）

参考答案

1. 哥哥说：" 我是好人。"
哥哥说我是好人。

2. 我批评他，也批评你，服气吗？
我批评他，也批评你服气吗？

3. 下雨天，留客天，留我不？留！

第三章 巧设字谜

怕猫又怕虎

二人并排坐，

坐到二更三鼓，

一畏猫儿一畏虎。

打一字

谜语有故事

　　明朝的景泰年间，出了一个"理学名臣"，他的名字叫丘濬。丘濬自幼就勤奋好学，出口成章。他一生阅卷无数，精通各个领域的知识，因此人们都叫他"丘书柜"。

　　丘濬也是个狂热的猜谜爱好者，以他的学识，几乎没有题目能难倒他。但是，他却差点被一个旅店店主的女儿给难住了。

　　一次，丘濬去外地办事，天黑后便在一家旅馆里暂住下来。店主的女儿是个聪明好学的人，得知大学士丘濬住进了店里，就想切磋、交流一下。丘濬欣然同意了店主女儿的要求，对于她的问题都给予了耐心的解答，他们聊得十分开心。

店主女儿听说丘濬喜欢猜谜，于是说："我出一个谜语，先生来猜一猜好吗？"丘濬点头同意。姑娘接着说："这是一个字谜。二人并排坐，坐到二更三鼓，一畏猫儿一畏虎。"

丘濬想：既然是"两人并排坐"，那一定是用合字法破解。什么东西怕猫呢？应该是"鱼"。又有什么东西怕老虎呢？可能是"羊"。于是，他自信地说："我猜到了。应该是'鲜'字！"

店主的女儿捂着嘴笑了半天，摆摆手，说："不是。您再猜猜看！"丘濬有点不可置信，问道："姑娘，你能否给我点提示？"店主的女儿笑着说："您想一想，'二更三鼓'是什么缘故？"丘濬沉思了一会，恍然大悟地说："啊！'二更'就是亥时，'三鼓'那不就是子时嘛！我知道了，就是'孩子'的'孩'字！"

姑娘连连点头，竖起大拇指说："先生果然聪明，子代表老鼠，亥代表猪。老鼠怕猫，而猪怕老虎，正是我这个谜语的答案。"丘濬则佩服地说："我也是被提醒才知道答案，还是姑娘的谜语绝妙啊！"

在古代，人们怎么计时？

我们对于时间都不陌生，现在计时的单位用的是时、分、秒。而在古代，没有钟表，他们是如何计时的呢？

古代的计时单位分为：时、刻、更、鼓、点，一共五种。"时"是把一天划分为了12个区间，称为"时辰"；一个时辰就相当于现在的两个小时。"刻"是用漏壶记录时间的一种单位，也称作"漏刻"，全天一共有100刻；按照现在的钟表单位，一刻相当于现在的15分钟。"更"专门用来计算夜间的时间，因为古代采取"宵禁"制度，到了晚上不能随便出门；为了让人们更容易判断时间，就需要专门的人员在夜里敲打梆子或者铜锣进行报时，通过这种方式来记录和计算时间，报时的人则被称作"更夫"；更夫从戌时开始（相当于晚上7点到晚上9点），每隔一个时辰会巡逻打更一次，整晚共打5次更。"鼓"也是在夜晚报时用的工具，与"更"一样。"点"是利用铜壶滴水计时的一种时间单位，它把每一更分为了5份，每份就是"一点"，相当于现在的24分钟。

谜语练兵场

1.八连战士。（打一字）

2.雨后天晴太阳隐。（打一字）

3.川中有鸟，不飞不叫。水中洗澡，闻声就倒。（打一字）

吟诗救酒家

一轮明月挂天边，淑女才子并蒂莲，

碧波池畔酉时会，细读诗书不用言。

🔍 每句诗打一个字，连起来是一句话，猜猜是什么？

谜语有故事

　　伦文叙是明代的一位"鬼才"，他32岁的时候考中了状元，当上了翰林院修撰，他最拿手的本事就是写诗作对。

　　弘治年间，在粤州的城西有一家不起眼的小酒馆。这里的酒口味十分香醇，是地道的陈年佳酿。但老板不懂经营，也不会为酒馆做宣传，因此生意十分冷清。

　　一天，伦文叙到粤州府参加科举考试，恰巧经过这家酒馆。当他闻到这里的酒香便开始赞不绝口，然后摇着头对店家说："酒虽然是好酒，却被埋没了呀！"老板也很无奈，愁眉苦脸地说："客官说得是，只怪我不懂经营，家传的酿酒手艺被我给耽误了，真是惭愧啊！"说完便叹起气来。

伦文叙听了笑着说："店家何必叹气，这么好的酒，还怕出不了名？"老板苦笑着说："要怎么出名？客官能否指点一二？"伦文叙又喝了几杯，拍着胸脯对店家说："老板放心，这个交给我，保准用不了多久，你的酒必然大卖！"说完他提笔写下一首谜语诗，还让老板贴在门口最显眼的位置。这首诗是：

一轮明月挂天边，淑女才子并蒂莲，

碧波池畔酉时会，细读诗书不用言。

没过多久，酒馆里陆续来了很多赶考的读书人，进门只点店里的酒，久而久之，酒家的生意居然渐渐兴隆了起来。店家一直很奇怪，便问一个闻名前来的书生："你们为什么都愿意来我这里喝酒呢？"书生回答说："你门口不是贴着'有好酒卖'吗？我们读书人也都是喜欢喝酒的人，有好酒、有妙诗，当然要进来喝一杯了！"说完老板恍然大悟，心里对伦文叙的才华佩服不已。

广东的一种名小吃，竟是因伦文叙而命名

才子伦文叙自幼家里贫穷，每天到街上卖菜维持生计，常常连午饭都没得吃。离他卖菜的地方不远，有一家粥铺，粥铺的老板心地很善良，可怜年幼贫困的伦文叙，又爱惜他的才华，因此每天都会从他那里买一担菜。每次伦文叙送菜到粥铺时，粥铺老板都会把剩下的肉丸、猪肝和猪肚等连同白粥一起煮了送给他吃。

就这样，伦文叙在粥铺免费吃了几年的粥，和老板如同亲人一般，他也非常感激粥铺老板的照顾。在机缘巧合下，伦文叙受到了两广总督的赏识和资助，终于有了良好的读书环境。若干年之后，经过寒窗苦读的伦文叙终于力压群雄，考中了状元，衣锦还乡。回乡之后，伦文叙特地到粥铺感谢老板，还点了一碗当年经常吃的粥。老板十分高兴，请求伦文叙给这个粥取一个名字。伦文叙想了又想，觉得没有这碗粥，他就不可能当上状元，于是就给这个粥取名"状元及第粥"，还写了一块匾额挂在了粥铺大门上。后来，这个粥铺声名远播，每天客人都络绎不绝，"状元及第粥"也成了广东地区的特色名小吃。

谜语练兵场

1. 为人说话要虚心。（打一字）

2. 失之交臂。（打一字）

3. 我字当头不足取。（打一字）

参考答案 1.信；2.尖；3.俄。

唐伯虎点花

百无一是,

自无一是。

打一字

谜语有故事

　　唐伯虎原名叫唐寅,是明代大才子,和祝允明、文徵明、徐祯卿并称"吴中四才子"。唐伯虎自幼才华出众,他希望自己高中进士,步入官场。弘治十二年(1499年),他和伦文叙、王阳明、徐霞客的高祖徐经,同期进京参加会试,此时唐伯虎与状元仅差一步之遥。可惜,他卷入了徐经的考场舞弊案,被永久取消了考试资格。后来,唐伯虎以卖画为生,过着闲云野鹤的生活。

　　唐伯虎有个"铁哥们儿",名叫祝枝山,也就是祝允明,他比唐伯虎大10岁。祝枝山在唐伯虎心目中亦师亦友,二人经常在技艺上互相讨论、切磋。

祝枝山家境显赫。相传，他家中的花园非常壮观，里面种有各种各样的牡丹花。有一年，牡丹盛开的时节又到了，祝枝山便邀请他的朋友们到家中观赏牡丹。众人边欣赏牡丹边讨论诗赋，聊到兴致正浓的时候，祝枝山提议大家一同评选今年的花魁。提议一出，所有人便你一言我一语地评论着心中的花魁，有的选白玉，有的选姚黄，有的点赵粉，有的点欧碧，一时间也没有定论。

唐伯虎站在一旁，笑呵呵地看着大家讨论，一句话都不说。众人好奇，就问他的意见。没想到，唐伯虎扇了几下手中的扇子，说："百无一是。"

话一出口，众人更加迷惑，这么多争奇斗艳的牡丹花，难道他一种也看不上吗？这时，祝枝山哈哈一笑说："自无一是。"在场爱猜谜的朋友终于明白了其中的意思，他们俩说的都是字谜，而且两个字谜的谜底都是"白"字。众人恍然大悟，原来他们选的花魁就是白牡丹。

古人赏花时的"闲情雅趣"

中国人对花情有独钟，古人在赏花这件事上更加讲究，他们不只是简简单单地看，还要求有层次、有形式。

古人看花十分讲究时间和地点。不同的花有不同的花期，古人整理了一本叫《花月令》的书，读诗的同时还能了解一年四季该赏什么花。甚至因赏花的角度、地点和时间的不同，也会带来不同的感受。

赏花的方式也很重要，古人摸索出一套流程：先观花色，再闻花香，后赏花姿，最后品花韵。红色是最美的花色，被誉为"国色"，尤其是粉中带红是最好的；古人还把花香分为九个品级，最高的品级称为"天香"，所以"国色天香"就被用来形容最美的事物；古人赏花时还特别重视"花姿"，如横、斜、曲、直、垂、悬等；"花韵"是最让人着迷的地方，古人最为推崇的是兰花的花韵，它高洁典雅的韵味，一直是高贵的象征。

赏花还要搭配丰富的形式才更能体现花的神韵，于是古人开发出了不同的赏花的形式，叫作"六品"，也就是酒赏、香赏、曲赏、谈赏、琴赏和茗赏，这些都成了文人墨客赏花时重要的休闲手段和情趣。

谜语练兵场

1. 花儿黄又白，八月遍地开。（打一种花）

2. 青青藤儿上篱笆，红白喇叭美如画。（打一种花）

3. 圆圆的脸蛋金灿灿，对着太阳笑哈哈。（打一种花）

参考答案　1. 桂花。2. 牵牛花。3. 向日葵。

wēn qiáo dé qī

温峤得妻

一间大厦空又空，

里面倒吊齐桓公。

🔍 打一字

谜语有故事

东晋时期，有个著名的才子名叫温峤，关于他的故事有很多，其中还有一段奇妙的姻缘。

传说，温峤年轻时进京赶考，曾经寄宿在一户农家家中。

这户人家只有一对母女，女儿名叫玉香，虽然她衣着朴素，却显得美丽大方。温峤来到房间，发现墙上挂了几幅清秀的字画，上面还有一条字谜：

一间大厦空又空，里面倒吊齐桓公。

温峤想了很久，都没想出答案，心里不禁感慨：都说我是才子，却连一个谜语都猜不出来？果真是"人外有人，天外有天"啊！他摇着头，口中吟诵道：

天无涯学亦无涯，书到用时方恨少。

正在这时，玉香正好从屋外经过，听了温峤吟诵的对联，心中对他很欣赏，于是也随口吟诵起来：

细无度精亦无度，事非经过不知难。

第二天一大早，温峤前来和母女告别，老母亲却说："都说公子有才学，我这里正好有一个下联，请公子对一下上联，可否？"说着就把下联给温峤看。温峤一看，正是昨天玉香所说的下联。他连忙把昨天晚上吟诵的上联写在了纸上。老母亲很高兴，连忙问道："公子可愿做我的女婿吗？"温峤一听先是高兴，然后支支吾吾地说道："可是，画中的谜语我还没有猜出。"这时，玉香插话道："谜底就是'原'字"。

温峤接着问："这个谜语有什么典故？"玉香解释说："'大厦空又空'就是'厂'字；齐桓公本名叫'小白'，正好组成'原'字里面的字。"

温峤听后不停地赞叹这对母女学识深厚，暗自庆幸能有这样的好姻缘。

被人遗忘的"东晋第一流"

温峤，字太真，是我国东晋时期的一个大才子，他出身士族，17 岁时就已经开始做官，后来又被举荐为秀才。温峤不仅文采出众，在军事上也很有天赋，年纪轻轻就跟随刘琨南征北战，而且屡立战功。

权贵阶级的腐化，以及"用人唯亲"的错误政策，导致司马家族建立的西晋最终灭亡。西晋灭亡后，司马睿建立了东晋，随后又在建康登基称帝，想要实现自己的霸业。但是东晋开国就很不顺利，先后发生了"王敦之乱"和"苏俊之乱"，并且这两次叛军都攻陷了东晋的都城——建康。而在最危难的时候，都是温峤挺身而出力挽狂澜，他不仅平定了叛乱，还稳定了民心，扭转了动荡的局势。清朝学者王士祯曾评价他说："不是温忠武，谁堪第一流。"这是对他一生功绩最恰当的赞扬。

温峤立下了丰功伟绩，却选择在最得意的时候功成身退，朝中同僚无不对他称赞有加。但是，这位功勋卓著的英雄，却一直被牙病困扰。最终，他拔牙之后诱发感染，导致中风去世了，年仅 42 岁。

谜语练兵场

1. 盆地截流日，山川大变样。（打一位名人的名字）

2. 温峤何以见水怪。（打一成语）

3. 所举唯温峤。（打一句唐代七言律诗）

lián huán zì mí
连环字谜

唐尧有，夏禹无；商汤有，
殷纣无；古文有，今文无。

🔍 打一字

谜语有故事

古时候，在济州有一位姓李的秀才，他有两个爱好，一个是喝酒，另一个就是猜谜。

李秀才经常光顾一家酒楼，老板有个不成文的规矩，那就是进门之前先对谜语。如果顾客输了，酒钱加倍；如果老板输了，酒菜免单。

这一天，秀才照常来酒楼喝酒，老板先出一题："唐尧有，夏禹无；商汤有，殷纣无；古文有，今文无。你猜这是什么字？"

李秀才没说话，略作思考便说道："直接回答太无趣了，我也用字谜回答你的谜底怎么样？"王老板笑着说："那当然好哇。"

李秀才便摇头晃脑地说："听者有，看者无；跳者有，走者无；高者有，矮者无。"

王老板哈哈一笑说道："既然这样，我还能继续做谜。善者有，恶者无；智者有，蠢者无；嘴上有，手上无。"

"右边有，左边无；后面有，前面无；凉天有，热天无。"李秀才好像心中早有答案，竟然脱口而出。

王老板听了赞叹不已，边拍手边说："不错，不过还没结束，我这还有。哭者有，笑者无；骂者有，打者无；活者有，死者无。该你了！"

李秀才也没慌张，开口接道："哑巴有，聋子无；跛子有，麻子无；和尚有，道士无。怎么样？"

王老板再也接不下去，只好摆手认输。不一会儿，一桌丰盛的酒菜就摆了上来，李秀才说道："这么好的酒菜，只吃一'口'也值了！"说完两人不约而同地笑了起来。原来，这六个字谜的答案就是"口"字。

酒是怎么发明出来的?

关于酒的发明,说法有很多。其中有一种说法,是一个叫杜康的人发明了酒。杜康在黄帝手下做大臣的时候,负责管理粮食。这一年又是大丰收,粮食多到只能堆放在山洞里。洞里阴冷潮湿,时间一长,这些粮食都发了霉。黄帝知道了,十分生气,于是狠狠责罚了杜康。杜康来到山洞查看这些粮食,却发现这些看似腐败的粮食却散发着一种奇特的香味,于是就带了一些回到家中,反复研究怎么利用它们,以减少损失。

后来,杜康上山砍柴,偶然发现腐朽的树洞中,有一些掉下来的果子腐烂后渗出很多汁液,闻上去和那些粮食散发的香味很像。杜康好奇尝了一下,发现这些汁液甘甜清香,非常可口。

杜康连忙回到山洞,叫人将这些粮食搬运到山中,将它们全部倒进了树洞中。过了一段时间,树洞中也出现了和之前一样的汁液,杜康品尝之后非常满意,于是就把这种汁液叫作‘酒’了。

除了杜康酿酒,其实还有很多传说,比如仪狄造酒、黄帝造酒、猿猴造酒等。

谜语练兵场

1. 俺家大人不在家。(打一字)

2. 三人骑头无角牛。(打一字)

3. 一只黑狗,不叫不吼。(打一字)

参考答案 1.电;2.秦;3.默。

苦读醴泉寺

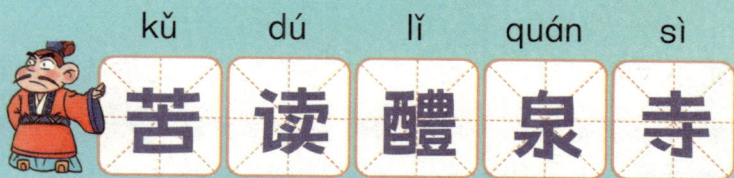

翠竹掩映留僧处。

🔍 打一字

谜语有故事

范仲淹是北宋时期的一位名臣，他不仅是出色的政治家，还是优秀的军事家兼文学家。范仲淹小时候，家里十分清贫。他随父母几经辗转到了山东省的邹平县，进入一个叫醴泉寺的寺庙里读书学习。寺庙所处的山南侧有一个山洞，他每天就在洞里刻苦学习。

白天，范仲淹就来到洞里学习。因为家里并不宽裕，他每次回家都只能带回很少的粮食放到寺庙里，平日根本不够吃。于是，他每天就只煮一锅小米粥，煮粥的时候还不忘看书学习，一直看到半夜他便合上衣服直接睡去。到了第二天粥已经凉了，凝固成一个粥饼，他用小刀把粥饼分成四块，两块早上吃，还有两块就留着晚上吃。佐餐的小菜是他在山间采的野菜。他把这些野菜切成碎末，吃的时候再撒上一些盐，当作"下饭菜"。这就是被后世一直传颂的"断齑划粥"的典故。

寺里的住持是慧通大师，他十分疼爱范仲淹，经常在生活上照顾他，还向他传授一些典籍，没事时他们还在一起讨论诗词歌赋。一天，慧通大师嘴里不自觉地念起来："芳草春回依旧绿。"范仲淹听到了，连忙对了句："梅花时到自然香。"慧通大师听了更加高兴，对范仲淹的才学赞许不已。

过了几天，慧通大师和范仲淹在寺庙附近的竹林中散步。慧通大师望着不远处的寺院突然来了灵感，他对范仲淹说："我突然想到一个字谜，你来猜猜是什么？谜面是：翠竹掩映留僧处。"

范仲淹捡起一根树枝，蹲在地上写了一个"等"字。慧通大师看后抚摸着范仲淹的头笑着说："以你的才智，今后一定会飞黄腾达的！"

后来，范仲淹果然成了文武兼备的大英雄，被后世称为"范文正公"。

北宋名臣范仲淹原来还姓过"朱"

范仲淹出生在官宦之家，他的先祖是唐朝时期的宰相——范履冰。但是，到范仲淹父亲范墉这一代就没有什么成就了，只是一个七品的小官。

范仲淹还不懂事的时候，父亲就去世了，只留下他们孤儿寡母，家族也从此没落了。由于生活艰难，母亲谢氏就带着年幼的范仲淹改嫁了，他的继父名叫朱文翰，是一个小小的县令，范仲淹从此改名叫朱说（读"悦"）。继父的官职低微，俸禄也不高，加上家里人口又多，生活过得很清贫。

朱文翰的亲生儿子花钱大手大脚，这让节俭的范仲淹十分看不过去。一次范仲淹出言劝诫，却从继父儿子的口中得知了自己的身世。他便毅然地离开了朱家，独自去应天府求学了。27 岁参加科举时，他依旧用的是"朱说"这个名字，直到考取功名并有所成就之后，他才决定认祖归宗。

改名换姓可是一件大事，尤其是他这样的官员，为了得到皇帝和宗族的认可，他特地上表请愿，陈述自己的身世。最终，皇帝宋真宗很受感动，批准了他改姓的请求，从此便有了"范仲淹"这个流传千古的名字。

谜语练兵场

1. 七十二小时。（打一字）

2. 半青半紫。（打一字）

3. 说它大，上边小；说它小，下边大。（打一字）

参考答案　1. 晶。2. 素。3. 尖。

luò tāng jī

落 汤 鸡

落汤鸡。

🔍 打一字

明末清初的时候，有一个人叫黄周星，他是一个地地道道的猜谜家，被人们称作"谜坛宗匠"。

相传有一年，黄周星的养父周老爹过寿，周家大摆筵席。很多官场、文坛的朋友都赶来贺寿。席间，黄周星忽然来了兴致，提议每人轮流出一个灯谜助兴。

这时，一个书生笑着说道："大人既然是猜谜高手，就应该先出一则谜语。"书生的话得到了其他人的支持，顿时掌声四起。

黄周星听后也没有推辞，他站起身朗声说道："忽而冷，忽而热；冷时头上暖烘烘，热时耳边声戚戚。"

然后顿了顿又说道："请猜《三国》故事中的一个人名，如果哪位才高的先生猜中了谜底，我就用'落汤鸡'酬谢他。"

黄周星的话刚说完，众人就开始窃窃私语起来，半天也没有人应答。黄周星有一点得意，他打开扇子慢悠悠地扇了起来。

过了好一会儿，依旧没人回答。黄周星见状刚要公布答案时，一个年长的文人站了出来，他对黄周星说："我猜，应该就是'貂蝉'吧？"黄周星微微惊讶，问道："为什么是'貂蝉'？怎么解释？"那人笑了笑说道："大人的谜语绝妙，我也是想了很久。这'暖烘烘'是因为天冷的时候戴了貂皮做的帽子；而'声戚戚'当然就是天热时，树上蝉声不断，声音凄厉。"黄周星拍手称赞说："兄台的才学果然高深，这'落汤鸡'当属阁下！"随后人群中又想起一个声音说："这'落汤鸡'是什么好酒？也让大家都尝尝吧！"大家也都被他的话逗笑了。

28年不上朝的"任性"皇帝

　　明朝有一位皇帝，一共在位48年，却有28年坚持不上朝，他就是创造了"万历中兴"的万历皇帝——朱翊钧。万历是明朝的第十三位皇帝，庙号为神宗，他10岁就登基做了皇帝，那时还是一个不谙世事的孩子。虽然万历皇帝当时还不能管理国家，但是手里却有一张王牌，那就是"明朝第一首辅"张居正。

　　张居正是万历的老师，他尽心教导万历，辅佐他治理国家。张居正推行改革科举考试、完善官员考核制度、整顿贪污腐败并大力推行"一条鞭"法，通过一系列的措施让国家实现稳步发展，为未来的中兴盛世奠定了牢固的基础，所以万历将近30年不理朝政，而明朝却不衰反兴。

　　关于万历皇帝为什么坚持28年不上朝，历代学者们众说纷纭。一般认为，他与大臣们在太子确立的问题上产生了分歧。朝臣们坚持让万历立长子朱常洛为太子，但是万历却唯独喜欢三儿子朱常洵，想立朱常洵为太子，遭到朝臣们的激烈反对。为了向和他作对的文官集团抗议，万历一气之下就不再上朝了，可以说是一位非常"任性"的皇帝。

谜语练兵场

1. 一人在内。（打一字）

2. 上下难分。（打一字）

3. 手无寸铁。（打一字）

参考答案　1.肉。2.卡。3.控。

王安石解字

看时圆，写时方，

冬时短，夏时长。

🔍 打一字

谜语有故事

　　王安石是北宋著名的政治家和文学家，他才华横溢、博览群书，不但文采十分出色，而且在谜语的创作上造诣很高。

　　王安石隐居金陵的时候，曾住在一个叫"半山园"的地方。邻居杨德逢是他的好友，两人经常互相走动。一次，杨德逢偶然得到《岁寒三友》的画作，兴高采烈地来找王安石，想让他为这幅画题一首诗。王安石打开画作，深深被画的韵味折服，他怕自己破坏画中的意境便想推辞。王安石笑着说："题诗当然可以，但是你得猜出我的谜题才可以。先生刚进来的时候，我正在给我的新作《字说》中的一个字作注解，我就用这个字作为字谜。"杨德逢点头同意，王安石便说："四个口，尽皆方，十字在中央。"杨德逢抢着答道："是'田'字！"王安石笑着说："先生别急，谜面还没说完呢，后面还有两句，'不作田字道，不作器字商。'"杨德逢听完后面两句后，却怎么也想不出答案。王安石大笑着说："这个谜底就是'圖'（图的繁体）字。既然先生答不出，那就只能愿赌服输了。"杨德逢这才恍然大悟。

还有一次，王安石的另一位好友王吉甫来找他切磋诗文。两个人聊得高兴，猜起了谜语。王安石出了一则字谜：

看时圆，写时方，

冬时短，夏时长。

王吉甫听后心中已经有了答案，但是他并不想直接说出来，便对王安石说："东海有条鱼，无头也无尾，剔除脊梁骨。这不就是你要的答案吗？"王安石拍手叫好，称赞他对得精妙，随后二人不约而同地用茶水在桌上写下了谜底：日。

比包公还要"脸黑"的邋遢宰相

王安石是一代名相，他不仅文采卓越，而且还是一位出色的政治家、思想家和改革家。在我们的印象里，他是一个风度翩翩、文质彬彬的学者形象。但是让人意外的是，王安石与我们印象中的形象截然相反，他竟是个出了名的"邋遢宰相"。王安石的脸色很黑，据说跟包公比都"有过之而无不及"。而他的"脸色"之所以这么难看，竟是因为他不爱洗脸和洗澡，甚至连衣服都很少换洗。

相传有一次，王安石拜见皇帝宋神宗，本来两人正一本正经地讨论事情，宋神宗却突然憋不住笑了起来。原来，因为长时间不洗澡，王安石脸上竟然趴着一只跳蚤，副宰相王珪看见了还开玩笑说："这跳蚤屡次在宰相的胡子上游玩，还曾经被圣上亲自观赏过（真是幸运啊）！"王安石的邋遢，正是他清正廉明的反衬，他不爱个人的"面子"，把精力都用在读书、学习和为国为民的事上，所以他根本不在乎洗脸和洗澡这样的小事。

谜语练兵场

1. 一边绿，一边红；一边喜雨，一边喜风；喜风的怕水，喜雨的怕虫。（打一字）

2. 有水能养鱼，有土能种菜，有人不是你，有马跑得快。（打一字）

3. 加一倍不少，加一横不好。（打一字）

参考答案 1.秋。2.也。3.夕。

105

lǐ bái hē chá
李 白 喝 茶

豆在山根下，月亮半空挂，

打柴不见木，王里是一家。

🔍 打一句话

一天，李白骑着毛驴外出云游，当时正是盛夏，天气炎热。李白口渴难耐，正好发现远处有一个店铺，远远看上去，好像是一个酒家。可来到店铺门前，李白才发现，这是一家醋坊。不过，来都来了，就先喝口茶解解渴吧。李白径直走进屋里，里面有一男一女，男的穿着县令的官服，正在一旁休息；女的正在忙活，应该就是老板。李白进屋就说：

一人一口又一丁，竹林有寺没有僧，

女人怀中抱一子，二十一日酉时生。

　　女老板马上就猜出了李白的意思，她笑着说："我们店里的醋是地道的老陈醋，先生不想尝尝吗？"李白掏出一些碎银子，客气地说："我现在口渴难忍，能否给我沏点茶呢？"

　　女老板为李白沏了一壶茶。李白喝完后，将银子放在桌上，又挑了一坛上好的陈醋，然后对女老板说：

　　鹅山一鸟鸟不在，西下一女人人爱，

　　大口一张吞小口，法去三点水不来。

　　一旁的县令听了，冲着李白喊道："你是何人？在本官的面前也敢班门弄斧。"李白看都没看他，丢下几句话就走了。

　　豆在山根下，月亮半空挂，

　　打柴不见木，王里是一家！

　　那个县令以为李白在奉承自己，女老板却说："那位先生出口成诗，句句皆谜。他问我'何等好醋'，我给他介绍了我这最好的醋。他喝完茶后说'我要回去'。就连说你'岂有此理'都这么有诗意，真是才华横溢呀！"县令听完，羞愧得想找个地缝钻进去。

关于"诗仙"李白

李白是家喻户晓又受人敬仰的伟大诗人，他的一生充满了传奇色彩，是我国文学史上一颗璀璨的明星。

李白的祖籍是陇西成纪（今甘肃静宁西南），祖上在隋朝末年的时候搬到了中亚碎叶城，就是现在吉尔吉斯斯坦的托克马克市，唐朝时期，这里属于大唐的领土，是中国历代王朝在西部地区设防最远的一座边陲城市，也是丝路上一个重要城镇。李白就出生在这里，5岁的时候他才随家人搬到了四川境内。

关于李白的名字有很多传说，其中一个版本是：李白的父亲一直犹豫该给儿子起个什么名字，所以李白到7岁了名字还没定下来。一天，一家三口人正在吟诗，李白的一句"李花一树白"给了父亲灵感，于是他就给他取名叫"李白"了。

李白性格豪爽，喜欢结交朋友，拥有很多小迷弟。"诗圣"杜甫就是这些迷弟的典型代表，他十分敬佩李白的风度和才学，一直把李白视作超级明星。

谜语练兵场

1. 天下第一家，出门先用它，唯有他最小，二月开白花。（打四个姓氏）

2. 头戴一顶帽，忠诚又可靠。（打一字）

3. 一飘三点雨，"宝盖"来顶起，朋友躲下面，爱字记心里。（打一字）

参考答案　1.赵、钱、孙、李; 2.忠; 3.爱。

108

才女解谜

cái nǚ jiě mí

我有一物分两旁，一旁好吃一旁香。

一旁泰山去吃草，一旁黄河把身藏。

打一字

谜语有故事

　　李清照被誉为"古今第一才女"，赵明诚也是出身官宦之家的年轻才俊，他们是一对夫妻，郎才女貌，十分恩爱。

　　他们不仅热爱诗词，而且精通诗谜，在这方面堪称精英。每到茶余饭后，两人就一边赏月一边作诗猜谜，既浪漫又惬意。

　　一天，夫妻俩吃完晚饭，照常来到后花园，一边欣赏兰花一边猜谜。赵明诚往常总是输给妻子，心中也不免暗暗较劲，于是就费尽心思想出一个巧题，想挽回面子。这次，他提议由他先出题，李清照也欣然同意。赵明诚便开始摇头晃脑地吟诵着谜面：

我有一物生得巧，半边鳞甲半边毛，

半边离水难活命，半边入水命难保。

说完还得意地看着妻子，心想这下她可猜不出来了。哪知李清照看他的样子好笑，不知不觉地竟然笑出了声，她轻声地对赵明诚说："相公，先别顾着得意，我这里也有一个谜题，用我的谜题去猜你的谜题，怎么样？"赵明诚一听也很好奇，想知道妻子葫芦里卖的是什么药，他连连点头，全神贯注地等待着李清照的回答。李清照悠然一笑吟诵道：

我有一物分两旁，一旁好吃一旁香。

一旁泰山去吃草，一旁黄河把身藏。

说完谜面，李清照就扇着小蒲扇，独自赏起了兰花。赵明诚琢磨了半天，忽然一拍脑门连连叫绝。他对妻子说："真是绝了，你这'鲜'跟我这个'鲜'真是异曲同工，我是真心佩服了！"说完两人对视一笑，继续恩爱地赏起花来。

才女李清照的家世背景

有"古今第一才女"之誉的宋代词人李清照，是婉约词派的代表，其作品给后世留下了极其深远的影响。我们都知道李清照写词是一绝，却很少有人知道她的家世背景也十分了得。

李清照的父亲叫李格非，是大学士苏轼的得意门生，在朝廷里位高权重。李清照的丈夫赵明诚身世也很不简单，家族地位十分显赫，他的表弟就是宋代杰出的画家——张择端，著名的《清明上河图》的作者。

李清照的家里还有四个宰相级的人物，她的外公王珪是三朝的宰相；她的表姐夫蔡京和表妹夫秦桧，虽然都是"奸臣"，但的确都是权倾一时的人物；第四位就是她的一位远房亲戚，也是家喻户晓的大人物，那就是整天忙着变法的宰相王安石。

这些"特殊关系"并没有改变李清照的人生追求，即便在最困苦的时候，她仍旧在坚持自己的艺术理想。她优越的家庭出身给了她广阔的视野，而诗词成了她抒发情感的最好方式，她的才华才是她身上最闪亮的光环。

谜语练兵场

1. 一人一张口，口下长只手。（打一字）

2. 一根木棍，吊个方箱，一把梯子搭在中央。（打一字）

3. 十字对十字，太阳对月亮。（打一字）

参考答案　1.拿。2.困。3.朝。

guà tān zuò mí
卦 摊 作 谜

上无半片之瓦，下无立锥之地，
腰间挂个葫芦，口吐阴阳怪气。

🔍 打一字

谜语有故事

　　明朝的时候，有一个文学鬼才，名叫冯梦龙。他擅长写诗作文，一生编著了很多著作。一天，冯梦龙和一名叫叶仲韶的大才子一同来到吴江游玩。叶仲韶是吴江本地人，他带着冯梦龙游历了各个地方，领略了这里的风土人情，他们边游玩还边探讨诗文，一路下来两人都十分高兴。

　　他们一同来到街市上散步，忽然看见不远处有一个测字算卦的卦摊，那卦摊前围满了人，里三层外三层的，只能看到一个高高竖立着的幌子，上面写着"测字知祸福"。冯梦龙一向认为这些都是

江湖骗术，对这些封建迷信的东西也都是嗤之以鼻，于是他心血来潮，笑着对叶仲韶说："我听说叶才子博学多才、思维敏捷，破解诗谜更是在行。不如这样，我现在出一个诗谜，与你探讨一下，如何？"叶仲韶也是喜爱猜谜的人，一听冯梦龙要作谜便连忙高兴地答应下来。冯梦龙想了想便吟诵说：

上无半片之瓦，下无立锥之地，

腰间挂个葫芦，口吐阴阳怪气。

吟完诗谜，冯梦龙便一脸期待地看着叶仲韶。叶仲韶沉思了片刻，无比佩服地冲着冯梦龙拱手说道："冯兄果然有大学士之才，不仅出口成章，连谜题也很应景。"他指了指不远处那个卦摊，假装掐指推算，然后说道："这个字不用测了，就是那个'卜'字！"冯梦龙连连点头，称赞叶仲韶的机智，并预言叶仲韶今后一定能飞黄腾达。

这个诗谜虽然是临时兴起，但冯梦龙觉得作得很妙，于是把它编进了自己所编著的《黄山谜》一书中，一直流传至今。

"一代文豪""花甲县令"冯梦龙

说起冯梦龙的作品，很多人都耳熟能详，比如《杜十娘怒沉百宝箱》《钱秀才错占凤凰俦》《白娘子永镇雷峰塔》等经典篇目，都出自冯梦龙的三部著作——《喻世明言》《警世通言》和《醒世恒言》，它们合称为"三言"。

冯梦龙生活在明代末期，他在文学上造诣深厚，是一位出类拔萃的"文学编辑"，经过他编撰的作品超过 50 部，种类涵盖小说、戏曲、民歌、历史、诗集、曲谱、实录、科举工具书等。目前已知冯梦龙作品总字数超 3000 万字，按每日创作 3000 字计算，需一天不落地写上 30 年。

冯梦龙还是一位泽被后世的好官。他在 61 岁时赴福建寿宁任职知县。带领百姓治理当地的虎患，积极修筑城墙工事，组织当地人抵抗倭寇。他还大力发展教育，搞"扫盲科普"，严肃治理当地重男轻女的恶习。

冯梦龙为国为民，励精图治，几年时间就将一个破落的小县治理得井井有条。他的一生跌宕起伏，给后人留下了无数精彩的故事。

谜语练兵场

1. 一排小朋友，个个背着手，一排变两排，看看没有手。（打一字）

2. 一点一横长，一撇到左方，一人中间站，喜事大声讲。（打一字）

3. 既有头又有尾，中间长了四张嘴。（打一字）

参考答案 1.非；2.庆；3.申。

wáng yún duì mí
王 筠 对 谜

一横一横又一横，一竖一竖又一竖，

一撇一撇又一撇，一捺一捺又一捺。

🔍 打一字

谜语有故事

　　王筠是南北朝时期的著名文学家，他为人谦和充满童真，即使和几岁小孩子也能毫无隔阂地交流。

　　有一天，王筠在路上碰到一个小朋友，两人聊得很开心，就一起玩起了猜谜游戏。小朋友问他："王老先生，我这里有一个谜语，猜四个字，你答得上来吗？"王筠一听就来了兴致，赶忙让小朋友出题。小朋友说道：

　　一点一点分一点，

　　一点一点合一点，

一点一点留一点，

一点一点去一点。

王筠听后觉得这个谜语非常巧妙，暗自称赞出题者的聪慧，但是他还是猜出了答案。于是，王筠随手捡起路边的树枝，一边说一边写着。不过一会儿，他就在地上写出了四个大字，分别是：汾、洽、溜、法。

小朋友一看王筠回答出来了，鼓掌笑着说："真聪明！答对了！"王筠不甘示弱，也要给小朋友出题，小朋友点头同意。王筠说："我这个谜语只猜一个字，看看你能不能答上来。"

一横一横又一横，一竖一竖又一竖，

一撇一撇又一撇，一捺一捺又一捺。

小朋友想憋得小脸通红也没想出答案来，便要王筠告诉他谜底。王筠指了指远处的林子笑而不语，小朋友恍然大悟地说："难道是'森'字吗？"王筠点点头。小朋友非常佩服王筠，非要跟他做朋友不可。

南北朝开国的皇帝都有谁？

晋朝是司马家族建立的政权，东晋末年的一场内部权力斗争，直接导致了它的灭亡，使中国社会再次进入分裂时期，这就是南北朝时期。从公元 420 年刘裕建立了南朝宋开始，一直到公元 589 年南朝陈灭亡结束，南北朝共历经了将近 170 年。之所以叫南北朝，大致是以黄河或长江为界，分为南北两个政权，边界南方为南朝，边界北方为北朝。

南朝有宋、齐、梁、陈四个朝代，北朝有北魏、东魏、西魏、北齐和北周五个朝代。总共先后出现过九个开国皇帝，他们分别是：刘裕，南朝宋的开国皇帝；萧道成，南朝齐的开国皇帝；萧衍，南朝梁的开国皇帝；陈霸先，南朝的最后一个朝代陈的开国皇帝；拓跋珪，北魏的开国皇帝；元善见，东魏的开国皇帝；元宝炬，西魏的开国皇帝；高洋，北齐的开国皇帝；宇文觉，北周的开国皇帝。

南北朝时期是中华历史上极为重要的时期。虽然战乱不止，却加强了我国各民族的融合和文化的统一，为后来的隋唐盛世打下坚实的基础。

谜语练兵场

1. 二形一体，四支八头，四八一八，飞泉仰流。（打一字）

2. 一月又一月，两月共半边，上有可耕之田，下有长流之川。一家有六口，两口不团圆。（打一字）

3. 若教有口便哑，且要无心为恶，中间全没肚肠，外面强生棱角。（打一字）

参考答案 1.井，2.用，3.亚。

117

赋谜讥蜀

无口为天，天口为国。
君临万邦，天子帝都！

🔍 打一字

谜语有故事

三国时代，英雄豪杰辈出，能人异士们都在寻找明主，在各自的阵营中展露才能，至今在民间仍然流传着他们精彩的故事。

有一位名叫张奉的人，一直在刘备创建的蜀国效力。一次，他奉命出使东吴，东吴的君主孙权命人准备了丰盛的宴席，热情地款待了这位远道而来的使者。酒过三巡，张奉竟然当着孙权的面开始嘲讽东吴的文臣武将，把他们挖苦贬低了一番。甚至，他还嘲笑尚书阚泽的名字，这让阚泽非常生气，一时间竟然不知道说什么来反驳，坐在上座的孙权也感到十分尴尬。

　　东吴大臣薛综见张奉如此没有礼数，便端着酒走到张奉面前，冷笑着说："在下听到刚才先生拆解了阚尚书的名字，一定对拆字之谜有所研究，正好我这里也有一谜想跟先生请教，不知道可不可以？"张奉没有拒绝，笑着等他出题。薛综便吟诵了四句诗谜，他说："有水变浊（浊），无水是国，横目苟身，虫入其腹。请先生猜一个字。"谜底当然就是蜀国的"蜀"字。

　　张奉也是学富五车的文臣，诗文都不在话下，而且还精通猜谜对对，薛综用字谜来暗中讥讽蜀国，他当然一下子就听出来了。张奉脸色变得很难看，他冷冷地对薛综说："请先生再用同样的诗体说说吴国怎么样？"薛综想了想，大笑说："这还不简单？您听好了。"然后，他又继续吟诵道："无口为天，天口为国。君临万邦，天子帝都！"很明显，这次他拆的是"吴"字，薛综说完后便转身回到自己的座位，只留下尴尬的张奉。薛综通过两首拆字诗巧妙地贬低了蜀国、赞颂了吴国。张奉领教了吴国文臣的厉害，再也不敢出言不逊了。

"吴中八绝"都有谁？他们都有什么能耐？

三国东吴时期，江东有八位"奇人"，他们各个身怀绝技，被人称为"吴中八绝"。这八位分别是：郑妪、刘惇、吴范、赵达、严武、宋寿、皇象和曹不兴。

据史书《吴录》记载，郑妪是"八绝"中唯一一位女性，据说她有相人的本领；刘惇擅长占卜星象；吴范对于节气、气候等天象十分精通；赵达则通晓术数秘诀，据说他的推算十分灵验；严武是一位"棋圣"，擅长围棋，相传在同辈人中从来没有遇到过对手；宋寿是个占梦大师；皇象的书法精绝，最擅长章草，也有人把他称作"书圣"；曹不兴最擅长画画，尤其是佛画，被人称为"佛画之祖"。

"吴中八绝"各有绝技，他们的名气虽然比不上那些进言献策的文臣和驰骋疆场的武将，但在才华上却一点也不逊色。小朋友，你最佩服哪个人的能力呢？

谜语练兵场

1. 六十不足，八十有余。（打一字）

2. 天上无二，合去一口，家家都有。（打一字）

3. 孔子登山。（打一字）

参考答案 1.平。2.人。3.岳。

120

zēng gǒng cāi mí
曾巩猜谜

头上草帽戴，帽下有人在。
短刀握在手，但却人人爱。

🔍 打一字

谜语有故事

　　宋代有一位才华出众的散文家名叫曾巩，他是当时的文坛领袖欧阳修的弟子，也是大文豪苏东坡的师兄。曾巩年幼时就能写诗文，是出了名的神童。他在散文领域造诣高深，是新古文运动的骨干人物。

　　曾巩的聪明智慧并不限于在散文和作诗上，对于猜谜作谜，他也非常拿手。

　　欧阳修向来喜欢游山玩水，每次出去游玩都愿意带着自己的爱徒曾巩。一年春天，曾巩又陪同老师欧阳修外出游玩。两个人来到一处开满桃花的山间，一边沿着弯弯曲曲的石路漫步，一边欣赏潺潺的溪水和桃花。这么迷人的时节，这样令人陶醉的美景，有春风拂面的惬意，又有爱徒的陪伴，欧阳修在此情此景中，突然来了兴致，吟起诗来：

头上草帽戴，帽下有人在，

短刀握在手，但却人人爱。

曾巩听了老师的诗，心中升起了疑惑：这诗似乎与春景并不搭边，老师为什么要作这么一首诗呢？他仔细一琢磨，突然笑出声来，原来老师在和自己猜谜语呢。

曾巩转过身，恭敬地对欧阳修说："老师，您念的这首诗，说的是'花'字吗？"

欧阳修早知道曾巩能猜出谜底，捋着胡须笑而不语，眼神中有掩饰不住的赞许之色。曾巩也没有辜负老师的器重，后来成了一名出色的散文家，被后人列为"唐宋八大家"之一。

"唐宋八大家"中最低调的人

"唐宋八大家"分别是:唐代的韩愈、柳宗元,宋代的欧阳修、王安石、苏轼、苏洵、苏辙和曾巩。这八位之中,只有曾巩最没有存在感,他有什么本领?为什么会被列入"唐宋八大家"呢?

其实,曾巩是散文领域的"圣手",在文学上取得了极为重要的成就。他参与了欧阳修领导的古文运动,写出《醒心亭记》《游山记》《道山亭记》《墨池记》等传世力作。他的作品文风质朴,温厚典雅,在民国以前倍受追捧。但随着新文化的运动风潮逐渐兴起,曾巩的文章变得不再符合人们的文化审美。所以,在近百年时间里,曾巩及其作品受到"冷落",但不代表他没有成为"唐宋八大家"的实力。

北宋欧阳修绝对算得上是当时文坛的"霸主",影响力非同凡响。欧阳修十分看好曾巩,曾说曾巩的文章"其大者固已魁垒,其于小者亦可以中尺度",意思是曾巩优秀的文章已达到雄伟杰出的境界,就算一般文章也合乎考试标准。从这个角度来分析,曾巩的才华一定相当了得,否则怎么会获得欧阳修这位文坛巨匠的青睐呢?

谜语练兵场

1. 左边王先生,右边白小姐,两人石上坐,共赏一池绿。(打一字)

2. 兄弟姐妹。(打一字)

3. 半出半进(進)。(打一字)

参考答案 1.碧;2.好;3.崔。

123

传统文化
真的超有趣

歇后语

冯晓雪 / 编著

北京工艺美术出版社

图书在版编目（CIP）数据

传统文化真的超有趣．歇后语 / 冯晓雪编著．－－北京：北京工艺美术出版社，2024.1
ISBN 978－7－5140－2792－1

Ⅰ．①传… Ⅱ．①冯… Ⅲ．①中华文化－少儿读物②汉语－歇后语－少儿读物 Ⅳ．① K203－49 ② H136.31－49

中国国家版本馆 CIP 数据核字 (2024) 第 014818 号

出 版 人：夏中南　　　策 划 人：刘慧滢　　　装帧设计：韩海静
责任编辑：赵　微　　　责任印制：王　卓

法律顾问：北京恒理律师事务所　丁　玲　张馨瑜

传统文化真的超有趣　歇后语
CHUANTONG WENHUA ZHEN DE CHAO YOUQU XIEHOUYU

冯晓雪　编著

出　　版	北京工艺美术出版社
发　　行	北京美联京工图书有限公司
地　　址	北京市西城区北三环中路6号　京版大厦B座702室
邮　　编	100120
电　　话	（010）58572763（总编室）
	（010）58572878（编辑室）
	（010）64280045（发　行）
传　　真	（010）64280045/58572763
网　　址	www.gmcbs.cn
经　　销	全国新华书店
印　　刷	德富泰（唐山）印务有限公司
开　　本	710 毫米 × 1000 毫米　1/16
印　　张	8
字　　数	92千字
版　　次	2024年1月第1版
印　　次	2024年1月第1次印刷
印　　数	1～10000
定　　价	168.00元（全五册）

目 录

第三章　历史典故中的歇后语

第一章

来自民间的歇后语

孔夫子搬家——尽是输（书）

释义　谐音梗，源自孔子周游列国，因为需要带很多书卷，又厚又重，需要花费很大力气。"书"谐音"输"，引申为都是费力的，都是处于下风的。

历史小·故事

孔夫子，即孔子，是春秋时期著名的思想家和教育家。为了游学，也为了向各个诸侯国推荐自己的思想和治国理念，被鲁国国王逐渐放弃的孔子带着学生们离开了鲁国。他们最先到达的是卫国，得到了卫灵公的召见，孔子充分表述了自己的治国理念。然而卫灵公只是看中孔子的名声，对他的治国理念并没有太大的兴趣，觉得那和自己的国家发展不对路数。

尽管卫灵公为他们提供了食宿，但并没有任命孔子任何官职，也没有让他给自己国家的官员设立学堂，更没有让他参加政事。这种言语上的重视、行动上的轻视让孔子十分失望。十个月之后，卫国某些官员忌惮孔子在卫国早晚会得到重用，便向卫灵公进言，说孔子来到卫国，看似是来传学，很有可能是来做内奸。卫灵公信了，派人去监视孔子的一举一动。

卫灵公的怀疑和越来越差的处境，促使孔子想要离开这里。不过，和离开鲁国时一样，他的行李大多是书。在那个时候，纸张还没有被发明出来，书籍都是用一节节竹片或木片做成的书简，所以他们需要用很多辆马车来运输书简。

离开卫国之后，孔子经过了齐国、宋国、蔡国、陈国等。每个国家都不欢迎孔子，主要是因为各国士大夫都担心孔子来了之后会使自己失去地位。最终，在冉求的努力下，孔子回到了鲁国。

可以说，孔子周游列国在中国历史上是一件非常重要的事情，让各国都见识到了孔子儒家文化思想的光芒，也有学生因此拜在孔子门下。但各国士大夫都有自己的私心，导致孔子最终没有完成自己的心愿，也没有得到任何一个君主的重用。尽管这句"孔夫子搬家——尽是输（书）"的歇后语是谐音梗，但也表达了另一种意思，是对孔子在周游列国时的不堪遭遇的一种感慨。

孔子也是音乐发烧友？

是的。

古代君子要习"六艺"，"乐"就是其中一项（六艺包括礼、乐、射、御、书、数）。孔子是一位有很高音乐素养的音乐家、演奏家，并且有自己的一套音乐理论体系。根据《论语》所记载，孔子不仅是古琴演奏家，还会作曲，并且曾亲自参加音乐教材的编写（代表作是《乐经》），还经常和当时的音乐大师们探讨乐理。

音乐可以陶冶情操，有益于身心健康。所以孔子有一个习惯，除了遇到丧事，其他时间都是曲不离口，有空闲时间还会弹琴。有一次，他的学生们相继病倒，孔子依然弹琴、唱歌。子路觉得老师并不关心学生，很生他的气。孔子却说音乐能够让人忘记烦恼和恐惧。可见音乐对孔子有多重要了。

歇后语练兵场

将下面这些歇后语的前半句和后半句连在一起。

1. 百尺竿头   1. 不进则退

2. 扁担吹火   2. 一窍不通

3. 竹筒沉水   3. 更进一步

4. 逆水行舟   4. 自满自足

参考答案 13.2 2.3 34.4 1

铁打的公鸡———一毛不拔

释义　　指某人很小气，像一个铁公鸡一样，一毛都不给。贬义。

历史小故事

在春秋时期，发生过这样一则小故事。在当时的社会上，人们的思想正在进行大碰撞，形成了百家争鸣的现象。有一个和儒家学派相对立的重要学派，那就是墨家。墨家的创始人叫墨翟（人称墨子），后来一直在鲁国讲学，他厌恶烦琐的"礼教"，其学说和崇尚"礼教"的儒家思想形成了鲜明的对比。在这两派之外，还有一个叫杨朱的哲学家，他觉得，儒家也不对，墨家也不对，那些都是对人性片面的解读和指导，他反对墨子的"兼爱"，也不认可儒家的伦理思想，而主张重视个人的生命价值，反对别人对自己的剥夺，也反对剥夺别人。

在今人看来，这有点类似于"唯我"思想，但在当时太过超前，自然被墨家和儒家两派学者批判。有一天，墨子的学生禽滑釐正好遇到杨朱，立刻就上前与其辩论。他问道："如果拔掉你身上的一根汗毛可以让天下人都受益，你拔不拔？"这句话就是针对杨

5

朱的"唯我"学说。杨朱却并不接招，而是说："天下人的事情是我一根汗毛能够解决的吗？"禽滑釐再问："如果能，你愿意吗？"杨朱却不再回答，转身离开。

可能你不太理解，为什么如此显而易见的答案，杨朱却不回答呢？其实，这种争辩只是古代思想家相互碰撞的常用方式，类似于现在的辩论赛。禽滑釐的问题看似是杨朱拔不拔一根汗毛的事，实则是想以损害杨朱的利益（一根汗毛，也可隐喻为他的利益）利于其他人（甚至放大到了所有人）来试探。杨朱如果回答"拔"，就和自己"唯我"的思想相冲突了；如果回答不拔，就显得太过小气。

后来，其他学派的学者将这则故事记录在自己的著作中，杨朱的故事被流传于世，便衍生出成语"一毛不拔"。再后来，因为铁质工艺品中雄鸡的造型惟妙惟肖，连羽毛都被雕刻得栩栩如生，人们便用歇后语"铁打的公鸡——一毛不拔"来形容这个人非常小气，很是吝啬了。

公鸡是哪个国家的国鸟？

法国。

公鸡是一种非常常见的雉科家禽，性格顽强、好斗，遇到危险时非常英勇。不过，法国的国鸟准确的说法应当叫作高卢雄鸡，是法兰西共和国最为古老的原产动物之一。我们经常能看到，在法国足球队比赛之前，足球运动员总会将公鸡赶到足球场上转一圈，这既能激励运动员的拼搏精神，也能表现法国国家精神，算是一种特殊的仪式吧。

鸡在中国是什么时候出现的呢？

鸡在中国至少有五六千年的历史了。通过考古新石器时期的古墓，发现有了鸡棚、鸡的骸骨等遗迹，说明中国古代先人从新石器时代就已经开始圈养鸡这种家禽了。除了鸡，还有猪、黄牛、水牛、羊、马，以及猫和狗等家畜。

歇后语练兵场

请在下面空格里填写适当的物品名称。

1. 心字头上一把_____——忍

2. 大年初一借_____——不识时务

3. 没嘴的_____——道（倒）不出来

4. 打翻的_____——酸甜苦辣咸，样样俱全

参考答案 1.刀，2.梳子，3.葫芦，4.五味瓶

7

千里送鹅毛——礼轻情意重

意思是送来的礼物虽然不贵重，但所包含的情意深厚，是无价之宝。褒义。

历史小·故事

在唐朝贞观年间，大唐王朝有很多小的藩国，每过几年，这些藩国都会派自己的使者来到大唐，向皇帝进贡，以示藩国的忠诚。其中有一个藩国名叫回纥，和其他藩国一样，他们也会定期带着一大批奇珍异宝来拜见唐太宗李世民。

这一次的贡品是一只极为罕见的白天鹅，是回纥可汗特意安排的。从古代那种运输条件来看，运输一种活生生的禽类，可比运输任何奇珍异宝都要困难得多。在运输的路上，负责进贡的使者缅伯高提心吊胆，生怕出现任何闪失。

谁知怕什么来什么。这天，白天鹅在湖边喝水，因为笼子的束缚，它根本喝不到水。缅伯高只好打开笼子让它出来饮水，但白天鹅喝足了水后，突然展翅高飞。缅伯高往前扑，想要抓住它，却只是拔下了几根羽毛。白天鹅就这样飞走了。

　　突遭变故，缅伯高非常害怕，拿什么送给唐太宗李世民呢？如果回去，又怎么向国王交代呢？思来想去，缅伯高终于想到了一个办法，他捡起白天鹅掉下的羽毛，用白丝绸的布条小心翼翼地包好，然后继续赶路。

　　到了长安后，他被李世民召进宫中，他战战兢兢地将贡品呈了上去。李世民看到被白丝绸包裹的贡品，以为是珍贵的小玩意儿，可打开一看，只有几支羽毛。白丝绸上写着："天鹅贡唐朝，山重路更遥。沔阳河失宝，回纥情难抛。上奉唐天子，请罪缅伯高。礼轻情意重，千里送鹅毛！"

　　缅伯高采用唐朝最喜欢的方式，说明了自己的遭遇。果然，李世民看到这首诗后，不仅没有怪罪他弄丢贡品，反而给了他很多赏赐。

　　此后，"千里送鹅毛——礼轻情意重"成为众人耳熟能详的歇后语，比喻礼物虽不贵重，但情意是无价之宝。

李世民也被称为"小屁孩"?

提到唐太宗李世民,大家第一个反应可能就是他是唐朝伟大的皇帝之一,开创了"贞观之治";或者是他和魏徵之间因为谏言而发生的各种小故事。如果说有个人总是叫他"小屁孩",并且李世民还得乖乖地应承,会不会让大家觉得很奇怪呢?

这个管李世民叫"小屁孩"的人名叫王世充,原本是隋炀帝的臣子。隋炀帝被宇文化及除掉之后,王世充便充实壮大自己的实力,在击败李密、篡夺皇泰主的帝位之后,就遇到了率领唐军前来征讨的李世民。王世充和李渊年龄相仿,在交战之前,他对李世民放话,口口声声叫他"童子",就是小屁孩的意思。后来因为实力不够,王世充只好向李世民投降。李世民也不客气,回复说:"您不是叫我小屁孩吗?今天见了我这个小屁孩,为什么要行这么大的礼呢?"王世充羞愧难当,悔不当初。

歇后语练兵场

将下面这些歇后语的前半句和后半句连在一起。

1. 留得青山在   1. 滑到哪里是哪里

2. 脚踏西瓜皮   2. 把人看扁了

3. 门缝里看人   3. 不怕没柴烧

参考答案 1.3, 2.1, 3.2

小葱拌豆腐——一清二白

"小葱拌豆腐"是一道非常简单的凉菜，青色的小葱和雪白的豆腐拌匀盛在盘子里，颜色对比鲜明。青色和白色，谐音对应"清白"二字，于是就用来比喻做人正直，遵守原则。

历史小·故事

关于"清白"，最著名的是救大明王朝于水火之中的于谦。明英宗朱祁镇听信宦官王振的建议，瓦剌来犯时决定御驾亲征，却于土木堡因不敌瓦剌而被俘虏。瓦剌原本只想在边境打个劫，没想到竟然擒获了明朝皇帝，以为这可是他们攻占北京的大好机会。

危难之际，在朝廷文武百官都主张"南迁"的时候，有一个人站了出来，主张另立君主并保护北京城，这个人就是于谦。在他的率领之下，留在北京的预备军队奋勇杀敌，打退了瓦剌大军。新登基的皇帝明代宗朱祁钰初步站稳了脚跟，他十分信服和倚重于谦，但这种倚重却成为造成于谦人生悲剧的主要原因。

为了与大明讲和，瓦剌决定要送回明英宗。明代宗尽管心里百般不愿，但面对群臣的施压，也只好把哥哥接了回来，奉为太上皇，实际上是将其软禁在南宫中，并且随时监视。不过，明代宗自己的身体不好，唯一的儿子也早逝，如果他死了，帝位也只能传给明英宗的儿子。于谦也一直在为明英宗的儿子争取帝位。然而，徐有贞利用明英宗的怨恨策划了夺门之变，竟然又帮助明英宗从明代宗手中抢回了皇位。

在明英宗的眼里，于谦有保卫北京城、保卫大明的绝世功勋，但他是明代宗的人，自己若想名正言顺，想要坐稳皇位，就必须以于谦企图找旁系藩王继位为由杀掉他。否则，明英宗就成了抢了自己儿子皇位的"罪人"。

于谦知道自己必死无疑，在临死前，他写下了千古名句"粉骨碎身浑不怕，要留清白在人间"。他口中的"清白"是指自己绝非站在某个皇帝的队伍中，他要的是大明王朝的百姓好好生活，他要的是大明王朝国泰民安，至于上面坐的是哪位皇帝，他并不关心。

不仅清官在意清白，就连普通百姓也很在意。所以很多大家族的家训都是"清清白白做人"。最常见的凉拌菜小葱拌豆腐，因为其味道清淡、制作简单被很多人所喜爱，也因为"清白"二字，逐渐衍生出这句歇后语。

粉骨碎身浑不怕
要留清白在人间

12

豆腐是怎么被发明出来的?

汉朝时期,淮南王刘安,迷恋道术,一心修道,渴望成为长生不老的仙人。普通人修道,也就是自己读读书、打打坐。但刘安修道,就会有很多道士前来投靠。众位道友不光是论道,还要研究怎么制作仙丹。既然是炼制仙丹,就得用仙水。何为仙水?有人用雨水,有人用米汤,有个人突发奇想,用豆子做成了豆汁,然后把所谓的丹药放进去接着煮。结果,丹药里的盐和石膏水与豆汁发生了化学反应,形成了豆腐。

刚开始,大家都以为这东西是失败的丹药,没人敢吃。有人实在是好奇,忍不住尝了一口,感觉入口绵软柔和,豆香四溢。刘安觉得新奇,丹药也不炼了,开始研究怎么改良这个新鲜食材。后来,经过很多次实验,终于做成了第一块。他们为这个新鲜食材取名菽乳,后来改称为"豆腐"。

李时珍的《本草纲目》中有记载,淮南王刘安就是"豆腐"的发明者。

歇后语练兵场

帮方框里的动物找到正确的家。

A.麻雀　　B.老鼠　　C.牛　　D.鱼

1.姜太公钓_____——愿者上钩

2._____钻风箱——两头受气

3.对_____弹琴——白费劲

4._____子下鹅蛋——讲大话

参考答案　1.D, 2.B, 3.C, 4.A

13

只要功夫深——铁杵磨成针

释义　出自《方舆胜览·眉州·磨针溪》。比喻只要有决心，肯下功夫，多么难的事也能做成功。

历史小·故事

　　这是发生在"诗仙"李白小时候的故事。别看李白是唐朝著名的大诗人，但他在很小的时候，也跟同龄人一样非常顽皮，不喜欢读那些儒家思想的经典图书，也讨厌私塾里的条条框框，所以经常逃课跑出去玩耍。私塾的老师也拿他没办法，只好任由他去。

　　有一天，李白又不愿意去私塾上课了，自己跑到河边玩耍，看到一位白发苍苍的老奶奶正在河边磨着一根铁棍子。李白很纳闷儿，就跑过去好奇地问老奶奶在干什么。老奶奶看是个小娃娃，就回答说是在磨针。李白吃惊地看着老奶奶，问："磨针？是那种细细的、缝补衣服用的绣花针吗？"老奶奶点了点头，李白觉得不可思议，脱口而出："这么粗的一根铁棍子要磨成针，那得花费多长时间哪！"老奶奶并不生气，反而对李白说："铁棍子虽然粗点儿，但我天天在石头上磨，总有一天会磨成针的。"

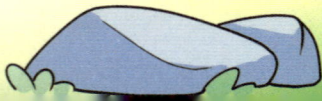

李白听懂了，坐在老奶奶的身边若有所思，看着老人家用那双布满皱纹和老茧的手一下又一下地在石头上磨着铁杵，想着私塾老师平时对他们的教诲，突然间悟到了一个道理。原本，私塾老师总是说，做事要有恒心，只要坚持住，什么事情都能做好。眼前不就是一个很好的例子吗？尽管老奶奶并不识字，却懂得持之以恒的道理。

李白立刻跑回了学堂，向老师深深地鞠了一躬。自此之后，他发奋读书，最终成为唐朝伟大的诗人，留下许多千古名篇。

在中国古代，持之以恒是一种传统的美德，与之相关的典故也非常多，有愚公移山，有老妇磨杵，有水滴石穿。有很多人都曾质疑过，李白和磨杵的老奶奶的事情是真的吗？其实，故事是真是假不重要，故事中体现出的道理才是最重要的。在此之后，"只要功夫深——铁杵磨成针"就成为一句歇后语，比喻只要下定决心去做，多难的事情都能成功。

李白为什么爱喝酒？

李白爱喝酒，一喝酒必有好诗！这是现代人对他的一种误解。

李白之所以爱喝酒，最主要的原因是当时喝酒成风，有好事要喝酒庆祝，有忧愁要借酒浇愁。

李白这一生，为人洒脱，家境本就殷实的他，从未为钱财而发过愁，虽然在仕途上不尽如人意，但他将这份惆怅寄于山水，通过游览山川大河而排解。这种方式有用与否暂且不论，但李白的确是在仕途走不通之后开始游山玩水的，并在此过程中创作了大量的诗作。他每次到达一个地方，就会有很多文人朋友与之相聚，聚会就少不了要喝酒。李白喝了酒就会迸发灵感，诗兴大发，著名的《将进酒》就是在李白喝醉的情况下创作完成的。

在唐朝，文人墨客之间喝酒聚会，并不是像现在咱们这种恭恭敬敬地你一杯我一杯，而是要玩很多酒桌上的文字游戏，如酒令、对诗、对对子等。李白喝的是酒吗？不，那是创作的灵感，是对人生的思考。故而，有了好酒才有好诗，一点都不为过。

歇后语练兵场

你知道这些字对应哪些歇后语吗？

A. 假　　B. 酸　　C. 慢　　D. 难　　E. 惊

1. 蜗牛赛跑——＿＿＿＿＿＿　　2. 晴天听霹雳——＿＿＿＿＿＿

3. 筷子穿针眼——＿＿＿＿＿＿　　4. 不熟的葡萄——＿＿＿＿＿＿

5. 鳄鱼的眼泪——＿＿＿＿＿＿

参考答案　1.C 2.E 3.D 4.B 5.A

黄鼠狼给鸡拜年——没安好心

释义　黄鼠狼是食肉目鼬科鼬属脊索动物，喜欢偷食鸡、鸽子等家禽。这句歇后语比喻表面装作很友善，实则包藏祸心。贬义。

历史小·故事

在人们的印象中，黄鼠狼是一种非常狡猾的动物。到了冬天，这些小东西就会把巢穴安在人类居住地的周围（比如村旁、山边），目的就是在缺少食物的时候，可以去村子里偷吃家禽。这也是人们讨厌黄鼠狼的根本原因。

要知道，在漫长的中国古代，农民都要靠天吃饭。饲养家禽是为了获取更多的食物。养鸡并不只是为了吃鸡肉，更为了让鸡下蛋；养鸽子并不只是因为好玩，更是依靠它寄信或是卖了换取其他日常用品。到了冬天，尤其是在寒冷的北方，物资就显得更为珍贵。如果村子周围有黄鼠狼，老人会说，不能打死黄鼠狼，只能用扫帚轰走了事。

因为黄鼠狼的"报复心"非常之强，而且是群居性动物，如果有一只被村民打死，同群体的其他黄鼠狼就会根据气味找到这家人进行报复。它们报复的手段主要是在夜里偷偷溜进这个人家院里，随意咬死鸡棚里的鸡，并且随意乱扔。第二天一早，村民起来一看，鸡棚里的鸡横七竖八地死在外面，再一看喉咙处的伤痕，就知道这是黄鼠狼来过了。

于是，根据黄鼠狼报复人类的方式，就形成了这句歇后语"黄鼠狼给鸡拜年——没安好心"。尽管歇后语中，黄鼠狼要去给"鸡"拜年，报复人类的手段也是咬死鸡棚里的鸡，但实际上，黄鼠狼最喜欢吃的食物并不是鸡，而是老鼠、田鼠等啮齿类动物。

黄鼠狼的个头并不大，它们攻击动物的方式是先放出臭气，让动物稍微有些迷糊，然后再用锋利的牙齿咬死它们。鸡对它们来说，体形还是过大了，就算是能成功咬死，想要吃掉鸡，还是比较费劲的。老鼠和田鼠的体形就小了很多，更直白地说，就是一顿刚刚好。除了这个原因，田鼠和老鼠的数量足够多，毕竟家养的鸡能有多少呢？所以黄鼠狼攻击家禽，要么是太饿了，要么就是要"报复"这家人。

因为黄鼠狼是老鼠的克星（一只黄鼠狼一年可吃 1500 ~ 3200 只老鼠），所以口碑极差的黄鼠狼实际上是益兽。

黄鼠狼和书法有什么关系？

熟悉中国书法的朋友都知道，在毛笔中有一个大类，叫狼毫笔，优点是滋润且富有弹性，既能写字（小楷为主），又能绘画。很多人在学习书法和绘画的起步阶段，都会购买一支或几支不同型号的狼毫笔。

狼毫笔，并不是用狼的毛制作的，而是用黄鼠狼的毛制作而成。黄鼠狼有一条大尾巴，毛体比较硬且密，尤其是在尾尖部位的毛，是制作毛笔的好材料。不过，黄鼠狼生性狡猾，黄鼠狼毛在古时属于比较难以获得的兽毛，所以狼毫笔的价格也比羊毫笔要贵。直到人们掌握了黄鼠狼的人工养殖方式，比较容易获得它的毛制作狼毫笔，狼毫笔价格就逐渐变得比较亲民了，自然狼毫笔就成了学习书法和绘画的学生的首选。

请将下列人物对号入座。

A. 杨志　　B. 诸葛亮　　C. 张飞　　D. 关公

1._____借箭——满载而归

2._____绣花——粗中有细

3._____卖刀——忍痛割爱

4._____失荆州——骄兵必败

参考答案 1.B 2.C 3.A 4.D

猴子捞月亮——空忙一场

释义 是指做了很多事情和努力，但完全没有结果。

历史小·故事

这句歇后语出自一则寓言小故事。

在森林里，一群猴子正在嬉戏玩耍，有的猴子在树上跳来跳去，有的在相互打闹。有一只小猴子独自跑到井口边，探头往里一看，竟然看到里面有一个圆圆的月亮，吓得它大喊起来："不好了！月亮掉进井里了！"其他猴子被它这么一叫，都被吸引到了井口边，也看到了井里的月亮，都被吓坏了。

一只年长的猴子说："月亮对我们非常重要哇，夜里我们都得依靠月亮照亮，要不然夜里就什么都看不见了，怎么能发现危险呢？"其他猴子也纷纷响应，说要把月亮捞上来。但猴子又不会游泳，该怎么下去捞呢？

有一只非常聪明的猴子说："我们猴子最擅长的就是攀爬和挂树，不如这样，我们搭梯子，一只猴子的爪子抓住另一只猴子的双脚，倒挂下去，这样不就能把月亮捞上来了吗？"

其他猴子都称赞它聪明，加入捞月亮的队伍中。恰好井口处长着一棵老槐树，老猴子率先跳上去，自己大头朝下，用尾巴倒挂在树上。其他猴子见状，也都依次挂好了，形成了一个猴子搭成的梯子。

排在最前面的小猴子伸手到水里去捞月亮，但爪子一碰到水面，月亮的倒影就出现了涟漪，根本就捞不上来。排在上面的猴子越来越累，不断地催促小猴子赶紧捞……老猴子在体力快到极限的时候，突然抬头一看，咦？天上挂着的是什么？是月亮啊！于是，它只好悻悻地招呼其他猴子都上来。

这是一则寓言小故事。按照猴子的智商，它们当然不会知道月亮在水中会呈现出倒影，也不会明白那是假的，所以白白忙活了一场。不过，在历史上，也曾经有过很多"空忙一场"的典故。这些典故告诉我们一个道理：不要过分在意太虚幻的事情，否则忙里忙外的，到头来都是"猴子捞月亮——空忙一场"。根据这则寓言小故事，还有一个类似的成语叫"竹篮打水"，也是比喻做了很多事情和努力，但完全没有结果，白忙活了一场。

猴子有几条腿?

两条。

猴子有两只脚和两只爪子。很多人可能都觉得奇怪，为什么猴子不是四条腿呢？其实这就和猴子的分类有关系了。猴子与猩猩一样，都属于灵长类动物，尽管它们也是哺乳动物，但灵长类动物最显著的特征就是上肢比下肢短，所以它们能够直立行走。这一点和人类非常相似。既然能够独立行走，所以上肢和下肢的工作分类就十分清楚明了了。无论是猴子，还是猩猩，上肢主要负责抓取，比如爬树、荡在树林之间，都是上肢发力，下肢主要就负责行走。可能有人会问，那尾巴是用来做什么的呢？尾巴又被称为猴子的"第三只爪子"，主要有几种作用：在树林间跳跃的时候，尾巴相当于舵，负责掌握平衡；在挂树的时候，尾巴相当于爪子，负责缠住树枝；在平时，尾巴能够驱赶小飞虫，这和其他哺乳动物一样；如果无聊了，还能充当玩具。

歇后语练兵场

帮下列动物找到正确的家。

A. 蚂蚱　　B. 青蛙　　C. 虎　　D. 马

1. 骑_____不带鞭——拍马屁

2. 秋后的_____——蹦跶不了几天

3. _____落平阳——被犬欺

4. 井底_____——目光短浅

参考答案　1.D 2.A 3.C 4.B

鸡蛋碰石头——不自量力

多指不能正确估计自己的力量（多指做力所不能及的事情）。贬义。

历史小·故事

这是一则寓言小故事。但谁都知道，鸡蛋十分脆弱，石头则像个勇士。然而，鸡蛋并不这么认为。有一次，它听到别的物品又在聊天，说起鸡蛋和石头的差别，认为鸡蛋比石头脆弱。它很不服气，就跳出来说："鸡蛋怎么就脆弱了？我告诉你们，那是我不肯发力。如果我发力了，别说石头了，就连墙壁我都不放在眼里。"这明显就是吹牛，其他物品都不再说话。鸡蛋却以为别人是怕它了，不由得骄傲起来。

有一天，石头正好路过，听到鸡蛋站在那里吹牛："别说是石头了，就是让我去撞南墙，我都不怕！"石头本身就是个勇士，听到这种轻蔑的大话，觉得有必要教训一下鸡蛋，就对鸡蛋说："我当是谁呢，原来是鸡蛋啊！你敢不敢和我决斗？看我不把你打得头破血流！"

鸡蛋在一遍又一遍地自我吹嘘中膨胀了，早就忘记了自己和石头之间的差距。于是，它欣然应允，并约定第二天一早，在各方朋友的见证下决斗。

第二天，鸡蛋雄赳赳地来到石头家，决斗的方式是向对方发出自己认为最有力的一击，以此分胜负。石头很有风度地让鸡蛋先开始。只见鸡蛋深吸一口气，直接朝着石头就撞了过去。既然说是最有力的一击，自然是以身体作为武器了。结果可想而知，鸡蛋直接被撞破了，蛋清蛋黄都流了一地，而石头则完好无损。

鸡蛋和石头，之所以差距这么大，主要是因为密度问题。鸡蛋壳的主要原材料是碳酸钙，石头的主要原材料也是碳酸钙。但是石头是实心的，密度非常大；而鸡蛋个头再大，也不可能比得过石头。之所以会有这么一句歇后语，主要就是这两者之间形状相似、原材料相似，但"实力"上悬殊，鸡蛋碰石头，结局显而易见。

在历史上，这种"鸡蛋碰石头"的事情也很多，最主要的原因都是不能正确认识自己的能力，盲目自大，最终撞得头破血流。所以古人很有智慧地用这句歇后语来告诫后人，要量力而行。

先有鸡，还是先有蛋？

这是一个哲学问题。但如果按照进化论来说，一定是先有鸡。

所有的家禽、家畜都离不开人工驯化和饲养，狗是从狼驯化而来，猪是从野猪驯化而来，鸭子是从绿头鸭驯化而来，鸡则是从原鸡驯化而来。

家禽的驯化是一个漫长的过程，以驯化狗来举例。当时，部落的原始人依靠打猎过活，一天，部落中的男人打来几只狼，其中有一只刚出生没几个月，部落里的女人觉得小狼崽子没什么肉，宰了它太可惜了，就自行喂食抚养。久而久之，这只狼失去了野性，在它的眼里，饲养它的主人就是"狼王"。又过了一段时间，部落中的男人又打来了几只狼，其中有一只性子还算温顺的母狼。长大的小狼和这只母狼交配后生下了一窝小狼，但因为被圈养，这几只小狼没有太强的野性，反而很自然地跟着自己的父母守护主人。久而久之，一批批生下来的"狼"就变成了"狗"。

鸡，也是同样的驯化和饲养的过程。回到我们的问题中，人类只能驯化鸡，却不能驯化鸡蛋。所以应当是先有鸡后有蛋。

歇后语练兵场

你还知道哪些形容不自量力的歇后语呢？找到正确的答案吧。

A. 耗子　　B. 螳臂　　C. 三分

1. _____ 颜色开染坊——不自量力

2. _____ 吃猫——不自量力

3. _____ 挡车——不自量力

参考答案 1.C 2.A 3.B

25

王婆卖瓜——自卖自夸

释义　卖瓜的王婆当然夸赞自己瓜好。比喻为自我吹嘘、自我推销、自我营销。

历史小·故事

在宋神宗时期，有个叫王坡的人，家住西夏一带，主要以销售胡瓜为生。后来，他老家发生了匪患，为了躲避战乱，他带着家人迁到了开封的乡下。没有营生可干，他就自己种植胡瓜。第一年，他种的胡瓜就迎来了大丰收，想不到在这里竟然能够种植成功。不过在这里种植生长的胡瓜卖相不太好，胡瓜长得不是特别的圆。

王坡推着一车胡瓜来到集市出售，众人都没见过胡瓜，看到卖相不好的新奇水果，都不敢尝试。胡瓜的保质期不长，如果卖不出去，很快就会坏掉。王坡只好高声叫卖，只要有潜在的客户经过，他就一个劲儿地夸自己的瓜多么甜，水分多么大，并且切开胡瓜免费给众人品尝。刚开始，大家都不敢尝试，怕中毒。直到有个胆大的人尝了一口，由衷地说了句"好甜啊"，这下子，一传十，十传百，大家都来抢购王坡的胡瓜。

有一天，宋神宗出宫巡视，碰巧看到王坡在卖瓜，周围挤满了来买瓜的百姓，不禁觉得好奇，就让仆人去买了一块吃。仆人吃完后直说好吃。宋神宗便把王坡叫到跟前，询问那是什么瓜。王坡说在他的老家叫胡瓜。宋神宗又问他的老家在哪里。王坡说在西夏，就是大宋的西边。宋神宗随口一说，西边来的瓜呀。后来，这种瓜就叫作西瓜了。

回到宫中之后，宋神宗一直记挂着这种香甜的西瓜，觉得十分美味，就命令王坡送些进来，赏赐他很多钱财，并且夸赞他会做生意。皇帝的夸赞，那可是天下最大的夸赞了，之后，王坡在市集里卖得更加起劲儿了。

王坡原本是他的姓名，但后人传着传着，就因为谐音，变成了"王婆"，但实际上，老婆婆是不太可能卖水果的，她们大多卖的是布匹、刺绣等物品。毕竟西瓜是非常沉重的，在没有任何机械帮助的情况下，柔弱的女性很难完成运输工作，更别说帮着顾客挑选西瓜的同时再自卖自夸了。

27

为什么中国人喜欢吃西瓜？

曾经有一个问题得到网友的普遍关注，为什么全世界，似乎只有中国人喜欢吃西瓜并且能吃到饱？直到这时，我们才突然意识到，是啊，日本人和韩国人也很喜欢吃西瓜，但在他们那里，吃西瓜是一件很郑重的事情，只能切成块，小口小口地吃，这主要是因为他们缺少耕地，根本没办法自己种植西瓜。在欧美地区，大家似乎不爱吃西瓜，因为那里的西瓜不太甜，经常打开后发现是一片白瓤，跟我国甘甜美味的西瓜根本没法比。

其实，中国人能够享受美味的西瓜，还真是需要感谢一个女人——当然不是王婆，而是中国工程院院士、国内著名的甜瓜育种专家吴明珠。西瓜的保质期非常短，如果是远距离运输，即便是全冷链，它的美味也会大打折扣。但吴明珠院士通过研究和培育，在20世纪五六十年代，在中国各个省份中都建立了专门种植西瓜的大棚，西瓜种类繁多、甜度有保障，让我们在一年四季都能吃到新鲜、甘甜的西瓜。

歇后语练兵场

这些和西瓜相关的歇后语，你都知道吗？

1. 篓子里的西瓜——又_____又_____

2. 六月的西瓜——_____到边

3. 瓜园里挑瓜——_____

狗咬吕洞宾——不识好人心

吕洞宾是"八仙"之一，在成仙之前有位好友名叫苟杳，是个读书人，两个人曾因为一点小误会而相互拆台，用小聪明互相算计。但在此过程中，两家关系变得更密切了。因为"苟杳"同音"狗咬"，传来传去，就变成了"狗咬吕洞宾"，甚至还有好事者编出了一只恶犬追着吕洞宾咬的故事。后来用来比喻人不识好歹，不辨是非。

历史小·故事

在吕洞宾成仙之前，有个名叫苟杳的好友是读书人，他家境贫寒，但勤学苦读。吕洞宾很欣赏他的才华，时常接济他，两个人也非常要好。苟杳到了该成家的年龄，吕洞宾便资助他迎娶了一个村妇。吕洞宾向苟杳提出要求，说前三天不让他和新娘子住在一起。苟杳不明所以，但同意了。

成亲当天，新娘子看到一个男子走进房间，但不与自己说话，只顾埋头苦读。第二天、第三天都是如此。第四天，苟杳终于见到了妻子，这才明白自己"中计"了。在成亲前，新娘子没见过苟杳，所以新娘也不知道进来读书的吕洞宾不是自己的丈夫。吕洞宾此举何意呢？苟杳后来明白了吕洞宾的心思，他是为了让自己不要因为有了妻子就忘记读书。在吕洞宾的激励和帮助下，苟杳终于中了举人，去做官了。

　　时也命也，又过了几年，吕洞宾因为家里失火，落得个倾家荡产。他想到了过去曾帮助过的苟杳，便去求助。苟杳热情地款待了他，还留他在家中长住下来，但绝口不提出钱帮他重修房屋一事。吕洞宾以为苟杳做了官，这份友谊就变质了，一怒之下便离开了。等他回到旧址时，发现早已变成废墟的原址上已经重新盖好了华美的住宅，而他的妻子却在那里哭天抹泪。原来，在吕洞宾离开的这段时间里，苟杳派人送来了钱财和一口棺材，帮吕洞宾的妻子在原来的地方重新建成了漂亮的大房子，并说吕洞宾在途中因病"过世"了。吕洞宾的妻子得知丈夫"暴毙"自然悲痛万分，终日以泪洗面。吕洞宾听说自己被传死亡，当即大怒，他让人找来个斧子几下就劈开了棺材，发现里面是一笔银两和一封信。信里写的是"苟杳不是负心郎，路送金银家盖房。你让我妻守空房，我让你妻哭断肠。"吕洞宾看完苦笑着说："看来是我不识人心了。"

　　后来，就开始流传出"苟杳吕洞宾，不识好人心"的俏皮话，因为"苟杳"的名字与"狗咬"同音，传着传着就成了"狗咬吕洞宾——不识好人心"了。

吕洞宾是理发师的祖师爷?

在古代，给皇帝剪头发是个十分危险的工作。如果皇帝对新发型不满，或是被弄疼了，或是被弄破了头皮，理发师就会面临杀身之祸。相传，有个皇帝有个不便向外人透露的怪癖，他喜欢在自己的头发上养虱子，但这肯定不能昭告天下，也不能明着和理发师说。所以，每次皇帝剪发后，那些尽心尽力的理发师都会因为顺手消灭了虱子而被皇帝处罚。

吕洞宾有个朋友叫罗真，理发的手艺出众，原本他是没有机会给皇帝理发的，但皇帝自己杀了太多位养在皇宫里的理发师，就只能请外面的人进宫理发了。吕洞宾通过法术知道了这件事的来龙去脉，就托梦给罗真，并告诉他以后要去给皇帝理发，要注意什么，要怎么做。罗真梦醒之后果然接到圣旨，要去给皇帝理发了，他就按照吕洞宾的话去做，果然龙颜大悦。后来，罗真声名大噪，他不敢把这个功劳据为己有，便提议将吕洞宾供为理发师的祖师爷。自此，吕洞宾就得到了理发行业的认可和推崇。

你还知道哪些形容不识抬举的歇后语呢?

1.____坐轿子——不识抬举

2.坐____骂人——不识抬举

3.下轿子打____——不识抬举

参考答案 1.狗儿 2.轿子 3.轿夫

八仙过海——各显神通

"八仙"是指道家体系中的八位神仙，他们要到海上游览一番，但不能乘坐舟船，于是八位神仙各自凭借着自己的本事，在海上游玩了一圈。后比喻人们做事时各有各的办法，也有各自拿出自己的本领比赛的意思。

历史小·故事

"八仙"都有谁呢？

拄着拐的铁拐李，洒脱不羁的汉钟离，倒骑驴的张果老，斩黄龙的吕洞宾，手捧莲花的何仙姑，拎着药篮的蓝采和，善于吹笛的韩湘子和当官的曹国舅。

这八位神仙都是经历了长时间的修行，练就了自己独特的本领，成为擅长道家法术的仙人。不过，这八个人只是"人仙"，和神仙还有很大的差距。这就涉及道家的一个常识，道教里的神仙等级依次为"天仙""神仙""地仙""人仙"和"鬼仙"。八仙是"人仙"中的最高级别。他们平日里还是以修行为主，主要是修炼自己的德行和法术，以此来造福人间。

有一天，他们再次聚在蓬

莱仙境。这里山清水秀，云雾缭绕，向东就是东海，一望无际。看着眼前的美景，铁拐李提议说："我们总是切磋法术，但并没有真正比赛过。不如今天我们八仙就来比试一下——在不能乘船的限制下，依靠法术渡过东海。"另七位仙人立刻来了兴趣，都积极响应。

只见铁拐李一马当先，他将手中的葫芦扔到海上，默念咒语，葫芦变大了，他坐在葫芦中间，渡过东海；汉钟离的蒲扇、曹国舅的玉板、吕洞宾的宝剑、韩湘子的玉笛、蓝采和的花篮、何仙姑的莲花，都被主人用法术变大，置于海上，随波逐浪。这七位仙人渡海的方式比较雷同，都是依托手中的宝物，将其当作渡海的工具。唯一不同的是张果老，他没有称手的兵器和法宝，便把法术施加在自己的坐骑小毛驴上，小毛驴驮着张果老，在海上行走如同在陆地上一样。最终，八仙都凭借自己的法术成功渡海。

后来，"八仙过海——各显神通"的歇后语在民间流传开来，用来比喻每个人都有各自的真本领，尤其是经常用于竞争对手之间。

张果老为什么要倒骑驴?

张果老在刚开始修道的时候,跟随着一位道行深厚的师傅学习。师傅的道馆里有一棵人参树,是道教仙物。有一天,张果老在给师傅煮人参果汤时,实在抵挡不住美食的诱惑,把人参果吃得一干二净,旁边的小毛驴也过来把汤舔得干干净净。怕被师傅责罚,张果老骑上小毛驴就逃走了。他决定倒着骑,因为这样能方便他看到后面是否有人追上来。后来,他成仙之后,这个习惯就保留了下来。

铁拐李如何点化汉钟离?

汉钟离本是神界的仙子,因犯错被贬人间。在人世间,汉钟离成为大将军,率兵与吐蕃大战。铁拐李知道汉钟离的身世,心想:如果汉钟离打赢了这场仗,回到朝廷中定会被皇帝重重赏赐,那汉钟离肯定就会更加沉迷于俗世。于是,他作法让汉钟离的营帐突起大火。吐蕃首领一看这是个好时机,便迅疾攻打汉军,导致汉钟离大败。汉钟离心灰意冷,决意自杀。就在此时,铁拐李出现,点化了他,带他开始修行。

歇后语练兵场

将与八仙有关的歇后语正确连线。

1. 八仙上寿   1. 各有千秋

2. 八仙吹喇叭   2. 老排场

3. 传说中的八仙   3. 神气十足

参考答案 1.2, 2.3, 3.1

吴刚砍桂树——没完没了

吴刚是月神体系中的神仙人物，因为触犯天条被玉帝惩罚天天在月宫中砍伐桂树，什么时候砍倒桂树，什么时候惩罚才能结束。可是无论吴刚怎么砍伐，桂树都会随砍随合，只是会掉落一些桂花和树叶。隐喻一件事情永远无法结束，通常是负面的、贬义的。

历史小·故事

中国古代神话中有太阳体系的神话人物，如射日的后羿、追日的夸父；也有月亮体系的神话人物，如奔月的嫦娥、捣药的玉兔和不停砍树的吴刚。

吴刚本身是求仙修行之人，他有一个美丽的妻子。吴刚为了修行经常外出，一出门就是很长时间，妻子在日常生活中难免会遇到难以应对的困难。邻居伯陵向她伸出了援手，帮她解决一些小麻烦。久而久之，两个人就产生了朦胧的感情。吴刚发现后，怒火中烧，冲动之下就杀了伯陵。

这下可闯了大祸，伯陵并不是普通人，他是炎帝的孙子，炎帝是上古仙人，他的子孙也是在天庭中有名有号的人物。所以，玉帝知道此事之后，为了惩罚吴刚，便把他囚禁在月宫之中，要求他砍伐桂树，不倒不休。

别看吴刚平时只会修行求仙，但他身高体壮，是个标准的"肌肉男"。原本他以为，自己这么强壮，砍倒一棵桂树能有何难？然而，他的斧子砍向桂树，却只留下一个淡淡的痕迹，不仅如此，过不了多久，那道痕迹就恢复如常了。换言之，那棵桂树也是一棵仙树，拥有自我修复能力。吴刚知道自己被玉帝算计了，这个惩罚就是让他没完没了地砍树。这么一想，心里就更气了，他就用更大的力气砍向桂树。因为他的砍伐，桂树上的树叶和桂花纷纷落下，同样是被囚禁在月宫中的玉兔就将它们收集起来，放在容器里，不停地捣，希望能够捣出仙药来。

这个故事最早出现在《山海经·海内经》中："炎帝之孙伯陵，伯陵同吴权之妻阿女缘妇，缘妇孕三年，是生鼓、延、殳。殳始为侯，鼓、延是始为钟，为乐风。"在《山海经》中，吴刚叫作吴权，后来传着传着，不知为什么，就讹传了名字，改叫吴刚了。

因为这则神话传说衍生出歇后语"吴刚砍桂树——没完没了"，隐喻的是一件事情始终无法结束，让人烦不胜烦。

最漫长的"惩罚"

在神话故事中，很多人物因为触犯了某些规则而受到惩罚，这些惩罚都有一个共同点，就是让被惩罚的人做漫长的无用功。换句话说，就是这种惩罚没完没了。

比较典型的有《西游记》中凤仙郡的郡侯夫妇，他们因为祭拜玉皇大帝时心不诚，做出了大不敬的举动，引来了玉帝的惩罚。玉帝在天宫中设置一个米山、一个面山，还有一把铁锁，说要等到狗舔完面山、鸡啄完米山、火烧断铁锁，才给凤仙郡下雨。结果凤仙郡连年干旱，土地干涸，庄稼颗粒无收，百姓饿死的饿死，逃荒的逃荒。后来唐僧师徒四人来到凤仙郡，看到百姓因为干旱受苦受难，齐天大圣孙悟空上天宫了解了事情的来龙去脉，大骂了玉帝一顿，这才让玉帝免除了这场无止境的"惩罚"。

无独有偶，人们耳熟能详的《白蛇传》中，白娘子因为水漫金山致使很多百姓死于这场洪水，而被囚禁在雷峰塔下接受惩罚，时间长度是"雷峰塔倒，西湖水干"，同样是一个"漫长而无望"的跨度。

歇后语练兵场

下面与兔子有关的歇后语，你能答对吗？

1. 兔子打洞遇树根——＿＿＿＿＿＿

2. 兔子三瓣嘴——＿＿＿＿＿＿

3. 兔子跟着月亮跑——＿＿＿＿＿＿

4. 兔子逼急了——＿＿＿＿＿＿

参考答案 1.没法了 2.难得闭嘴 3.沾光 4.咬人

牛郎会织女——后会有期

释义　牛郎织女是中国神话故事中的一对恩爱夫妻，但只能在每年农历七月七日这一天相会。南北朝时期任昉在《述异记》中记载了他们的传说。这则歇后语一般用在亲人、爱人、朋友即将离别时，隐喻期待下一次的见面，安慰彼此对这一次的离别不要太过伤感。

历史小·故事

牛郎织女是中国家喻户晓的一对饱受相思之苦的神仙眷侣，他们的爱情神话也是我国"四大民间传说"之一。

相传，织女是玉皇大帝的女儿，她因为擅长织布就被称作"织女"。天庭生活十分枯燥，每天只是不停地织布。终于有一天，织女无法再忍受了，下定决心要到人世间走上一遭。于是，她偷偷下凡，来到人间。

恰好，她遇到了一位放牛的牛郎。牛郎看到这么一个楚楚可怜的女子无家可归，便好心地收留了她。一来二去，牛郎和织女互生爱慕，组建了自己的小家庭。二人十分恩爱，并生下了一儿一女。

然而，天庭发现织女不见了，王母娘娘通过法术找到了她。因为织女私自下凡并与凡人产生了感情，所以必须带回天庭受罚。为了不让丈夫牛郎和一儿一女受到牵连，织女只好跟随王母娘娘回

去。但痴情的牛郎放心不下妻子，当天晚上，他突然发现自己竟然在慢慢腾空，连忙叫来儿女，把他们放在筐子里，用一根扁担挑在肩上。就这样，他挑着一对儿女追赶织女，想要把妻子追回来。

眼看就要追上了，王母娘娘也发现了牛郎的身影，用手一挥，便将众多星星汇聚成河，拦在牛郎的面前。牛郎和儿女过不去天河，便痛哭着让织女不要离开，而织女也哀求着王母娘娘，希望能成全自己。但是天规便是如此，王母娘娘也很无奈，只能勉强同意让织女每年农历七月七日和牛郎在天河两边见上一面。

他们之间的感情打动了天庭中的喜鹊。自此之后，每年的农历七月七日，喜鹊就拍打着翅膀，在浩瀚的天河上搭建起一座鹊桥，让牛郎和织女在鹊桥上相会。

于是，每年的农历七月七日，就被称为"七夕"，也就是我们俗称的"中国版情人节"。也因为牛郎织女每年都会在固定的时间相会，所以就衍生出了这句歇后语。

牛郎和织女，是指天上的什么星呢？

在神话传说中，织女是天神，牛郎是凡人，后来因为追随织女他也成了天上的一颗星星。实际上，这个神话传说本身就是源自古人对天文星座的研究。

牛郎，指的是牵牛星，学名叫河鼓二。在古代星官体系中，人们认为，牛宿星官由六颗星星组成，形状是两个倒三角，很像牛的两个角，而其中特别亮的那一颗，就被命名为"牵牛星"了。而在牵牛星旁边，有两颗不那么亮的星星（学名为河鼓一和河鼓三），便被认定为牛郎挑着的两个孩子了。织女，指的是织女星，它与牵牛星隔着银河遥遥相望。

早在春秋战国时期，《诗经·小雅·大东》里就记载有："维天有汉，监亦有光。跂彼织女，终日七襄。虽则七襄，不成报章。睆彼牵牛，不以服箱。"这记录了人们对牵牛星和织女星的观察和美好想象，也被认作是"牛郎织女"神话传说的雏形。

以下的歇后语，你知道都是神话传说中的哪位人物吗？

1. 送饭——没安好心（　　　　　　）

2. 水漫金山——大动干戈（　　　　　　）

3. 下凡间——天配良缘（　　　　　　）

参考答案　1.白骨精，2.白娘子，3.七仙女

第二章

四大名著里的歇后语

箭在弦上——不得不发

释义

出自三国·魏·陈琳《为袁绍檄豫州》李善注引《魏书》："矢在弦上，不得不发。"后流传为"箭在弦上—不得不发"。比喻身不由己，被人指使，不得不做。

历史小·故事

在三国时期，出身于"汝南袁氏"的袁绍因为抗击董卓有功而被众多将领推举为关东联军的首领，后在官渡这个地方和曹操的军队相对峙。这就是历史上著名的"官渡之战"。

为了振奋军心，袁绍命令军师陈琳写了一篇檄文。陈琳是袁绍旗下最有文采的军师，他的文章妙笔生花，把曹操骂了个体无完肤，甚至连他的祖宗都没有放过。此檄文一出，原本还头疼不止的曹操顿时惊出一身冷汗，头风痊愈。可想而知，这篇檄文的力量之大，令一代枭雄曹操都极为忌惮。

官渡之战，曹操的军队战胜了袁绍，并俘虏了陈琳。曹操得知后，立刻让士兵把陈琳带来，怒斥道："陈琳，你为了袁绍写檄文讨伐我也就罢了，怎么还能骂我的祖宗呢？这也太过分了！"

其实不管在什么时期，骂别人的祖宗都是一件非常忌讳且不道德的事情，是绝对激化双方矛盾的做法。陈琳作檄文，曹操并没有怪罪，但骂他祖宗，他再怎么爱才惜才也不能容得下陈琳了。

然而，陈琳只说了九个字："箭在弦上，不得不发耳。"

这个回答非常聪明。陈琳作为袁绍帐下的军师和幕僚，袁绍要和曹操打仗，命令他写檄文，他不能不写，既然要写，自然是要把曹操的罪状一一列举出来。而曹操父亲曹嵩是汉朝宦官曹腾的养子，这自然是罪状之一，不能不写。陈琳用九个字就说明了自己作檄文是职责所在，将自己比喻成已经在弦上的箭，既然如此就必须得这样做。同时也表明了自己对于主人的忠心，是支尽心尽责的"箭"，既可以是袁绍手里的箭，也可以做曹操手中的箭。

曹操是个爱才之人，听到这句"箭在弦上，不得不发耳"之后，决定赦免他的死罪，并收入自己的帐下。

自此之后，"箭在弦上——不得不发"就成为流传下来的歇后语，用来比喻身不由己，不得不做。

曹操竟然不姓曹？

曹操的父亲名叫曹嵩，是大太监曹腾的养子，但他本身不姓曹，是因为被曹腾收养而改姓了曹。曹操出生之后，自然随了父亲姓曹。但如果追溯起来，他真正的姓应该是曹嵩的亲生父亲的姓氏。那究竟是什么呢？在《三国志》中，裴松之曾经明确写道，曹操后来自己提起过，夏侯家是自己的宗室。这句话的意思就是，他本来应该是姓夏侯的，只是父亲被曹腾收养改姓了曹，如果没有收养这回事，他就应该叫夏侯操了。

曹操善于"画大饼"吗？

曹操非常善于用谋略，尤其是在军事方面，深知给军队"画大饼"的重要性。一次，他带兵出征，一路上找不到水源，将士们口渴难耐。眼看士兵们愈发没了精气神，曹操突然向后方传令，说前面有一大片梅林，现在这个季节，树上肯定结满了杨梅。杨梅啊，酸酸甜甜好味道，士兵听到后都忍不住流出了口水。那前方有梅林吗？当然没有，但前方有梅林这种希望让他们坚持到了水源所在地。这也是成语"望梅止渴"的由来。

以下的歇后语，用连线的方式找到正确答案。

1. 曹操割须　　　　　　　1. 食之无味，弃之可惜

2. 曹操用计　　　　　　　2. 不出所料

3. 曹操败走华容道　　　　3. 又奸又滑

4. 曹操吃鸡肋　　　　　　4. 以己律人

参考答案　1.4, 2.3, 3.2, 4.1

周瑜打黄盖——
一个愿打，一个愿挨

释义　出自《三国演义》。赤壁之战时，周瑜决定使用苦肉计，对黄盖动用笞刑，就是打板子，借此来迷惑曹操。意思是你情我愿，即便吃亏也是心甘情愿的。

历史小·故事

　　赤壁之战，是孙权、刘备联手打败曹操的一场战役，也是一场以少胜多、以弱胜强的典型战役。

　　曹操率领数十万大军，孙权和刘备手中只有四五万士兵。在兵力如此悬殊的情况下，孙权帐下大将周瑜想到一计，让自己身边的人去曹操那里诈降。不过，前去诈降的人必须得对周瑜忠诚，且能让曹操信任。如果不够忠诚，诈降很有可能变成真降；如果不被曹操信任，就不会成功。这时，老将黄盖挺身而出。黄盖是自吴国君主孙坚（孙权的父亲）举兵时就跟随的武将，曾立下过赫赫战功。但这里又出现了一个问题，像黄盖这样的重臣，如何让曹操相信他的献计呢？

　　周瑜又想到了一条计策——苦肉计。第二天，众人商议事情的时候，黄盖故意大声吵嚷，针对周瑜的部署和指挥提出意见，大有"倚老卖老"的架势。周瑜故意表现出生气的样子，黄盖也毫不退让，两个人当着众人的面吵得不可开交。周瑜一气之下，下令把黄盖拉下去斩首示众。众人纷纷向周瑜求情，黄盖虽然被免去死罪，但还是被周瑜下令重打了一顿。

　　就这样，黄盖逃到曹操的军营，表明自己想要投靠曹操。曹操生性多疑，并没有真正信任黄盖。但安插在东吴军队的眼线向曹操密报了黄盖被打之事，曹操这才放下疑虑。

　　曹操询问黄盖如何攻打才能取胜。黄盖说，曹公拥有大量的水军和船只，如果分散着攻打，不利于统一调配，也不利于形成真正的威胁。应该把所有船只都绑在一起，直接铺开形成整体攻势。曹操依照黄盖的计谋操作。结果可想而知，诸葛亮草船借箭、巧借东风，最终由黄盖率领的诈降船队形成了火攻之势，使孙刘联军赢得了赤壁之战的胜利。

　　苦肉计成功欺骗了曹操，于是，就演变为"周瑜打黄盖——一个愿打，一个愿挨"这个歇后语了。

周瑜是个小气鬼吗？

那句"既生瑜何生亮"几乎让所有人都认为，周瑜是一个心胸狭窄之人，因为嫉妒诸葛亮而被气死。历史上，周瑜绝对是一位器宇轩昂的儒将，苏轼那段"遥想公瑾当年，小乔初嫁了，雄姿英发。羽扇纶巾，谈笑间，樯橹灰飞烟灭"，正是对周瑜的由衷赞美。他的死亡也和心胸狭窄毫无关系，而是因病逝世。只是由于小说《三国演义》太出名了，影响太大了，周瑜就成了为了突出诸葛亮而被牺牲的对象。

当时，孙权身边除了周瑜这员大将，还有一个老将军叫程普。在东征的时候，孙权任命周瑜为左都督，程普为右都督，古代以左为大，左都督可以指挥右都督。身为老将的程普自认资历老、经验丰富，在商讨战略战术的时候，他经常出言不逊，但周瑜并不往心里去。赤壁之战之后，程普才对周瑜心悦诚服，心甘情愿地给周瑜当副手了。就连刘备也在前往江东见到周瑜时，评价他"器量广大"，所以周瑜怎么会是心胸狭窄之人呢？

歇后语练兵场

将与周瑜有关的歇后语连起来，你能做对吗？

1.周瑜妙计安天下	1.梦想荆州
2.周瑜打他爹	2.计计落空
3.周瑜暗算诸葛亮	3.无（吴）人不晓（孝）
4.周瑜打瞌睡	4.赔了夫人又折兵

参考答案 14.23.32.41

司马昭之心——路人皆知

释义

出自《汉晋春秋》。司马昭是追随曹操的大将军，但曹操过世之后，他独断专权，图谋夺取帝位，当时在位的魏帝曹髦便说过"司马昭之心，路人所知也"。于是，"司马昭之心——路人皆知"就用来比喻某人已经彰显野心，世上所有人都已知道。贬义。

历史小·故事

曹操作为三国时期的一位枭雄，建立了不朽的基业。然而，他的后代过于懦弱，根本镇不住那些有赫赫战功的将军。其中以司马家族最为典型，最终夺取了魏国的统治大权。司马家族的掌权者就是司马懿，他是曹操过世时的托孤重臣，官至大司马。但实际上，从司马懿开始，就已经开始为后面的夺权而做起了打算。司马昭是司马懿的儿子，也是其父亲计谋的执行者和继承者。

曹操过世之后，魏国经历了曹丕、曹叡、曹芳、曹髦和曹奂几任皇帝。司马昭的主要对手就是曹髦和曹奂。自从司马懿杀了曹芳，改立更没有实力和胆量的曹髦为帝之后，魏国宗室和司马家族的争斗已经到了白热化的程度，司马昭"名不正则言不顺"，他当时还不敢夺权篡位，只好继续学习曹操"挟天子"而处之。曹髦继位后，立刻下诏要封司马昭为晋公，司马昭表面上假意推辞，但在文武百官中早就安插了自己的人，导致新皇帝的任何政令都无法得以实施。无奈之下，曹髦再次下令请司马昭担任晋公。司马昭觉得火候还不到，再次推辞。

一来二去，曹髦决定不再去找司马昭了，自己必须掌握主动权。他召集手下较为信任的文武官员来议事，目的就是要瓦解司马家族。在朝廷上，他愤恨地说："司马昭之心，路人所知也！"在场官员纷纷表示自己绝对不与司马家族为伍，都支持曹髦。

然而隔墙有耳，司马昭的眼线将这件事汇报给司马昭。计划败露，万般无奈之下，曹髦只能率兵攻打司马昭的府邸。结果可想而知，曹髦失败了，被司马昭的心腹成济一剑刺死。

司马昭思索再三，觉得此时篡位夺权尚未到时机，又拥立了更好掌控的曹奂为帝。不过，正如那句"司马昭之心——路人皆知"一样，所有人都知道，魏国的天下早晚会到司马家族的手中，谁做魏帝已经不重要了。

司马懿——传说中的"狼顾之相"

史书上说司马懿有狼顾之相。何为"狼顾之相"呢？狼在躲避天敌、寻找猎物的时候，头颅能够回转180度，即身体不动，头颅转到背后去。历史上，有狼顾之相的，分别是秦始皇、曹操、司马懿和袁世凯。

曹操原本以为，当时只有自己有狼顾之相，后来听别人说司马懿也有，他半信半疑，想要找个机会试试对方。

有一次，他故意走在司马懿的后面。突然，他叫住司马懿。只见司马懿的身体没动，头却转了过来。曹操心想：他当真是狼顾之相啊。

当然，狼顾之相也不可能头颅真正回转180度，只是比常人能转动的角度更大一些。我们还是要更科学地看待这种传闻，毕竟古人在描写的时候，有时也会夸大其词。

歇后语练兵场

司马家族也有很多歇后语，你都能说对吗？

1._____夸诸葛——甘拜下风

2._____废魏主——袭用老谱

3._____破八卦阵——不懂装懂

参考答案 1.司马，2.司马炎，3.司马懿

诸葛亮借箭——有借无还

历史小·故事

这个典故出自赤壁之战。当时孙权、刘备的兵力与曹操的兵力差距太大，且曹操一方粮草、船只都远远强于孙权、刘备一方。孙权和刘备虽然达成了合作，但周瑜内心十分不满，想要借此机会除掉诸葛亮，以此来削弱刘备的力量。

为了应对曹操，周瑜需要10万支箭，必须在10天之内完成。诸葛亮听后，淡定地表示，不需要10天，3天就够了，不过，必须让鲁肃来帮助自己完成任务。周瑜同意了，但话锋一转，便要求诸葛亮立下军令状。他心里的盘算是，如果立下军令状，诸葛亮若完不成任务，就以军法处置，斩立决，这样自己就少了一个未来的竞争对手。诸葛亮胸有成竹地应下了。

鲁肃是个忠厚善良的人，他问诸葛亮打算怎么办。诸葛亮说，你给我准备20艘小船，每艘船都用布作帆，再准备千余个草捆。鲁肃又问，需要多少人员。诸葛亮说，不多，每艘船配备30名士兵就可以了。鲁肃丈二和尚摸不着头脑，但还是依照诸葛亮的话去布置了。

前两天，诸葛亮什么都没有做，只是让鲁肃准备那些东西。第三天，突然起了大雾，诸葛亮立刻率领20艘船行驶在江上。在大雾之中，曹操一方根本看不到江面上的具体情况，只是朦胧地看到江面上有大批船只。曹操生怕被突袭，连忙派士兵向来敌放箭。

诸葛亮早就让人将草捆摆放在最合适的地方，只见空中一片箭雨，但所有的箭都射在草捆上。过了一段时间之后，诸葛亮眼看雾气逐渐散去，而草捆上已经被射中不止10万支箭了，便高声喊道："感谢曹丞相赐箭！"

诸葛亮成功从曹操手中"借"来了10万多支箭，自然是不会还的。这句"诸葛亮借箭——有借无还"的歇后语也广为流传。

草船借箭的另有其人？

是孙权。

在《三国志》中，使用草船借箭的是孙权。当时，孙权已经建立了东吴，与曹操频发战争，但当时曹操的主要精力都集中在北方，并不把刚刚站稳脚跟的孙权放在眼里。有一天，孙权乘坐一艘小船行驶到曹操驻扎地的渡口前。只有一艘船只能做什么呢？曹操知道，孙权肯定是来打探虚实的，就下令让士兵放箭赶走他。可放完箭之后，才看到箭都射在孙权船只的帆上，就这样，孙权载着满满一船的箭回去了。曹操这才反应过来，自己被孙权算计了，故而仰天长叹："生子当如孙仲谋啊！"仲谋是孙权的字，孙仲谋就是孙权。

歇后语练兵场

写下正确的关于借贷的歇后语。

1. 黄鼠狼借_____——有借无还

2. 刘备借_____——有借无还

3. 肉包子打_____——有去无回

参考答案 1.鸡；2.荆州；3.狗

53

曹操天下归司马——白忙一场

曹操借"挟天子以令诸侯"奠定了北魏的基础，但最终被司马家族中的司马炎夺取了北魏的政权。形容辛苦一场，劳动成果全都被他人夺取。

历史小·故事

东汉末年，曹操相继击败了袁术、陶谦、袁绍等割据势力，最终统一了北方，和南方的东吴、蜀国形成了三足鼎立的局面。这也是"三国"的由来。

尽管说起来很简单，但实际上，在这个过程中，曹操遇到过很多困难，甚至遇到过多次危险。比如，在征讨董卓的时候，董卓在失势之后率军逃跑，几乎所有人都因为畏惧董卓的勇猛残暴而不敢上前追杀。就在这时，当时还年轻气盛的曹操孤身率部追了上去，不过曹操毕竟还是年轻啊，在荥阳附近曹操战败，自己差点被董卓手下的徐荣杀死。这种与死神擦身而过的时刻还有很多，有和对方交手时候的死亡威胁，也有内部叛乱的"擒贼先擒王"，还有刺客的"神出鬼没"。

就这样，曹操最终还是统一了北方，奠

定了北魏的基础，成为汉献帝身边的丞相和魏王。然而，曹操过世之后，曹丕接班继任丞相和魏王，同年逼迫汉献帝刘协禅让，自己称帝登基建立魏国。虽然他也有一定的功绩，但上位后仅 6 年就过世了。在这几年中，被曹操委以重任的司马懿已经开始为自己夺权铺路了。在曹丕过世之后，司马懿已经成为北魏的相国。于是，曹氏皇帝成了当年的汉献帝，司马懿成了当年的曹操。

　　这场权力争夺，司马家族取得了最终的胜利，建立了西晋王朝。曹操穷其一生建立的北魏，只经过几十年时间，就全盘落到了司马炎的手中。于是，百姓们就用"曹操天下归司马——白忙一场"来形容曹操苦心经营的一切，最终被别人窃取。

从小就调皮捣蛋的曹阿瞒

曹操从小就是个不循规蹈矩的人，史料上记载的是"少机警，有权数，而任侠放荡，不治行业"，意思是说，这小孩子太机灵了，而且脑瓜子活泛，不怎么听从管教。听起来，他就是一个调皮捣蛋的爱捉弄人的小孩子。

他不光捉弄同龄人，连自己的叔叔都不放过。有一次，他看到叔叔走进来，就装作眼斜嘴歪的样子说自己难受，叔叔一看连忙去叫他爹曹嵩。可曹嵩赶过来一看，见曹操正坐在椅子上看书呢。不等曹嵩发问，曹操抢占先机，问："叔叔一直不太喜欢我，是不是又跟父亲告我的状了？"一句话，把叔叔之前所有跟父亲打的小报告的真实性全都否认了。

填写曹操的事迹，组成正确的歇后语。

1. 曹操_____——讳疾忌医

2. 曹操_____——操之过急

3. 曹操_____——悔之莫及

4. 曹操_____——败得惨

孔明大摆空城计——化险为夷

释义

出自《三国演义》。孔明，即诸葛亮，司马懿追至西城，想要围剿诸葛亮。诸葛亮发挥智慧，在无兵无将的危急时刻，靠着"空城计"吓退了多疑狡诈的司马懿，化险为夷。后用于形容通过智慧逆转败局。

历史小·故事

空城计，是《三国演义》中的一个经典故事。马谡在军事上不听从诸葛亮的指挥，导致战略要地——街亭失守。诸葛亮含泪斩马谡之后，连忙率领几百名文官逃到西城，准备在这里躲避一阵。然而，司马懿怎肯放过这个绝佳机会呢？很快，他就率领大军追到了西城门口。西城内的官员们听到之后都吓坏了，诸葛亮连忙站出来，宽慰众人说："大家别慌，看我用计谋让司马懿退兵！"

当司马懿率领大军赶到西城门口时，看到了这样一个奇怪的场景：西城的城门大开，目光所及之处全无埋伏，有20多个百姓在旁若无人地打扫街道；而在城楼之上，诸葛亮带着两个书童在那里抚琴，不仅如此，还焚着香，好一派悠然自得的景象。司马懿立刻停下脚步，认真思考。

城墙上抚琴的诸葛亮看到司马懿，不慌不忙，还招呼司马懿赶紧入城。

司马懿暗想：诸葛亮是何许人也？表面上看城里没有埋伏，等我进城之后，他一定会关上城门打我个措手不及！

他的儿子司马昭认为诸葛亮根本就没有时间，也没有能力调兵遣将做好埋伏，分明就是故意做出样子糊弄人。但司马懿是谨慎多疑之人，他坚持说："诸葛亮一生谨慎，不曾冒险，现在城门大开，里面肯定有埋伏，还是退兵为妙！"

实际上，司马昭说对了。诸葛亮根本就没有兵力打什么埋伏，当他被书童扶着走下城楼时，也是冷汗直冒，后怕不已。他凭借自己的聪明才智骗过了司马懿，用"空城计"化险为夷，转危为安。在后世，除了文学作品，各种戏曲、影视都喜欢用这一段故事来突出诸葛亮的神机妙算、足智多谋。

到底是谁摆过"空城计"？

历史上，摆过空城计的人不少，但没有诸葛亮。最早在《左传》中有记载，郑文公的弟弟叔詹曾经使用过空城计，用这番假象迷惑了前来攻打的楚军，最终等来了援军。在三国时期，孙坚、曹操、荀彧、文聘、赵云和王平都曾经用过空城计，且都是在正史中可查的。

曹操在和吕布争夺兖州时，双方因为各自的粮草不足而选择了休战。到了第二年春天，曹操派军队去属地搬运粮草。就在这时，吕布竟然攻打过来。曹操急中生智，命令打开城门，女眷穿上铠甲，站在城头上站岗，而自己纵情歌舞。吕布一看，很是纳闷，不敢贸然攻打。当天下午，去属地运输粮食的大军就回来了。第二天，吕布反应过来，再次攻打，此时，曹操早就将大军布置好埋伏起来，就等着吕布自投罗网了。这就是曹操版的"空城计"。

歇后语练兵场

将与诸葛亮有关的歇后语正确连线。

1. 诸葛亮当军师　　　　　1. 顾全大局

2. 诸葛亮吊孝　　　　　　2. 假仁假义

3. 诸葛亮挥泪斩马谡　　　3. 名副其实

参考答案　1.3; 2.2; 3.1

关公降曹操——人在曹营心在汉

历史小·故事

曹操在与袁绍过招的时候，刘备趁此时机派大将关羽夺取了徐州。当时，曹操所有的兵力都被袁绍所牵引，按照刘备的设想，曹操肯定无暇顾及徐州这个地方，这是占领徐州的好时机。然而，曹操权衡利弊之后，立即掉转方向，亲自带兵去攻打徐州。

在那个时候，刘备手下的兵马并不多，即便有关羽坐镇，也无法抵挡住曹操的"回马枪"。曹操本人十分欣赏关羽，恨不得能将其收在帐下为己所用。在得知坐镇徐州的大将是关羽之后，曹操立刻下令要活捉关羽，不可伤其性命。就这样，关羽被曹操俘获。

曹操用荣华富贵诱惑关羽，希望关羽能为自己效力，然而他低估了刘备与关羽之间的情义，他们不仅是君臣，更是结拜兄弟，在古代，情义大过天，关羽怎么可能背信弃义呢？

见关羽不为所动，曹操换了

一种做法，他说自己正在讨伐袁绍，问众人有没有能冲锋杀敌的好手。为了报答曹操的不杀之恩，关羽同意暂时成为他的先锋，带兵去讨伐袁绍。这一战，关羽大展神威，力挽狂澜，顺利打败了袁绍军队。

看到关羽这么神勇，曹操更不想放他回去了，于是采取了"拖字诀"。每当关羽提起想要回到刘备的身边时，曹操都会转移话题。后来，关羽就明白了，明着肯定是走不了，只好趁着曹操守备松懈之际，偷偷溜走了。他躲开了曹操派来的将领的追击，终于回到了刘备的身边。

不过，真实的历史和《三国演义》中有一点出入，曹操并没有阻止关羽离开曹营，也没有派出六将追击关羽。在《三国志》中，曹操释放关羽被称为"义释关云长"。小说中出现的"关羽过五关斩六将"不过是为了突出关羽的神勇而已。

关羽对刘备的忠诚被世人所称颂，人们便用这个歇后语来形容人被困在一边，但心始终在另一边的情况。

关羽是被各行当推崇最多的"祖师爷"

如果要问谁是各个行当里被推崇最多的祖师爷，关羽绝对是当仁不让的。开始，因为关羽重义气，所以被称为"运输业""车船业"的祖师爷；还有镖局啊、跑船的啊，也供奉关羽。后来，很多帮派供奉关羽，比如电影中常有这样的表现。再后来，关羽又被称为财神，很多做买卖的商铺也开始供奉。最夸张的还数理发店，这个行业供奉关羽，估计是拜倒在关公的青龙偃月刀之下了吧。

关羽的脸为什么那么红？

其实，正史中并未记载关羽脸色特别红。只不过是在很多戏剧表演的过程中，因为红脸代表人物忠勇无二，传来传去，大家就以为关公的脸特别红了。还有一种说法是，关羽力大无穷，身体总是有血气在运转，聚集在脸上，脸色就变得格外红润。这种说法是不科学的，血液循环并不是聚集到某处就不流动了，怎么可能因为气血运转就变得脸红了呢？

歇后语练兵场

填写和关羽相关的歇后语正确的后半句。

1.关羽守嫂嫂——＿＿＿＿＿＿＿＿＿＿＿

2.关公舞大刀——＿＿＿＿＿＿＿＿＿＿＿

3.关云长刮骨下棋——＿＿＿＿＿＿＿＿＿＿＿

4.关公赴会——＿＿＿＿＿＿＿＿＿＿＿

参考答案 1.情义为重；2.看手舞足蹈；3.若无其事；4.单刀直入

刘备摔孩子——收买人心

释义

出自《三国演义》。当阳一战，赵云为了救出刘备的儿子刘禅，七进七出，终于抱着襁褓中的婴儿逃出来时，他浑身上下都是伤，也损失了很多士兵。为了激励士兵和将领，刘备"狠心"地将自己的儿子扔到地上说道："为你这乳子，几乎损我一员大将。"赵云当时就被感动得泪如雨下。刘备这么做当然不是真的狠心，而是为了收买将领的心。比喻事情只是做给别人看，为了收获口碑，用现在的话说，更类似于通过残害自身来道德绑架他人。

历史小·故事

曹操下定决心攻打刘备之后，刘备不敌，节节败退，先是放弃了新野，后又放弃了樊城，最后在当阳县城又遇到了曹操大军。此时，众将士心中都憋了一肚子火气，面对好几次不战而逃也都十分沮丧。然而，曹操的兵马人数众多，刘备一方实在难以抵挡。为了躲避曹操的锋芒，以保存自己的实力，赵云率领部分士兵护送刘备等人先行逃离。

刚逃出县城，赵云才发现刘备的儿子刘禅在慌乱中居然被落下了。刘禅还只是个尚在襁褓中的婴儿，又是刘备唯一的孩子。保护少主当然是赵云不能推卸的责任，于是，他将刘备等人送到较为安全的地方后，立刻单枪匹马地杀了回去。《三国演义》中说的是七进七出，《三国志》中记载的是三进三出。但不管是几进几出，都说明赵云为了救刘禅，是豁出性命了。

　　赵云之所以能够在曹军中几进几出，也多亏了曹操爱惜人才，他下令不得伤害赵云性命，这才使得众多曹军没有对赵云下死手。

　　当赵云终于抱着幼主刘禅跑到长坂坡前，幸好张飞前来搭救。曹操生怕张飞带了援军，便不再追了。可赵云因为几进几出，身上全是血。其他将领看到后，表面上虽然都没说什么，但刘备知道，此时蜀军军心涣散，如果再不做点儿什么，这支队伍肯定会出大麻烦。于是，他抢过赵云怀中的刘禅，顺势扔到地上，大骂："都是因为你，害得赵将军身处险境，差点丧命。"赵云一看立刻自责道，自己是主将，本就应该保护主公和少主的安危，让少主落入险境，是自己的失职。其他将领见状也连忙劝阻，表示大敌当前，不应拘于小节。刘备看到众将领的反应，感动得泪流满面，又鼓励众人，发誓要夺回这些失去的地盘。

　　刘备真的是想要扔掉孩子吗？当然不是！这一扔，化解的是内部隐患，自己的动作看似鲁莽，实则早就掌握好了分寸。所以后人用"刘备摔孩子——收买人心"概括了当时的情况和刘备此举背后的用意。

阿斗是真傻还是装傻？

提起刘禅，人们就会想到"扶不起的阿斗"，但实际上，刘禅并不蠢，不过是大智若愚而已。刘备托孤之后，诸葛亮发挥才能，鞠躬尽瘁，刘禅作为君主，对这位丞相毕恭毕敬，充分信任他并为他提供舞台，说明刘禅是一个非常识时务的人——既然自己的能力不足，就让有能力的人去做。司马昭设鸿门宴，刘禅在宴席上表现出乐不思蜀的样子，像个沉迷于酒色的昏君，目的是避免蜀汉官员被司马家族屠杀，用自己不思进取的表现换取了下属的性命。所以，刘禅只是一名能力并不出众的君主，但绝对不愚蠢。

刘禅的小名为何叫阿斗？

因为北斗七星。在古代，幼儿取名字是有很多讲究的，尤其是所谓的"龙脉"。刘禅之所以小名叫阿斗，神奇一点的说法是，他的母亲在怀他的时候梦到了自己吞下了北斗七星。但实际上，北斗七星是二十八星宿之一，古人相信，星宿都有各自所属的神仙，取名阿斗就是希望有神仙能够护佑孩子，让孩子平安长大。

歇后语练兵场

将和刘备有关的歇后语正确连起来。

1. 刘备的手	1. 无话不说
2. 刘备对诸葛	2. 胆战心惊
3. 刘备上了黄鹤楼	3. 伸得长
4. 刘备编草鞋	4. 内行

参考答案　1.3　2.1　3.2　4.4

靶场上的老黄忠——百发百中

释义　黄忠作为老将，经过数十年的训练，射箭百发百中。用来比喻精准度很高。褒义。

历史小·故事

　　黄忠和关羽、张飞、赵云、马超合称为"五虎上将"，足以见得黄忠的武力值。但和其他四个人不同的是，黄忠是"老当益壮"型，完全有别于其他四位正值当打之年的青壮年。

　　黄忠出现在记载中的时候，就已经是一员老将了，关于他的过去，只有寥寥数笔。早年间，黄忠跟随的领导是刘表，但刘表本身就因为参与了太学生运动而受党锢之祸牵连，被迫逃亡，并没有参加什么知名的战役，所以作为他手下中郎将的黄忠，大多数时间处在蛰伏期，不显山不露水，在安稳中练习武艺和兵法。

　　刘表死后，曹操攻下荆州，将黄忠收入自己的帐下，却没有重用。

　　在赤壁之战之后，曹操败北，刘备趁机率军抢夺南方的城池。

其中在长沙，他们遇到了一场硬仗，对手就是老黄忠。

最开始，刘备也并未将黄忠放在心上。一来是因为黄忠的年纪大了，二来是因为之前他也没有什么赫赫战功。思来想去，决定派关羽去应战。

但没想到的是，老黄忠毫不含糊，第一场就和关羽斗了上百个回合，你来我往，不分胜负。稍作休息之后，第二场打斗开始，关羽不敢轻敌，采用了拖刀之计，黄忠则搭弓射箭，以百步穿杨的神技，射中了关羽的盔缨。

尽管最终黄忠投降了，被刘备收入帐下，但这场比试，让他们见识到了黄忠的武力值。在此之后，老黄忠的战功虽然没有其他四虎那么突出，但也有过"射杀邓贤""杀退了吴兰、雷铜""生擒夏侯尚""两战夏侯渊"等功绩。

世人被黄忠这股不服老的精神所折服，于是就有了"靶场上的老黄忠——百发百中"这句歇后语，用来比喻精准度很高，同时也是对黄忠的认可和肯定。

黄忠的必杀技是什么？

百步穿杨！

对于黄忠所使用的武器并没有一致的说法，主要还应当是铁胎弓和赤血刀。在初见关羽时，他就展示出了百发百中的绝佳射击术。

百步穿杨，按照粗略换算，射击距离大概是在140米至160米之间。试想一下，在这个距离之里，一箭击穿树干，而且这不是在静止状态下，而是要在骑马飞奔的状态下。

春秋战国时期，君子习"六艺"中就有"射"项，但从训练开始，即练习在马背上射箭。更何况，到了战场之上，射箭怎么可能有时间去站定、瞄准呢，都是在运动中进行的。这不仅要考验人的平衡性，也要考验射箭的准头，想要练就百步穿杨，绝非一朝一夕之功。

歇后语练兵场

关于准与否的歇后语，你能说全吗？

1. 三点成一线——_____了

2. 没星的秤——哪有_____

参考答案 1.准；2.准头

三个臭皮匠——顶个诸葛亮

是指三个副将的智慧能顶上一个诸葛亮。原来说的是"裨将",是"副将"的意思,只是在民间流传的时候,因为谐音,被说成了"皮匠"。现在引申为,面对困难与困局,大家一起商量,能够找出好方法。

历史小故事

诸葛亮是智慧的化身,运筹帷幄,决胜千里。关于他的故事,不胜枚举,其中有一个就和皮匠有关。相传,当时诸葛亮率兵追赶敌人,但敌人抢占先机,乘船渡了江。诸葛亮赶到江边的时候,已经没有渡船了。面对滔滔江水,一向聪慧的诸葛亮也没了办法,只能眼睁睁地看着敌军越来越远。

就在这个时候,有三个慕名而来的皮匠,他们常听人说诸葛亮特别聪明,结果一看很失望。诸葛亮就问他们为什么会失望。皮匠说:"这么简单的解决方法你都不知道吗?"诸葛亮一听,连忙鞠躬请教。皮匠们就找来羊皮,很快地做出了皮筏子,并且靠吹气让它鼓了起来,类似于后来的气垫船。不过这个羊皮做的皮筏子有些臭味,于是这几个皮匠就被称为"臭皮匠"了。靠着这条皮筏子,诸葛亮率兵追赶上敌人并成功将之歼灭。

这只是民间流传开来的故事而已。实际上，"裨将"在古代是指副将，这句话的重点也在于众人的智慧不可估量，甚至能超越诸葛亮，而不是真的指三个皮匠就能赶上诸葛亮了。

其实在历史上，诸葛亮算是一个有些悲剧色彩的人物。刘备三顾茅庐请他出山，临终前又托孤于他，五次北伐都宣告失败。然而作为丞相，诸葛亮鞠躬尽瘁死而后已，是人们推崇的楷模。再加上明朝初年小说《三国演义》的盛行，让人们把有关智慧、谋略的幻想都放在了诸葛亮的身上。鲁迅先生曾说："孔明之智近乎妖。"意思就是说，大家已经把诸葛亮的智慧神化得像妖怪了。

诸葛亮竟然与刘表有亲戚关系？

据说，诸葛亮的妻子黄月英面貌丑陋，但内心善良，很多人都说诸葛亮看重的是她心灵美。实际上，在古代成婚并不是通过自由恋爱，更多的是父母之命。黄月英的父亲黄承彦是荆襄地区的名士，他与刘表都是东汉末年大名士蔡讽的女婿。这么看来，诸葛亮和刘表之间就是表亲关系了。

在三国时期，很多立场不同的主公、主将之间都有亲缘关系。比如，曹操最信任的夏侯惇和夏侯渊的堂妹，后来嫁给了张飞，她和张飞生的女儿长大后，嫁给了刘禅，那刘禅就是夏侯惇和夏侯渊的外甥女婿。再比如，很多人都知道曹操挟天子以令诸侯，这里的天子就是汉献帝，但实际上，曹操是汉献帝的岳父，他的三个女儿都嫁给了汉献帝做妃子，到了后来，他的儿子曹丕称帝后，又娶了汉献帝的女儿做妃子。这主要就是因为古代名门之间都是通过联姻的方式来巩固双方的关系和地位，所以，形成这种情况就不稀奇了。

歇后语练兵场

填写正确的和诸葛亮相关的歇后语。

1. 诸葛亮_____——计上心来

2. 诸葛亮的_____——用不完的计

3. 诸葛亮的_____——家中宝

4. 诸葛亮_____——欲擒故纵

参考答案 1. 皱眉头 2. 锦囊 3. 丑老婆 4. 放孟获

71

唐僧念紧箍咒——就此一招

比喻能够制服别人、取胜的办法不多，只靠一种。贬义。

历史小·故事

　　孙悟空是敢于大闹天宫的"齐天大圣"，当年是何等威风，奈何翻不出如来佛祖的手掌心，被压在五指山下五百年。后来，在观音菩萨的指引下，他愿意跟随唐僧去西天取经，而因此重获自由。但刚开始的时候，他总是觉得唐僧太麻烦了，要遵守的戒律也太多了，就耍起了性子。用唐三藏的话说，叫"野性难驯"。

　　有一天，唐僧师徒在一家农舍里借住，竟然遇到山贼抢劫。孙悟空哪里受得了这些，甩开金箍棒便打死了那些山贼。唐僧非常生气，觉得赶跑山贼就可以了，没必要伤人性命，这样是犯了杀戒。孙悟空听完后，气呼呼地回到了花果山。

　　只拥有了几天徒弟照料的唐僧只好再次独自上路，各种艰辛自不必说。这时候，观音菩萨出现了，给唐僧留下一顶帽子，又教了他一段咒语，告诉他这样做可以驯化孙猴子的野性，让它乖乖地跟着去西天取经。

过了几天，孙悟空想通了，如果不遵守承诺保护唐僧去西天取经，他还是会受到佛祖的处罚，没准儿还要被压在五指山下。于是，孙悟空主动回到了唐僧的身边。唐僧已经得到了观世音菩萨的点拨，找了个机会，让孙悟空戴上了那顶帽子。就这样，紧箍咒牢牢地套在了孙悟空的头上。此后一旦孙悟空起了歹意，想要撒泼，或是野性难驯，唐僧就念紧箍咒，借此来约束他的行为，让他潜心修行。其中，最典型的就是在"三打白骨精"的时候，孙悟空通过火眼金睛早就看出了妖精的变化，可唐僧肉眼凡胎，被白骨精幻化出来的一家三口所蒙蔽。孙悟空除了妖孽，却被师父埋怨，念了好几次紧箍咒。

西天取经的结果，我们都知道，孙悟空也因为这一路的护送成了"斗战胜佛"。不过，孙悟空的修行总是带着一点被强迫的意味，只要是他不听话，就会被念紧箍咒，会令人产生一种"驯服"感，所以后世用这句歇后语来讽刺"能制服别人的办法不多，只有一种"。

歇后语学堂

在小说《西游记》里，唐僧哭了多少次？

据统计，在《西游记》整本书中，唐僧哭了达45次之多，而且哭的花样繁多，有咬手指哭、噘嘴哭、打滚痛哭等。但是，他取经的信念十分坚定，别看表面哭哭唧唧，但内心坚定绝不动摇。

当然，历史上的唐玄奘，不仅内心坚定，还文武双全，也不爱哭，十分硬气。

历史上的玄奘是偷偷溜走的？

玄奘法师在动了念头要去佛教发源地——古印度求取真经时，召集了很多和他有相同想法的法师，一同向唐太宗李世民上疏，说明情况。但李世民以边境不稳定为由拒绝了。既然皇帝不允许，玄奘法师就决定自己去。于是，他轻车简从，趁着夜色偷偷走了。也正是这个原因，唐玄奘这一路不仅没有得到官方的帮助，还得躲避前来抓捕自己的官吏，这就是他西行路上最大的麻烦。

歇后语练兵场

将与唐僧相关的歇后语连起来。

1. 唐僧取经	1. 千辛万苦
2. 唐僧的心胸	2. 痴心妄想
3. 唐僧遇见白骨精	3. 人妖不分
4. 白骨精想吃唐僧肉	4. 慈悲为怀

参考答案 1.1；2.4；3.3；4.2

孙悟空借芭蕉扇——一物降一物

释义

铁扇公主法力高强，又有牛魔王在身边保驾护航，但孙悟空却能想出对策，最终借到了芭蕉扇。比喻相生相克，生生不息，有一种事物，就会有另一种事物来制服它。

历史小·故事

在唐僧师徒去西天取经的路上，途经一个地方，此地名叫火焰山，气温非常高，当地的居民都深受其害。孙悟空找来土地神询问，土地神告诉他只有依靠铁扇公主扇动芭蕉扇，才能扇灭火焰山的火。

铁扇公主是牛魔王的妻子、红孩儿的母亲。孙悟空觉得借来芭蕉扇应该很容易，因为自己是牛魔王的拜把子兄弟呀！结果铁扇公主却冷脸相对，原来，因为孙悟空，铁扇公主的孩子红孩儿被观音菩萨收入天庭去修行，这导致母子二人不能相见，所以铁扇公主非常恨孙悟空。

第一次去借芭蕉扇，铁扇公主说要让孙悟空被她用扇子扇，只要不被吹跑，就借给孙悟空。结果孙悟空小瞧了芭蕉扇的风力，居然被吹到了灵吉菩萨那里，不过也借此讨要到了定风丹。铁扇公主再也不能把他吹走了，可是她反悔了，坚决不借。

第二次去借芭蕉扇，孙悟空用了七十二变，变成小飞虫顺着茶水飞进铁扇公主的肚子里。他在里面又踢又打，可把铁扇公主给折腾惨了。为了让孙悟空从自己的肚子里出来，铁扇公主把一把假的芭蕉扇借给了他。孙悟空满怀希望地去灭火，结果可想而知，火焰山的火势更大了。

第三次去，孙悟空变成牛魔王的模样，骗来了芭蕉扇。但真的牛魔王也赶来了，这对拜把子兄弟就打了起来，后来还惊动了天兵天将，大家齐心协力，共同降伏了牛魔王。铁扇公主生怕丈夫被打死，连忙把芭蕉扇交了出来。孙悟空扇灭火焰山的山火，师徒四人这才顺利西去。

铁扇公主一次次给孙悟空设置障碍，但孙悟空都想方设法破解了，并取得了芭蕉扇。于是就有了这句"孙悟空借芭蕉扇——一物降一物"，用来比喻所有事情都能找到解决的办法。

铁扇公主为什么不去扇灭火焰山的山火？

铁扇公主手中有一件宝物叫作芭蕉扇。据说，这把扇子是太阳的精叶，是至阴之物。和金箍棒一样，可大可小，平时可以缩小藏在舌头底下，用的时候，可以放大，威力巨大。在原著中有这样的描写，即便是三昧真火落下来的火焰山，扇一下就能灭火，扇两下就能刮起阴风，扇三下就能聚集水汽下雨。

既然芭蕉扇能够浇灭火焰山的山火，为什么铁扇公主不彻底让这里变成宜居之地呢？铁扇公主并不是妖怪，但也不是神仙，最多只能算是尚在修行的地仙，她之所以能够在翠云山安心修炼，就是因为火焰山的居民要定期给她供奉，换取让她短暂地扇灭火焰山的山火。如果她直接扇灭了火焰山的山火，让这里恢复曾经的气候，百姓自然就不会再给她供品，她又怎么能继续这种丰衣足食的生活呢？

歇后语练兵场

你能说出以下与孙悟空有关的歇后语吗？

1. 孙悟空的金箍棒——＿＿＿＿＿＿＿

2. 孙悟空翻跟头——＿＿＿＿＿＿＿

3. 孙悟空拔猴毛——＿＿＿＿＿＿＿

4. 孙悟空打猪八戒——＿＿＿＿＿＿＿

参考答案 1.能大能小；2.十万八千里；3.变化多端；4.倒打一耙

宝玉出家——一去不回

释义

贾宝玉心灰意冷，对世俗感到绝望，便遁入空门，出家做了和尚。比喻无法回头，只能离开。

历史小·故事

贾宝玉是神瑛侍者下凡，在贾府里，他对考取功名完全没有兴趣，但十分尊重女孩子，尤其喜爱自己的表妹林黛玉。在世外桃源般的大观园中，贾宝玉和一众姐妹过着快活似神仙的日子。

然而，此时的贾府已经是千疮百孔，只能靠着祖上的功绩坐吃山空。贾宝玉没有兴趣去考取功名，也没有办法改变现状。他的父母和其他姐妹，都在不遗余力地告诉他，必须考取功名才能光宗耀祖，贾府才能继续支撑下去。可他们都不懂贾宝玉的内心。只有林黛玉是他的知己，懂他所想。然而，林妹妹的身体很不好，最终因病早逝。贾宝玉的心随之埋葬，在家人的安排下，他迎娶了薛宝钗。婚后，两个人相敬如宾，但薛宝钗也经常劝他要努力考科举，让他烦不胜烦。

在封建王朝里，伴君如伴虎，加上贾府早就出于各种原因成了皇帝的眼中钉，所以皇帝寻了个由头便下令抄了贾府。在现实的压迫下，在考取功名后，贾宝玉最终选择了出家。

　　《红楼梦》中总是透出一种宿命的安排，在曹公的笔下，贾宝玉前世是神瑛侍者，林黛玉是因他仙露灌溉而存活的绛珠仙草，神瑛侍者下凡，绛珠仙草便决定追随而去，但此生的目的就是为了还泪，泪还完了，她就可以再次回到太虚幻境。宝玉出家也是如此，贾宝玉一生追寻的目标只有两个，一个是"多情"，此为大爱，他尊重并爱护所有美好的女子，无论身份贵贱，但最终寄托他所有理想的大观园被抄了；另一个是"专情"，即小爱，寄托唯有林黛玉一人，绛珠仙草仙逝，他没有办法将这种情感寄托在薛宝钗身上，所以才会出家，并且是无可避免、无法回头的举动。所以后人用"宝玉出家——一去不回"这句歇后语比喻事情已经无法回头。

《红楼梦》中有哪些有趣的谐音梗和绰号？

曹雪芹很擅长用谐音梗取名，来预示人物的结局。比如，甄士隐的女儿叫甄英莲（真应怜），她被家人霍启（祸起）抱着出去玩，结果走丢了，从一个小姐被人贩子卖给薛蟠沦为"妾"，最终惨死；贾家四姐妹元春、迎春、探春、惜春，谐音为"原应叹息"，感叹四个妙龄女子却在不同的环境中都走向了悲惨的结局。对于贾家的几个男主人作者都是通过谐音梗表现出对他们的嘲讽，贾政（假正，讽刺他是假正经的伪君子）、贾赦（假设，讽刺他是个空架子）、贾敬（假静，讽刺他假装修道好清静）、贾琏（假脸，讽刺他不知廉耻，荒淫无度）。

除此之外，曹雪芹还会用绰号彰显人物性格。比如，林黛玉的绰号是"颦儿"，贾宝玉的绰号是"混世魔王"，王熙凤的绰号是"凤辣子"，薛蟠的绰号是"呆霸王"，这些绰号栩栩如生，是塑造人物形象的点睛之笔。

将与《红楼梦》相关的歇后语正确连起来。

1. 刘姥姥出大观园   1. 满载而归
2. 贾宝玉的丫鬟   2. 心狠手毒
3. 林黛玉葬花   3. 喜（袭）人
4. 王熙凤害死尤二姐   4. 自叹命薄

参考答案 1.1 2.3 3.4 4.2

历史典故中的歇后语

三十六计——走为上计

出自《南齐书·王敬则传》。原本是指战争时如果形势对自己不利就赶紧逃跑。现在引申为如果形势对自己不利，就应当采用躲避、退让的方式。

历史小·故事

三十六计，主要是指中国古代三十六个兵法策略，是中国古代军事方面的智慧合集。在漫长的中国古代史中，每一条策略，我们都能找到与之相对应的成功案例，甚至有的策略就是以某一场经典战役为典故而被收入其中。

"走为上计"，自然也有很多经典的战役与之对应。在春秋时期，楚国为了充实实力，必须先征服周边小的附庸国。其中，庸国的地理位置极为关键，是楚国前往其他附庸国的通道。

于是，楚庄王就决定发兵攻打庸国。庸国虽然国力弱、兵士少，但到了国家存亡之际，所有将士都奋勇抵抗，令楚军难以招架，甚至大将杨窗都被庸军俘虏了。

不过，庸国已是强弩之末，俘虏了楚国大将却看管不严，几天后，杨窗找了个机会从庸国军营逃了回来。楚庄王忙让杨窗过来汇报，杨窗如实汇报说，庸国将士个个都很勇猛，如果不调集主力军队过来，恐怕很难取胜。楚庄王没想到一个小小的庸国却这么难以征服，一时间有些慌乱。

　　楚庄王的军师想出了一条计谋。之后的几天，楚国将领带着少部分兵力每天都去攻打庸国，但开战不久，楚国的将士们就装作攻打不过，走为上计。几次之后，庸国的将士们竟然就开始飘飘然了。然而，楚庄王早就下了密令，集结了楚国的主力军队。

　　庸国的将士们还沉浸在前几次的胜利中，压根就没把再次攻打过来的楚军放在眼里，结果可想而知，庸军一败涂地。就这样，楚庄王征服了庸国，开辟了壮大楚国的道路。

　　楚军的"走为上计"并不是真的怕了庸国军队，而是避其锋芒，麻痹对方。这条计策有躲避的意思，也有保存实力的意思，后来演变为如果形势不利，就躲避、退让以求保存实力的意思。

历史上最擅长"脚底抹油"的皇帝有哪些?

　　最著名的就是刘邦。刘邦在早期和西楚霸王项羽的较量中一直都处于劣势,打不过就只好跑了。不过,其中他的一个举动引发了很大的争议,就是在逃跑的过程中,为了加快马车的速度,他将妻子吕雉和儿子踹下去了。而且在他逃跑后,妻子吕雉、父亲刘太公都被项羽俘虏了。

　　其次是刘备,在建立蜀汉的过程中,刘备也曾有过数次逃跑的经验。

　　影响力最大的是清朝的咸丰皇帝,并且由他的逃跑,导致了英法联军"火烧圆明园",使国家损失了大量奇珍异宝,曾经的天朝威严也被侵略者踩在了脚下。当时,因为禁烟运动,英法联军认为是清政府阻碍了他们做鸦片生意,便凭着大炮火器攻入北京城,咸丰皇帝立刻带着后宫女眷跑到热河避暑山庄。寻不到皇帝的英法联军占领了圆明园,在烧杀抢掠之后,一把大火将这座园林烧成了一片废墟,大火三天三夜未灭,损失无法计算。

歇后语练兵场

选出与歇后语相关的计谋。

A. 四面楚歌　　　B. 趁火打劫　　　C. 借刀杀人　　　D. 金蝉脱壳

1. 楚霸王困垓下——_____　　　2. _____——干净利索

3. 孔明斩魏延——_____　　　4. 强盗救火——_____

参考答案　1.A 2.D 3.C 4.B

韩信点兵——多多益善

释义　出自《史记·淮阴侯列传》。古代是用来对韩信统率兵马才干的赞誉，现代多用来形容数量越多越好。

历史小·故事

　　韩信，是楚汉战争中帮助刘邦夺取江山的一大功臣，是"汉初三杰"之一，被称赞为"兵仙"。

　　不过，他并不是从沛县开始就一直追随刘邦的。原本他是在项羽的帐下，却始终得不到重用。后来投靠了刘邦，也得不到重用，一气之下，他就趁着夜色跑掉了。萧何慧眼识人，断定韩信是难得的人才，连忙把他追了回来。但萧何心里清楚，以韩信的能力，如果只是给他一个将军的职位，恐怕也难将他留下。于是他非常诚恳地对刘邦说，如果大王只是想当一方诸侯，可以不重用韩信；但如果大王是想争夺天下，除了韩信别无二选。

　　刘邦起初并不相信，觉得萧何是在夸大其词。但萧何用自己的性命作保，于是，刘邦就召见了韩信，也就有了那段著名的对话。

　　刘邦问韩信："听说你是将帅之才，我问你，我能带多少兵？"

韩信想了想，说："最多不过 10 万。"

刘邦点头表示同意，又问："那依照你的才能，能带多少？"

韩信自信地说："如果让我当主帅，自然是越多越好，多多益善！"

刘邦听后，倒不觉得对方是在吹牛，并且开玩笑说："看样子，我打不过你？"

韩信并不害怕，看着刘邦的眼睛认真地说："不，汉王是驾驭将军的人才，不是驾驭士兵的；而将帅们是专门训练士兵的，术业有专攻。"

刘邦终于相信了，韩信就是他要找的主将，韩信的战略眼光让他十分信服。果然，韩信也没有让刘邦失望，在之后的战役中，韩信凭借自己的才能平定三秦，横扫诸国，又在垓下围剿项羽，致使楚霸王在乌江自刎而亡，最终取得了楚汉战争的胜利。

歇后语"韩信点兵——多多益善"应运而生，后世演变为形容数量越多越好，是褒义的。

韩信发明了什么？

风筝。

在围剿项羽的垓下之战中，韩信派兵将楚军困在垓下。不过西楚霸王和他手下的楚军是不会束手就擒的。韩信揣测楚军为了征战久未回家，肯定是思乡情切，再看到他们目前被围剿的悲惨境地，一出攻心之计在心里形成。

韩信派下属找来很多牛皮，裁剪成块，绑在木架上，做成了很多架"风筝"，又在"风筝"上装上了风笛，只要放在天上，稍稍起风，风笛就会发出相当凄凉的声音。

之后，他又让围剿的汉军唱起楚地的民歌。楚军士兵先是被风笛的凄凉声音所感染，再一细听，对方军队唱的竟然是楚地民歌，便猜测那些都是被俘虏的楚军。渐渐地，楚军士兵没了斗志，涣散了军心，还怎么能打仗呢？就这样，韩信带领大军取得了垓下之战的胜利。

歇后语练兵场

说出这些和战争有关的歇后语吧。

1. 秀才遇到兵——＿＿＿＿＿＿＿

2. 留得青山在——＿＿＿＿＿＿＿

3. 赤膊上阵——＿＿＿＿＿＿＿

4. 城门楼上的哨兵——＿＿＿＿＿＿＿

参考答案 1. 有理说不清; 2. 不怕没柴烧; 3. 赤膊; 4. 居高（守）

姜太公钓鱼——愿者上钩

释义 典故最早见于《史记·齐太公世家》。原意是钓愿意上钩的鱼，后用来比喻心甘情愿地去做可能吃亏上当的事。

历史小·故事

商朝末年，商纣王残暴无道，朝廷分崩离析。而在这时，周边一诸侯国正在悄悄崛起，那就是西伯侯姬昌的岐周。姬昌就是后来的周文王，他在自己的封地里大施仁政，招贤纳士，和残暴的纣王形成鲜明的对比。

在岐周的郊外渭水边，有一个非常有名的老者，他之所以有名，原因有二。第一，他特别善于算卦测字，算得非常准的事迹被传得神乎其神；第二，他有很多奇怪的举动，最让别人不能理解的就是他每天晚上都会在渭水边钓鱼，但从来钓不到鱼，因为他只用直钩。即便经验老到的渔民告诉他，用直钩肯定是钓不到鱼的，换个弯钩吧。他都不为所动，坚称"愿者上钩"。

周文王姬昌听说后，觉得这位老者反其道而行之却坚持己见，肯定是个有大智慧的人，便命人去打听此人的来历和行踪，最好能把他请到宫中一叙，如果真有才能，就留在身边重用。第一次去的是一名士兵，他用传令的方式命令老者随他进宫。老者只是瞥了他一眼，并不搭理。第二次去的是一名文官，他好言相劝请老者随他进宫。老者仍然不予理会。

听了两个人的回复后，周文王意识到，这位老者必定是一位不可多得的能人，须得自己亲自出面才能请来。于是，他特意换上了正式场合的穿着，带着丰厚的礼品，亲自来到了渭水边。果然，远远地看到一个老者镇定自若地坐在河边，前面摆着一根鱼竿，却并不在意是否有动静。他没有派人去请，而是自己恭恭敬敬地走到老者身边，深深鞠躬施礼。

老者这才起身，向周文王回礼。两个人交谈了片刻之后，周文王意识到，这就是自己苦苦寻找的治世之能臣。老者也意识到，这就是自己苦苦寻找的明主。

这位老者就是姜尚，因年届七旬，故人称姜太公。后来，周文王过世之后，他竭尽心力辅佐继位的武王伐纣，最终推翻了商纣王的残暴统治，建立了周朝。

覆水难收

　　姜子牙得到姬昌的重用时已经是 70 岁老人了。在此之前，姜子牙几乎没有做成功过任何一件事情。他五六十岁时还居无定所，也没有娶妻。他的老友看他过得实在是太惨，就自作主张为他娶了妻子马氏。马氏的父亲不仅给了姜子牙一套居所，还给了他一些钱财。姜子牙最开始用这笔钱去做买卖，但因为经营不善亏本了。后来给人算命得了神机妙算的称号。但他每天只算三卦，给多少钱随便，所以也赚不了多少钱。时间久了，马氏非常生气，一怒之下就离开了姜子牙。后来，姜子牙成为周文王的左膀右臂，辅佐武王伐纣，建立周朝，马氏又来找姜子牙，希望能破镜重圆。但姜子牙已经看透了这个只能同甘不能共苦的妻子，将一壶水泼在地上让马氏去捡回来……这就是成语"覆水难收"的典故了。

　　填写空格，组成正确的歇后语。

1. 猪鼻子插大葱——装_____

2. 长虫碰_____——莽（蟒）撞

3. 提着马灯下_____——步步深入

4. 东洋人戴高帽——假_____

参考答案　1.象；2.墙；3.矿井；4.充大个儿

鲁班门前弄大斧——有眼无珠

释义 出自明代梅之涣的诗作《题李太白墓》。意思是比喻在行家能手面前卖弄本领。贬义。

历史小·故事

鲁班，被称为"中国建筑鼻祖""木匠鼻祖"，姓公输，名般（通"班"），他是战国时期的鲁国人，所以世人都叫他鲁班。

他出生在一个世代做木匠活儿的家庭里，他的祖父、父亲都是木匠。从小，鲁班就跟着祖父、父亲，耳濡目染地也学会了很多木匠活儿。不过，战国时期，做木活儿的工具都不怎么称手，比较原始，毕竟条件有限。鲁班就想：如果能改良一下工具，是不是就能更好、更快地完工呢？于是，他在做木活儿的时候就专门研究起工具来。

《事物绀珠》《物原》《古史考》等不少古籍，都记载着鲁班创造、改良了很多工具器械，最出名的当数鲁班尺，也叫曲尺，还有锯子、墨斗等。

鲁班发明锯子其实是因为一件很小的事情。有一次，他上山砍

91

伐木材，一没留神脚下一滑摔倒了，手也被野草割破了。鲁班觉得很纳闷，这种野草又没有长刺，怎么会割破手掌呢？他捡起一片叶子，仔细观察一番，这才看到，原来野草的叶子是齿状的。他这才恍然大悟，原来齿状的东西比直线型的东西更加锋利，如果把工具做成齿状的，是不是就能更快、更省力地切割木材呢？回到家后，他立刻投入了研究实验，将铁片制作成齿状的。经过反复试验，终于发明了效率更高的锯子。

值得一提的是，斧子并不是鲁班发明的。斧子出现的时间非常久远，相传，黄帝就曾经用斧子当作兵器。而在我们的神话传说中，开天辟地的盘古使用的工具也是斧子，足以见得在远古时期，就已经有比较原始的斧子了，不过那时候的斧子应该是石头打磨的。到了后来，因为青铜和铁器被广泛使用，斧子就变成了青铜制造和铁器材质。鲁班和斧子没有什么关系，但因为他发明了太多的工具，所以后世人们就把古代劳动人民的集体创造和发明都集中到他的身上了。

也因此，才会出现"鲁班门前弄大斧——有眼无珠"这句歇后语。

鲁班锁是鲁班发明的吗？

不是。

鲁班的发明创造在军事领域发挥了重要的作用，如云梯、钩强，一个是攻城专用，一个是海战专用，所以说他是最早的军械制造者，毫不夸张。在中国古代，有一种专门给孩子玩耍的东西被冠以了鲁班的名字，这就是"鲁班锁"，一种用6根木条制作的可拆卸的玩具。古时候，有很多家长为了测试孩子是不是聪明，就花几文钱买上一个，如果孩子在短时间内将锁拆解开再拼上，就说明孩子很聪明。

这种玩具起源于中国古代建筑中首创的榫卯结构，所以被叫作"鲁班锁"，那它真的是鲁班发明的吗？这个锁还有个名字叫"孔明锁"，有人又说它是诸葛亮根据八卦发明的，还被叫作"八卦锁"。实际上，这种玩具具体是谁发明的不得而知，都是广大老百姓的智慧集合。

歇后语练兵场

将歇后语正确连线。

1. 惊弓之鸟	1. 充耳不闻
2. 纵虎归山	2. 后患无穷
3. 对牛弹琴	3. 惶惶不安
4. 棋逢对手	4. 不分上下

参考答案 1.3 2.2 3.1 4.4

齐桓公的老马——迷途知返

历史小·故事

　　齐桓公是春秋五霸之首，身边的丞相就是著名的奇才管仲。正是在他们的治理下，齐国的国力日渐强盛。

　　有一年，山戎进犯燕国，燕国不敌，便派人向齐桓公求助，希望能够得到齐国的增援。齐桓公觉得，齐、燕两国关系亲近，按照现在的话说，是可以作为战略合作伙伴的盟友，盟友有难，岂能坐视不理？于是，他率领大军浩浩荡荡地出发了。

　　齐桓公原本以为，打退山戎是非常简单的事情，没想到，这场战役被拖的时间太长了。齐桓公出发的时候，还是春天，等到仗打完了，已经到了冬天。此时，重山环绕，景色和春天时相比已经是大变样了，这支军队竟然找不到回齐国的路，迷失在了山林里。

　　对于大军而言，这是十分危险的。粮草有限，又没有地方补给，三两天还好说，时间长了，将士们很有可能会被饿死。齐桓公忙问丞相管仲，这该如何是好呢？

管仲让他先别慌，让自己想个办法。管仲先是到军队看了一圈，询问这几天是否发现人烟，众士兵都说没看到过。找人带路是行不通了，就只能找动物了。管仲又把视线看向军队里的战马，突然，他指着一匹年龄较大的马说，这匹马应该认识回去的路，不如让它带领我们回去吧。

很多将领都觉得这个提议异想天开，人都不认识路，马能认识吗？但管仲在齐国的威信很高，素有"智囊"之美誉，齐桓公也非常信任他。于是，将士听了管仲的话，松开了老马的缰绳，让它带领众人寻找方向。果然，这匹老马在迷途中找到了正确的方向，将军队带回了齐国。

其实，动物能够识别路途是它们的生存本能。比如嗅觉灵敏的动物会辨别气味，飞行的鸟类能依靠天空里的磁场找到方向，蝙蝠能根据回声辨别定位，而马是靠超强的视觉记忆力记住地形。管仲博学多才，所以才让老马带领整支军队走出困局。

齐桓公真是因为跑得快才当了国主？

齐桓公的长兄齐襄公弥留之际，齐国的政局动荡，公子纠和公子小白都是合法继承人，就看谁先到京都谁就能继位。公子小白和他的支持者鲍叔牙将计就计，让公子纠和其支持者管仲以为自己死了，自然就不用太着急地赶路了。公子小白却迅速回到京都，继承大位。公子小白就是齐桓公。

管仲和鲍叔牙的管鲍之交

上面提到，管仲最开始支持的是公子纠。但公子纠失败之后，管仲又是怎么到了齐桓公的手下并被委以重任的呢？这就不得不提到管仲的好友鲍叔牙了，他们的友谊被称为"管鲍之交"。鲍叔牙十分钦佩管仲的才学，尽管管仲比较穷，鲍叔牙毫不吝啬地拿出本金让管仲做生意，赚了钱分给管仲，赔了钱自己填上。其他人替鲍叔牙不值，但鲍叔牙深知管仲的难处，毫不计较。后来，齐桓公上位，原本是想任命鲍叔牙为丞相，但鲍叔牙自觉能力不够，鼎力推荐管仲为相，这才成全了齐桓公收获智囊。

歇后语练兵场

写出歇后语后面的成语吧。

1. 千人大合唱——＿＿＿＿＿＿＿

2. 地球绕着太阳转——＿＿＿＿＿＿＿

3. 总统府请客——＿＿＿＿＿＿＿

4. 北极上的冰川——＿＿＿＿＿＿＿

参考答案 1. 异口同声；2. 周而复始；3. 盛情款待；4. 高高在上

赵括打仗——纸上谈兵

释义 出自《史记·廉颇蔺相如列传》。原本是指赵括熟读兵书，却不能灵活运用在战场上；后比喻空谈理论，不能解决实际问题。贬义。

历史小·故事

战国时期，赵国有一个著名的将领名叫赵奢，是"战国八将领"之一，战功赫赫。他有一个儿子叫赵括，自幼学习兵法。赵奢经常和儿子探讨军事。赵括总能对答如流，引经据典。赵奢听完之后，从理论上挑不出毛病，但也没有夸奖他，反而评价赵括当不了将军，如果赵国用他为将，将来会酿成大祸。

后来，秦国和赵国在长平对峙，这是一场决定生死存亡的关键战役。赵王派出主将廉颇。廉颇知道，秦国军队素有"虎狼之师"的称号，不能硬拼，只能采取最保守的守城之势。

两军就这样在长平对峙了数月，赵王等得不耐烦了，多次给廉颇下令，让他尽快进攻，取得胜利。

就在这时，有探子来报，说秦军那边早有消息传出来，说幸好是老将廉颇统率赵国军队，要是让赵奢的儿子赵括带兵，那就惨了，那小子熟读兵法，就连赵奢都挑不出他的毛病，可见多厉害。

赵王信以为真，立刻下令，让赵括接替廉颇统率士兵。赵括没有实战经验，完全照搬兵书上的理论，先是把廉颇分批筑造的堡垒合并到一处，然后下令让赵国士兵英勇杀敌，若秦军退却必须乘势而追，不胜不回。

当秦国军队3000人马前来攻打之际，赵括直接带领万人迎战。在兵力的"碾压"下，秦国军队望风而逃。首战告捷后，赵括信心爆棚，立刻向秦国军队下了战书。没想到，到了第二天，赵括带领主力部队去攻打秦国军营，却陷入了秦军的天罗地网之中。

原来，这是秦国军队特意为他准备好的陷阱，这场战役，最终以赵国45万大军全军覆没，主将赵括被杀为结束。经此一战，赵国的国力大不如前，最终被秦国消灭。

知子莫若父，尽管赵括熟读兵法，但毫无作战经验，只会照搬理论。所以，后世便用"赵括打仗——纸上谈兵"来形容只知道理论却不能用于实践。

赵括真的是无能之将吗？

赵括这一生只打过一仗，而且是要了自己性命的败仗，所以很多人都理所应当地认为赵括无能。实际上，赵国和秦国的实力悬殊，廉颇老了，赵奢过世了，赵括当主帅实则是无奈之举。秦国的军队势不可当，是"虎狼之师"，而将领正是有着"战神"之称的名将白起。在打仗之前，赵国军队的很多士兵听说对面来的人是白起，已经被吓破了胆，甚至主张撤退，导致内讧。赵括不是个有实战经验的将领，但熟读兵法，并不能算无能之将。

白起有多可怕？

白起，是战国时期秦国的名将，说他是"一生指挥近百仗，未尝一败"，绝非夸张。他有着非常出色的战略思想和战略眼光，能在瞬息万变的战场上抓住取胜的时机。除此之外，秦国经历了商鞅变法后实力大增，秦军本就是虎狼之师，作战勇猛，成为白起最为锋利的矛。故而，白起又被称为"杀神"。

将歇后语后面的成语填写出来。

1. 太监读圣旨——_____

2. 背后拉弓——_____

3. 奸商和骗子做生意——_____

4. 管中窥豹——_____

参考答案   1. 照本宣科 2. 暗箭伤人 3. 尔虞我诈 4. 略见一斑

伍子胥过昭关——一夜白头

释义　伍子胥过昭关被逼得一夜白头。比喻遇到不可逾越的障碍或压力，心急如焚，一筹莫展。

历史小·故事

楚平王不喜欢太子建，想把自己的皇位传给宠妃的儿子。但这不符合礼法，楚平王另想了一招，竟然诬陷太子建谋反。

伍奢作为太子建的老师，努力维护自己的学生，这也被楚平王记恨在心。于是，他把伍奢软禁起来，还逼迫他给两个儿子——伍尚和伍子胥写信，让他们也都回到郢都（今湖北江陵西北）。

伍尚是武将，不懂那些权谋，收到父亲的信后马上回到了郢都，他和伍奢都被楚平王杀害。太子建事先得到风声，带着儿子公子胜逃到宋国去了。

伍奢的小儿子伍子胥从楚国逃往宋国，找到了太子建。太子建为了引开追兵，和伍子胥分头行动，伍子胥带着公子胜准备去其他诸侯国避难。

在逃亡的路上，他听到父亲伍奢和兄长伍尚都被楚平王杀害的消息，暗自发誓，此仇不报誓不为人。楚平王也知道伍子胥的才能，十分忌惮，便在楚国的边境布下了天罗地网。

那一日，伍子胥来到楚、吴的交界处——昭关，只要过了这里，他就到了吴国的地界，也就意味着到了安全的地方了。但是，这里处处张贴着伍子胥的画像，官吏们也层层盘查。伍子胥愁得一夜没睡，第二天一早，公子胜发现，伍子胥竟然愁得一夜白头。

幸好他们遇到了好心人东皋公。他知道楚平王杀害了伍奢、伍尚，同情伍子胥的遭遇。他的朋友皇甫讷长得和伍子胥有点像，便建议让皇甫讷冒充伍子胥。当将领迅速来抓假伍子胥时，一夜白头的伍子胥趁乱出了城，顺利到达了吴国。

吴王阖闾继位后，伍子胥成为他的左膀右臂，又引荐孙武做大将军。后来，吴国的军队把楚国打得一败涂地。

不难想象，当年被困在昭关的伍子胥面临多大的压力，如果被抓，不仅自己性命不保，父兄的仇也不能报了。

101

歇后语学堂

从刎颈之交到走向决裂的伍子胥和孙武

伍子胥和孙武被称为"刎颈之交"，是因为伍子胥在逃跑的路上遇到了当隐士的孙武，孙武看伍子胥饥肠辘辘，就给他盛了一碗粥。聊天之后，他们都被对方的才能所折服。伍子胥为了报仇，必须找到一个能够依靠的势力。离开前，伍子胥承诺，若找到明主，一定会向明主推荐孙武。

后来，孙武和伍子胥都被吴王任命为要职，在孙武的训练下，吴国的军队实力日渐强盛，军纪严明，吴国也成了新的霸主。但伍子胥为了报仇，攻打楚国成功之后，甚至找到了楚平王的墓地，挖出他的尸体鞭尸。这种行为在当时看来，是十分过分的，就连一向与伍子胥交好的孙武都觉得，这是倒行逆施之举，力劝他放下仇恨。两个人因此事发生了隔阂，再后来，他们因为政见不同而决裂，孙武决定就此隐退，在离开前，念着旧情的他找到伍子胥，劝他放下权力，隐退山林，否则必有大祸。但伍子胥已经没有办法回头了，最终，昏庸的吴王赐死了伍子胥。

歇后语练兵场

将这些典故的歇后语连起来吧。

1. 海瑞上殿　　　　　1. 妙手回春
2. 吴三桂引兵　　　　2. 不得民心
3. 李时珍治病　　　　3. 为民请命
4. 秦桧杀岳飞　　　　4. 吃里爬外

参考答案　1.3 2.4 3.1 4.2

刘伯温辞官——审时度势

释义 刘伯温知道自己已经不被朱元璋信任，主动辞官，以求自保。比喻善于估量形势的发展和变化，能够认清自己所处的情况。

历史小·故事

刘伯温是辅佐朱元璋取得江山的军师，相当张良之于刘邦，诸葛亮之于刘备，足以见得刘伯温的重要地位。朱元璋当了皇帝之后，一心培养的太子朱标因病离世，这让朱元璋非常伤心。他不愿意把皇位传给其他儿子，坚持把自己的皇位传给皇太孙朱允炆。但朱允炆太小了，他担心朱允炆无法掌控那些帮助自己打江山的文武官员，便开始找各种由头处罚那些大臣，只为了给朱允炆搭建好自己的班底。

朝廷上本身就形成了各个利益集团，朱元璋的这种做法让各个利益集团相互攻讦起来。刘伯温和胡惟庸分属两个不同的利益集团，他们原本关系就不好，刘伯温不认可胡惟庸的为人，也看不惯他的愚蠢。但朱元璋清楚，胡惟庸是心性狭小之人，借他的手，可以除去很多心头隐患。于是，朱元璋开始重用胡惟庸，更给了他办案的特权。果然，没过多久，胡惟庸便开始自大起来，将矛头直指刘伯温身边的官员。

刘伯温是何许人也？朱元璋曾经评价他"吾之子房也"（意思是：你就是我的张良），所以他轻而易举就看出了朱元璋的用意，也知道君臣之间的关系已走到了尽头。那一日，他来到皇宫面见朱元璋，当面请求辞职。朱元璋看着已是一头白发的刘伯温，思索片刻，终于点头应允。

然而，刘伯温的结局并不好，虽然他主动提出了辞官，但为时已晚，他早就上了胡惟庸的黑名单。胡惟庸嫉妒他的才能，朱元璋忌惮他的本事。为了让朱元璋放心，刘伯温没有离开京城，想要表现出"我就在皇帝身边，不会做出不忠之事"的姿态。因为过于提心吊胆，刘伯温病倒了，就在这时，胡惟庸带着朱元璋赐的药来到刘伯温的家。

皇帝赐药，他岂敢不喝，吃过药后，他的身体没有任何好转。刘伯温清楚，这根本就不是良药，而是朱元璋的敲打。就这样，在郁郁寡欢中，刘伯温病逝了。

刘伯温和一个烧饼

刘伯温有一首著名的《烧饼歌》，据说是和《推背图》有同等地位的推测之作。

这里我们要说的不是《烧饼歌》，而是其他的故事。刘伯温的一生都和烧饼有着莫名的缘分。起初，朱元璋将刘伯温收入帐下之后，故意试探他。刘伯温进来的时候，他将吃了一口的烧饼藏在一个碗里，并且用盘子扣住了碗口，问刘伯温自己的碗里是什么。刘伯温仔细观察了一番，看到桌子上有几粒芝麻，空中有一股酥油的香气，便猜到了答案。于是他说："半似日兮半似月，曾被金龙咬一缺。碗中乃烧饼也。"朱元璋深感此人神机妙算，聪慧过人，才委以重任。

据说刘伯温在临死前曾对家丁说，自己很想吃一口烧饼，家丁连忙跑出去买，但回来后，发现刘伯温已经病逝了。

歇后语练兵场

将下面的歇后语正确连在一起。

1. 秦始皇灭六国	1. 统一天下
2. 秦琼卖马	2. 独断专行
3. 杨乃武入狱	3. 忍痛割爱
4. 慈禧太后听政	4. 屈打成招

参考答案 1.1 2.3 3.4 4.2

南郭先生吹竽——滥竽充数

不会吹竽的人混进了会吹竽的行家队列里。比喻没有真才实学的人混在内行人之中，或以次充好。

历史小故事

这是发生在战国时期齐国的故事。齐宣王喜欢听人演奏，尤其是喜欢"竽"这种乐器，他派手下在齐国到处搜寻善于吹竽的乐师。既然是国王招募乐师，给的薪水自然是十分丰厚，有很多人都得到了这份工作机会。

有一个姓南郭的人，他平日里游手好闲，眼高手低。听说了齐宣王招募乐师的事情后，眼馋那份丰厚的薪水，但自己又不会吹竽。这可怎么办呢？南郭先生想了一个绝佳的办法，他想方设法见到了齐宣王，向对方自卖自夸，说自己是吹竽高手。果然，齐宣王被他蒙骗了，将他编入吹竽的乐师班里。

为什么他根本不会吹竽，却敢假装自己会呢？其实，他早就打听到了，齐宣王喜欢听合奏，命令已经组建好的几百个乐师站在一起演奏曲目。于是，每次演奏时，他都站在队伍里，假模假式地拿起竽，模仿其他乐师的样子，摇头晃脑，鼓着腮帮子，好像真的在吹奏一样。

就这样，南郭先生凭借自己精湛的"演技"，在齐宣王面前假模假式地混了好几年。后来，齐宣王过世了，接替齐宣王位置的齐湣王也很喜欢听人吹竽，但他和父亲的喜好不一样，他更喜欢听独奏，会随机指派某一个乐师出来演奏。这个变化可把南郭先生吓坏了，他的演技再也不能帮他了。如果有一天，齐宣王指定自己出来演奏，一定能识破他根本就不会吹竽这件事，一气之下很有可能会杀了自己。为了避免暴露，也避免丢了性命，他收拾好了行李，趁着夜色灰溜溜地逃跑了。

南郭先生的故事演变出歇后语"南郭先生吹竽——滥竽充数"，还有一句类似的"南郭先生吹竽——不会装会"，同时还有一个成语"滥竽充数"，意思非常相近，都是指"残次品"冒充到"良品"的队伍中，以次充好。

107

最早的门客，要的就是博学多才

门客，是在古代达官贵人家中养的一些人，他们最主要的任务就是在关键时刻替主人办事，平时要依靠才学博取主人的欢心。在春秋战国时期，著名的"四公子"以招揽门客而著称，他们分别是楚国的春申君、赵国的平原君、魏国的信陵君、齐国的孟尝君。

中国最古老的乐器是什么？

骨笛，这是用动物的骨头制作而成的笛子。我国考古学家于20世纪80年代曾经考古出一个新石器时代的遗址，其中有21支笛子是用仙鹤的骨头制作而成，每支笛子有7个孔。最让考古学家吃惊的是，这些笛子距今已有八九千年的历史了，是我国考古出来的最古老的乐器。

除了骨笛，有好多乐器在中国都有数千年的历史，比如编钟、瑟、古琴、埙、鼓、琵琶、二胡，等等。

歇后语练兵场

将下面的乐器放在正确的位置。

A.练琴　　　B.鼓　　　C.提琴

1.孔明_____——老生常谈

2.拉_____打喷嚏——弦外之音

3.敲_____的吹口哨——自吹自擂

参考答案 1.A; 2.C; 3.B

楚河汉界——一清二楚

释义

楚河汉界，双方相约以鸿沟为界，中分天下，"鸿沟而西者为汉，鸿沟而东者为楚"。意思是指约定分明，没有任何不清楚的地方。

历史小·故事

　　秦二世的残暴统治激发了陈胜吴广的农民军起义，最终导致秦朝灭亡。战乱并未因此而停止，后来的割据势力主要有两队人马：一个是由刘邦作为汉王的汉军，一个是由楚霸王项羽率领的楚军。最开始的时候，刘邦率领的汉军实力远不如楚霸王项羽。

　　在荥阳，楚军对汉军形成了围剿之势。之后，刘邦逃到一个叫修武的地方休整。就在这时，韩信来了，担任汉军的大将，在他的统领下，汉军的势力日益强盛。

　　楚汉双方力量此消彼长，形成了对峙的局面。今天你攻下我一座城，明天我消灭你一支队伍。谁也不能真的消灭对方，谁也不愿意被对方消灭。

　　到了秋天，项羽突然率兵向开封、商丘一带发动攻击，留下曹咎守城。在离开之前，项羽千叮咛万嘱咐，要他固守城池，切不可与汉军交战。汉军知道曹咎行事鲁莽，便多次到城池下叫阵。起初，曹咎还能谨记项羽的嘱咐，但被激怒后，他擅自率部出城，想渡过汜水与汉军作战。汉军早就布下了埋伏，当船行驶到河中间时，大批汉军宛如神兵天降。曹咎后悔不迭，自知无颜见项羽，便自杀了。

项羽听到这个消息，连忙杀了回来。城池是楚军储藏粮草的地方，如果丢了，就相当于失去了粮仓。但当他来到城池下，刘邦却任他们如何叫骂，也避而不出。

这时，韩信从后方抄了楚军的后路。项羽陷入了前进不能、后退不得的境地，苦苦消耗了数日之后，楚军弹尽粮绝。可躲在成皋里的汉军则粮草充足，且还有萧何能从后方往这里运送。

在这种进退两难的处境中，项羽选择和刘邦和谈。双方最终约定，以鸿沟为界，中分天下，以西为汉，以东为楚，互不侵犯。这就是"楚河汉界"的来历。

项羽是成语的集大成者?

项羽是一位充满传奇色彩的悲情英雄,他勇于反抗,在秦朝末年扛起反对秦朝暴政的大旗,一路上英勇战斗,但最终却被韩信逼迫到垓下中了十面埋伏,于乌江自刎。所以,项羽这一生衍生出 10 余个成语。如破釜沉舟、霸王别姬、四面楚歌、十面埋伏、以一当十、项庄舞剑、力能扛鼎等。

刘邦只比秦始皇小 3 岁?

秦始皇是秦朝的创建者,刘邦是汉朝的建立者,但他们之间只相差 3 岁。秦始皇过世时是 49 岁,秦二世胡亥在位仅仅 3 年。刘邦在举兵反秦的时候,已经是个近 50 岁的"老人"了。之所以很多读者觉得难以想象,主要是因为我们更习惯编年体的记录方法,一个朝代动辄几十几百年,所以很难接受两个朝代的创立者年龄竟然只相差 3 岁的事实。

歇后语练兵场

在空格里填写出数字。

1. 水缸里摸鱼——____拿____稳

2. ____寸加____寸——得寸进尺

3. 老和尚撞钟——过____日算____日

4. ____窍通了____窍——一窍不通

参考答案 ⟨ 1.十,九;2.九,一;3.一,一;4.六,一。

严嵩做寿——照单全收

释义　严嵩是明朝嘉靖年间的内阁首辅之一，此人十分贪婪，利用自己的权力疯狂敛财，是历史上有名的大贪官。这句歇后语的意思原是指照礼单收下寿礼，把东西占为己有。

历史小·故事

在明朝嘉靖年间，严嵩和严世蕃这对父子因为善于写青词而得到嘉靖帝的重用，严嵩官至内阁首辅，平日里用各种方式搜敛钱财。而且，他最大的爱好就是受贿，用各种理由找到下级官员，让他们给自己送礼。其中，最典型也最有名的就是做寿。

每年到了严嵩的生日，严嵩的府邸就会像过年一样热闹，各级官员为了自己的仕途，将费尽心机搜刮来的贵重礼物送给他。但令人吃惊的是，严嵩从来都不为客人准备吃食。简单来说，就是只收礼，不管饭。

结果，严嵩准备办80大寿的寿宴时，一位叫刘巨塘的县令第一次来京城述职，身边关系比较好的同僚告诉他，严嵩已经告知所有官员，他要办80岁寿宴了，不能不去呀。刘巨塘只好拿出所有的盘缠，买了一份生日贺礼。

但刘巨塘不知道严嵩的寿宴只能参加不能吃席，所以他是空着肚子去的。进府之后，他把贺礼交给了管家，还没见到严嵩，就被仆人告知可以离开了。刘巨塘非常吃惊，但也不好说什么，只好离开。不过，严府太大，他竟然迷路了，兜兜转转走了很久，本来就空着肚子，这下更饿了。最后他遇到了一个下人，下人看到身穿官服却很狼狈的刘巨塘，好心地请他吃了顿饭。

后来，严嵩父子逐渐被嘉靖帝所厌恶，信任也逐渐丧失，内阁次辅徐阶找到机会，向嘉靖帝参了严世蕃一本。嘉靖帝早就知道严嵩父子敛财受贿的事情，只是睁一眼闭一眼而已，但眼下他已经不想再容忍了，便抄了严府。

不抄不知道，一抄吓一跳，严嵩的府邸中有许多黄金白银，除此之外，还有很多奇珍异宝，数量之多、质量之高，均赶超皇宫和博物馆。比如，张旭的《春草帖》、王维的《辋川图》、张择端的《清明上河图》……都是名人墨宝，件件价值连城。

不过，严嵩已经敛财到如此地步，在做寿的时候却仍然吝啬到连一顿饭都不愿意付出。后世便用"严嵩做寿——照单全收"这句歇后语讽刺他的贪婪。

百年老店"六必居"竟然是严嵩题的字?

相传是的。

第一种说法是,原本六必居名叫六心居,嘉靖皇帝很喜欢吃他家的咸菜,严嵩为了讨好皇帝,经常去购买一些送到宫中。但六心居的老板不愿意卖给这个大贪官,借口没货。嘉靖皇帝听说后很生气,觉得既然六心居的老板讨厌严嵩,我偏偏就让严嵩题字,让你天天挂着,但不能题字六心居,要在"心"上加一笔,改成了"必"。然后,六心居就变成了六必居。

还有一种说法,是严嵩倒台后,自己的家被嘉靖皇帝抄了,儿子严世蕃被处死,他穷困潦倒,只能以乞讨为生。有一次,他讨到了六必居的门口,就着咸菜喝了好几碗稀粥。或许是因为太饿了,只是一点点咸菜,就让他觉得这是人间美味。他无以为报,为感谢老板的善心,便为这家小小的酱菜铺题了字。

歇后语练兵场

将这些和钱有关的歇后语正确连线,看你会不会?

1. 一个墨斗弹出两样线   1. 二百五

2. 一串钱九百九   2. 难摸哪一吊

3. 八百吊钱掉井里   3. 不成调(吊)

4. 半吊子的一半   4. 思(丝)路不对

参考答案   1.4, 2.3, 3.2, 4.1

包公断案——铁面无私

历史小·故事

关于包公如何巧断奇案，在各种影视作品中，已经被演绎多次。在真实的历史上，包拯并不是断案高手，而是一位为官清廉、刚正不阿的官员，不过他的矛头直指位高权重的奸臣。比如，他弹劾过以贩卖私盐而获得大量不义之财的淮南转运按察使张可久，惩治过被宰相陈执中、贾昌朝包庇的转运使王逵。王逵利用自己的职务之便，巧立名目，盘剥百姓，激起了很大的民愤。包拯得知后，完全不顾及前后两位宰相的面子，直言进谏，但宋仁宗并没有放在心上，最后，包拯直接指责起皇帝，说他不顾民怨，放任官员。正是有了包拯的刚正不阿，宋仁宗最终罢免了王逵。

在史书上，为数不多有明确记载的关于包拯断案的事迹是一起"牛舌案"。当时，包拯还只是一个官衔极低的县令，有一天，一个农民跑到县衙门口状告有恶人割了他家牛的舌头。要知道，在古代农耕社会里，牛是最有用的家畜，普通人无权随意宰杀，如果没有得到许可就杀了牛，是要被处罚的。包拯听到有人割牛舌，觉得很奇怪，光割掉牛舌也卖不了钱，歹人图什么呢？他思索了一下，便让这个农民将失去舌头的牛宰杀，并将牛肉拿到集市上售卖。果然，当天就又有人跑到县衙门口告状，说那位农民没有得到许可私下宰杀牛。包拯立刻下令将告状之人拿下，认定他就是割掉牛舌之人，目的就是为了陷害老农。在经过一番仔细调查之后发现，这个歹人果然和老农有私仇。这宗"牛舌案"就此告破。

可能大家会觉得奇怪，包拯并没有屡破奇案，为什么会得到"包公""包青天"的名号呢？其实，包拯是"青天大老爷"，秉公办案的名声是在元代才彻底流传开来的。可以说，包拯本身就是刚正不阿、为官清廉的好官，所以后世人都把自己对清官的美好想象放在他的身上，就形成了现在"包公断案——铁面无私"这句歇后语了。

包拯真的是黑口黑面吗?

包拯的两大特征:脸黑如炭,额头的月牙,都是艺术加工,当不得真。

为什么会形成这种误解呢?其实这是由明清时期的小说发展而来,小说为了塑造包拯不畏强权、秉公办案的性格,给他一个新的造型,铁面如墨,就是为了震慑佞臣和罪犯,让他们感到恐惧,所以便出现了"包黑子""包黑炭"的绰号。

至于额头上的月牙,是创作者为了给包拯设计更多的情节而创造的,在那些小说里,包拯是白天断阳、夜里断阴的判官,不仅要解决人世间的冤假错案,就连地府里的冤假错案也要让包拯去解决。怎么转换呢?于是就在包拯的额头上设计了一弯月牙。不仅如此,还给这个月牙安排了一个神奇的出处。小说里,包拯在小的时候突发奇想,要去审问驴子,结果因为驴子发脾气了,给了他一脚。他的嫂娘很担心,还以为他要死了,没想到过了几天,他竟然好了,只是在额头上留下了一弯月牙。

歇后语练兵场

将与包拯有关的歇后语连线。

1. 包公放粮   1. 法不容人

2. 包公杀亲侄   2. 先治其内,后治其外

3. 包公铡皇亲   3. 为穷人着想

参考答案 1.3; 2.2; 3.1

117

穆桂英挂帅——威风凛凛

历史小·故事

穆桂英是明代熊大木小说《北宋志传》和纪振伦小说《杨家府演义》中虚构的人物。她是杨宗保的妻子，是穆柯寨寨主穆羽的女儿。穆桂英自幼随父亲习武，武艺高强。她和杨宗保的相识过程也是因为抗击辽。当时辽军队来犯，杨业奉命率部出战，杨延昭和其子杨宗保一同出征。但辽军摆出天门阵，如果想要破此阵，需要穆柯寨的降龙木。无奈之下，杨宗保便带领士兵先去攻打穆柯寨，但人数相差悬殊，杨宗保不敌，竟然被穆桂英俘虏。

杨宗保对穆柯寨寨主谈及民族大义，希望穆柯寨能够贡献出降龙木，以求保护大宋的安宁。这一番话并没有打动寨主，但让穆桂英动容。她知道，眼前这个男人是个顶天立地值得托付的人，于是，她果断答应了杨宗保，条件是他娶自己。

成亲之后，杨宗保逐渐了解了穆桂英的为人，两个人非常恩爱，也曾共同在战场上杀敌。然而，北宋懦弱，当杨家将中的杨业及其后代儿郎大部分过世之后，北宋一直采取岁供的方式换取边境的和平。自此，杨家将众女眷也只能强忍着心中的愤慨，其中尤以佘太君和穆桂英为主。

后来，辽的野心越来越大，索要的岁供也越来越多。宋仁宗深感这么下去不是办法，必须重视军队建设。恰好此时，杨宗保和穆桂英的儿子杨文广夺得武状元。宰相寇准认为，这是化解杨家将和朝廷之间恩怨的好时机，便向宋仁宗进谏，请求让穆桂英挂帅，整顿军纪。宋仁宗当即应允。

在民族大义和国家情怀的感召下，穆桂英最终接下帅印，整顿军纪，不仅收复瓦桥三关，就连辽将领听说穆桂英挂帅的消息后，再也不敢轻易来犯。

穆桂英从出场开始就是一个英姿飒爽的女将军的形象，她有勇有谋，有国家大义，也有儿女情长，深受读者喜爱。正是这个原因，所以才会产生这句歇后语。

杨家将里的以下几位，在历史上确有其人

杨业，被北汉世祖刘崇赐名继业，也叫作杨继业。雁门关之战就是杨业与辽国的重要战役，后来他在战场上以身殉国。

杨延昭，是杨家将中的杨六郎。不过，他被称作六郎并不是因为在家族排行第六，而是因为辽人认为北斗七星中的第六颗主镇幽燕北方，是他们的克星。因为杨延昭战功赫赫，每当辽来犯，都是他率军防守。于是，辽人就把杨延昭视为天上的六郎星宿（将星）下凡，故称其为杨六郎。

杨文广，是杨延昭与穆桂英的儿子（这和小说中的记载不同），也是北宋的一名将领。相较于父亲和祖父而言，他没有太多记录在史料中的功绩，他是在对抗辽的过程中病逝的。

歇后语练兵场

请把人物名字写出来。

1.＿＿灭六国——一统天下

2.＿＿的军师——＿＿＿＿＿＿

3.扮＿＿的没卸妆——谁没见过那二花脸

4.＿＿丞相——没心

参考答案 1.秦始皇；2.隋炀帝、不慌；3.秦桧；4.庞士

楚霸王举鼎——力大无穷

释义　比喻楚霸王力拔山河气盖世，后来演化为形容大力士。

历史小·故事

楚霸王项羽，在很多人心目中都是一位有勇无谋的莽夫形象，这主要是因为他流传的几个故事都和力大无穷、鲁莽行事相关。"举鼎"就是其中之一。

项羽的祖父是战国末年楚国名将项燕，所以项家也是世代习武。项羽出生之后，他的父亲也曾想要培养他好好读书，但项羽根本读不进去，唯一能读下去的就是兵书。他父亲知道，项羽看来只能走武将这条路了。

有一次，秦始皇乘坐大船来到会稽，项羽的叔叔项梁带着他在河岸上围观盛况。项羽童言无忌，指着河中的大船说："我可以取代他。"此话一出，把项梁吓坏了，生怕被旁人听到。

然而，没过多久，项梁就因病过世。项羽被自己的叔叔项伯养在身边，一边教他习武，一边教他兵法。他学得很快，但并不肯深入研究，只对习武兴趣浓厚。

秦始皇去世之后，胡亥继位，就是亡国之君秦二世。他荒淫无度，增加徭役，致使农民起义。项伯和项羽也成立了反抗秦朝残暴统治的队伍，不过他们的队伍规模太小，根本形不成气候。为了扩大力量，项羽领命去联络另一支起义军。那支起义军的首领名叫桓楚。桓楚看不上项羽，故意难为他，说院子中有一尊足有千斤的大鼎，如果项羽能够举起来，他就同意和项伯等人合作。

项羽马上大步走到大鼎面前，握住鼎足，运足丹田之气，大喝一声"起"，那尊重达千斤的大鼎就这样被他轻而易举地举了起来。桓楚见识到了项羽的力大无穷，深感这是一个不容小觑的勇士，便答应了合兵起义。

当然，所谓的重达千斤不过是夸张的说法，真实的情况可能更类似于现在的举重选手能够举起的重量。因项羽"力拔山河气盖世"流传至今，所以才会有这句歇后语。

古代那些举重冠军

商朝恶来——"力角犀兕，勇搏熊虎，手裂兕虎。"意思是他能与犀牛角力，能与熊搏斗，能徒手撕开猛虎。

战国孟奔——"水行不避蛟龙，陆行不避虎狼，发怒吐气，声响动天。"他同样能够与虎狼搏斗。

三国吕布——"辕门射戟，濮阳奋威。"吕布一杆方天画戟舞动翻飞。

三国典韦——"相貌魁梧，膂力过人，使用两支重80斤铁戟。"意思是他举起160斤铁戟很轻松。

南宋岳飞——"生有神力，未冠，能挽弓300宋斤，开腰弩八石。"300宋斤，相当于180千克。

歇后语练兵场

填写正确的运动项目。

1. 百米_____——分秒必争

2. 沙滩上_____——一步一个脚印

3. _____运动——沉得住气

4. _____比赛——气喘吁吁

参考答案 1.冲刺，2.走路，3.潜水，4.长跑

传统文化
真的超有趣
谚语

谷雨 / 编著

北京工艺美术出版社

图书在版编目（CIP）数据

传统文化真的超有趣．谚语／谷雨编著．－－北京：
北京工艺美术出版社，2024.1
ISBN 978-7-5140-2792-1

Ⅰ．①传… Ⅱ．①谷… Ⅲ．①中华文化－少儿读物②
汉语－谚语－少儿读物 Ⅳ．① K203-49 ② H136.3-49

中国国家版本馆 CIP 数据核字 (2024) 第 014817 号

出 版 人：夏中南　　策 划 人：刘慧滢　　装帧设计：韩海静
责任编辑：赵　微　　责任印制：王　卓

法律顾问：北京恒理律师事务所　丁　玲　张馨瑜

传统文化真的超有趣　谚语
CHUANTONG WENHUA ZHEN DE CHAO YOUQU YANYU
谷雨　编著

出　　　版	北京工艺美术出版社
发　　　行	北京美联京工图书有限公司
地　　　址	北京市西城区北三环中路6号　京版大厦B座702室
邮　　　编	100120
电　　　话	(010) 58572763（总编室）
	(010) 58572878（编辑室）
	(010) 64280045（发　行）
传　　　真	(010) 64280045/58572763
网　　　址	www.gmcbs.cn
经　　　销	全国新华书店
印　　　刷	德富泰（唐山）印务有限公司
开　　　本	710 毫米×1000 毫米　1/16
印　　　张	8
字　　　数	92千字
版　　　次	2024年1月第1版
印　　　次	2024年1月第1次印刷
印　　　数	1~10000
定　　　价	168.00元（全五册）

目 录

第一章

生活里的大学问

春雨贵如油

释义　这句谚语的意思是春天的雨水就像油一样珍贵，用来形容春季雨水十分难得，非常宝贵。

谚语故事

　　春雨贵如油，说的是春天雨水很珍贵。关于这句话的由来，还有一段有趣的传说。

　　在明朝的洪武年间，有个姓解的豆腐坊掌柜，他和妻子年过半百，才生下一个儿子。因为是老来得子，所以解掌柜十分疼爱这个孩子，给他取名为解缙，希望他将来能飞黄腾达。解缙果然没让父亲失望，从小就表现出了过人的才气，七八岁就能出口成章，被人们称为神童。

　　一次，小解缙放学回家，途中遇上暴雨，被淋成了落汤鸡。他正好路过丞相府，便想到门斗下避雨。由于路面过于湿滑，解缙刚踏上台阶就摔了一个"大马趴"，这一幕正好被丞相府的家丁们看到，一个个笑得前仰后合。

　　解缙心里很不痛快，他站起身，拍了拍身上的泥水，笑嘻嘻地冲家丁们走来，然后拱手作揖，问道："各位叔叔伯伯，你们为什么发笑呢？"家丁们互相看了看，其中一个年长的人回答："因为你摔倒了，我们看着稀罕才笑的。"解缙转了转眼珠说："摔跤有什么稀罕的？我给各位叔叔伯伯作一首诗吧，保证比摔跤有意思。"家丁们一听几岁的娃娃能作诗，确实稀罕，顿时来了兴趣，一个个竖起耳朵听。

　　解缙背着手走了几步，张口吟诵："春雨贵如油，下得满街流，滑倒解学士，笑坏一群牛。"家丁们听了解缙的诗，虽知在骂自己却都暗自佩服他的才华。"春雨贵如油"也因为这段故事，成了一句家喻户晓的谚语。

　　后来，解缙的才华被朱元璋发现，成为朱元璋身边第一内阁首辅大臣。解缙还给自己起了一个很雅致的别号——春雨。

春雨为什么如此珍贵?

春季是万物生发的季节,它是农作物生长周期中极为关键的时期。春天有春雨,四季都会降水,为什么春雨就这么特别呢?

我们常常听到"春雨贵如油"这句话,它说明了春天雨水的珍贵,其实这其中蕴含了很深刻的科学道理。

春天是冬季过后的第一个季节,如果春季之前的秋天和冬天降水偏少,就很难保证土壤中含有丰富的水分,这样就会引发春季的干旱。在我国的西北和北部地区,春季气温快速回升,会加速土壤中的水分蒸发。而南方湿润的空气在海洋暖湿气流的影响下到达北方的速度十分缓慢。这就导致我国西北和北部地区在春季的降雨量很少,很容易出现春季干旱的情况。据统计,华北地区春季降水的总量只有全年降水量的十分之一左右。而春季处于播种季节,所种植的玉米、棉花等农作物是水源的"消耗大户",因此这里春季的雨水更显得珍贵无比。

请补全下列谚语,选择正确的部分。

1. 天时不如地利,_____。

2. 多一事不如 _____。

3. 独木 _____。

A.不成林　　B.少一事　　C.地利不如人和

二月二，龙抬头

释义 中国人向来都认为自己是"龙的传人"，因此对龙有很强烈的崇拜之情。古人认为，到了农历二月初二，龙王就开始了活动，雨量也将随之增多。"龙抬头"在中国人心中是吉瑞的象征，是福运即将到来的预示。二月初二这一天也有剃头的习俗，表示万象更新，是对新的一年能够红运当头的美好期盼。

谚语故事

传说，唐高宗李治去世了，他的皇后武则天自己当了皇帝，还改了国号，成了中国历史上第一位女皇帝。这件事让玉帝十分生气，他觉得这是违背纲常的做法。为了惩罚武则天，玉帝让太白金星向四海的龙王传递诏令，三年之内不许向凡间降下一滴雨。

龙王们接到玉帝的诏令，便停止了下雨，结果人间闹起了旱灾，导致粮食颗粒无收，百姓苦不堪言。后来，负责掌管天河的玉龙实在是看不下去了，他背着玉帝偷偷给凡间下了一场雨，结果还是被玉帝知道了。玉帝一生气，把他流放到了凡间，并且把他压在了一座大山底下，还在山上竖起一座石碑，那个石碑上写着："玉龙私自降雨，触犯天条，罚其在人间受千年之罪。除非金豆开花，不然将永世不得回到天庭。"

人们感激玉龙的善良，为了救玉龙出来，他们四处寻找能开花的金豆。转眼间一年过去了，到了第二年的二月初二，一家农户正像往常一样翻晒自家的玉米。翻晒好了，他弄了一些给孩子们炒爆米花吃，看着一颗颗金黄的豆子接二连三地炸开了花，他猛然间想到了玉帝留下的那段话，这不就是能开花的金豆吗？农户赶忙召集乡亲们，把自己的发现告诉了大家，于是所有人都赶紧跑回了家，也都开始炒起爆米花来。人们摆起香案，将这"开花的金豆"供奉在香案前面。

玉龙看到了，他抬起头看向天上，并且声嘶力竭地喊道："金豆已经开花了，我可以回去了吗？"玉帝听到了玉龙的呐喊，再看人间户户都有开花的金豆，便降下旨意让玉龙重回天庭。玉龙回到天上以后，继续为人间降雨，而二月初二这天就与龙产生了密不可分的关系。

二月二为什么要"剃龙头"？

"二月二，龙抬头，大人孩子要剃头。"这是一句在我国民间流传甚广的谚语。一到农历的二月初二这一天，大人小孩都要去理发店剪头，人们称之为"剃龙头"，那么，这个风俗究竟有什么寓意呢？

龙抬头的由来可以追溯到古代的祭龙活动。相传在古代，每逢农历二月初二这个日子，神龙会从海底或深山中出来，在江河湖海中游弋，为人们带来好运和丰收。人们对龙的崇拜非常深厚，认为龙是神话传说中最伟大的神兽。因此，每逢农历二月初二这个特殊的日子，人们就会庆祝龙抬头。

在这一天理发，为的是图一个彩头，民间传说在这一天剃头一年都会"红运当头"，有着很吉祥的寓意。孩子在这一天理发，是为了祈祷能茁壮成长，将来成为出类拔萃的人；大人在这一天理发，是对好运的期盼，也是对未来的美好憧憬。

谚语练兵场

请补全下列谚语，选择正确的部分。

1. 狭路相逢 _____。

2. 大人不计小人过，_____。

3. 细水长流，_____。

A. 勇者胜　　B. 宰相肚里能撑船　　C. 吃穿不愁

参考答案　1.A; 2.B; 3.C.

7

每至清明，插柳挂青

释义

清明是我国重要的传统节日，也是十分重要的节气。清明时节"插柳挂青"是一种风俗，是为了纪念气节高尚的介子推。还有另外一种说法。是为了纪念神农氏，感谢他传授人们农业知识，让人们吃饱饭。现在清明节"插柳"则渐渐演变成了缅怀先人的一种方式。

谚语故事

春秋时期，晋国内部发生了动乱，晋国的公子重耳为了躲避迫害而流亡在外。重耳流亡的这段时间里，他的大臣介子推不离不弃，忠心地陪伴在他身边。

为了躲避追杀，他们到处东躲西藏，经常缺衣少食。有一次，重耳竟然饿得晕了过去。介子推就把自己大腿上的肉割下来，烤熟了给重耳吃，这才救回重耳的命。

后来，重耳回到晋国，登上国君的宝座。他带领晋国走向了辉煌，成了当时的霸主，史称晋文公。晋文公为了表彰和他出生入死的部下，对这些人都给予了封赏，然而名单里却没有介子推。而介子推丝毫不在意，带着他的老母亲到绵山隐居去了。

直到晋文公看到一篇文章，里面专门写了介子推的事迹，他才想起当年的事情，于是立刻带人去请介子推回朝。来到绵山，晋文公四下搜索，却找不到介子推。重耳身边的人提议说："介子推是个孝

子，如果我们放火烧山，他一定会顾及母亲的安危，到时候他会出山的。"晋文公便下令放火烧山。

可大火一连烧了几天，却始终没有看到介子推的身影。等山火熄灭后，晋文公带着人马进山搜索，最终只找到介子推和他母亲的尸体。母子二人紧紧地抱在一起，就这样烧死在了一棵柳树下面。晋文公非常懊悔，他边哭边对着尸体膜拜，迟迟不愿离去。很久之后，重耳才将他们母子二人安葬，还在山上为他们建了一座祠堂，并把绵山改名为"介山"，以此来纪念介子推。

晋文公回国后还发布了诏令，每到他放火烧山的这一天，任何人都不能生火，于是这一天就变成了"寒食节"，而这天刚好就是清明的前一天。每逢寒食节，人们都会在门上插上柳枝，用来纪念死在柳树下的介子推。随着时间的推移，寒食节和清明节被合在了一起，最终成了一个节日。而"插柳挂青"的习俗，也逐渐变成了清明节的习俗之一。

关于清明节，你了解多少

　　一般每年的公历 4 月 5 日或 4 日是清明节，这是我国重要的传统节日，它与上元、立夏、端午、中元、中秋、冬至、除夕并称"八节"。传统的清明节实际上并不是一天，而是一个时间段。关于清明节的节期有"十日前，八日后"和"十日前，十日后"两种不同的说法。

　　清明节既是一个节日，又是一个节气，它是劳动人民判断气候形势的重要依据之一。民间流传着很多和清明有关的谚语，比如"清明下种，谷雨插秧"，还有"清明前后，种瓜点豆"，这些谚语都说明了清明这个节气对于农耕的重要性。古人也总结了很多经验：清明节大概率会下雨，如果清明期间下起大雨，则说明当年雨水会丰富，很有可能发生水灾；如果清明节下的是小雨，则说明当年降水会适宜，一定能丰收。

　　清明节的日期也不是固定的，而是根据冬至节气的日期推算出来的，一般是在冬至以后的第 106 天或 107 天。

谚语练兵场

请补全下列谚语，选择正确的部分。

1.＿＿＿＿＿＿＿，马中赤兔。

2. 无事不登 ＿＿＿＿＿＿＿。

3. 针越用越明，＿＿＿＿＿＿＿。

A. 三宝殿　　　B. 人中吕布　　　C. 脑越用越灵

参考答案　1.B；2.A；3.C

谷雨过三天，园里看牡丹

释义　这句谚语的意思是，在谷雨节气三天之后，是牡丹盛开的时节，也是观赏牡丹最好的时候。

谚语故事

谷雨，是我国二十四节气中最为重要的节气之一，也是春季的最后一个节气。从这一天往后，气温逐渐升高，雨水变得丰沛，各种农作物加速生长。正因为这个节气对我国农业的影响大，所以民间流传着很多和它相关的谚语。

相传，在唐高宗当政的一个春天，黄河曾经发生了一次洪水，堤坝被冲毁，洪水倾泻而下，淹没了沿途的很多村庄。当时有个叫曹州的地方，也遭受了水患，洪水冲垮了房屋，只有城墙没有遭到破坏。当地有个叫谷雨的年轻人，他的水性非常好，很擅长游泳和潜水。为了救其他人，他先是把自己年迈的母亲送到了坚固的城墙上面，然后义无反顾地跳入了水中。谷雨接二连三地救起很多人，连一刻休息的时间都没有，人们甚至都来不及感谢他。

虽然谷雨水性很好，但还是经不住这样的体力消耗，渐渐地，他有些体力不支了。他用尽力气游到城墙边，连气还没有喘匀，就

11

看到不远处的水中，好像有一大束牡丹花，正随着水浪的沉浮一上一下地漂着。远远看去，好似一名衣着艳丽的少女在向他呼救。看到此番情景，谷雨毫不犹豫地再次跳进水中，将那束牡丹花救起。

这件事过去了很多年，谷雨的母亲突然得了一场大病。谷雨到处寻找大夫为母亲医治，却始终没有起色。这一天，一个衣着鲜艳的女子来到了谷雨的家里，说她能治病。谷雨虽然将信将疑，但还是让这位女子为母亲医治。不知道女子用了什么方法，竟然真把谷雨母亲的病给治好了。还没等谷雨感谢她，女子就消失不见了。

后来，人们不经意间发现了一株牡丹花，长着大大的花束，就和谷雨当年救下的那束一模一样，远远看去和那位会治病的女子十分相像。

从此以后，每年一到谷雨救起牡丹的那个时候，漫山遍野都会开满娇艳的牡丹花。人们为了感谢谷雨的救命之恩，就把牡丹开始盛开的时节叫作"谷雨"了。

"花王"牡丹

人们赋予牡丹很多优秀品格，它优雅、尊贵，气质超群，是花中的"皇后"；它神秘、勇敢，生命力顽强，能在海拔1000多米的高原上绽放；它充满灵性，代表智慧与勇气；它象征着平安和幸福，人们给了它非常美好的寓意。群花品中，牡丹第一，芍药第二，故世称牡丹为"花王"。

牡丹也是历史上文人墨客的创作题材，无论是文学作品、书法绘画中，还是玉石器具上，到处都有它的影子，可以说牡丹代表了中华文明几千年的文化底蕴，它包含了中国人对于自然的热爱和敬畏。

谚语练兵场

请补全下列谚语，选择正确的部分。

1. 笑一笑，十年少；_____。

2. _____，只怕心不诚。

3. _____，只怕出懒虫。

A. 不怕家里穷　　　B. 愁一愁，白了头　　　C. 不怕学不成

参考答案 1.B；2.C；3.A

栽秧割麦两头忙, 芒种打火夜插秧

释义

这是一句经典的农业谚语，它生动地体现了芒种节气对于我国农业的重要性。芒种时节为了保证一年的收获，要做好"抢种"工作，甚至要连夜插秧和播种，所以这个时候是农民伯伯一年中最繁忙的季节。

谚语故事

芒种就是"忙种"，每到这个季节，农民伯伯就要开始忙碌起来了。关于这个节气的来历，还有一个充满悲剧色彩的传说。

相传，太行山深处有一户人家，家里只有母子二人。母亲年纪很大不能自理，儿子名叫芒种，他一个人忙里忙外，一边照顾老母，一边干农活，十分辛苦。距离芒种家不远的地方，住着一位美丽善良的荞麦姑娘，她被芒种的孝顺所感动，便嫁给了他，二人过起了幸福的日子。

有一年，发生了旱灾，芒种只好把家中的马卖了换些粮食。买马的人名叫韩露，是附近出了名的恶霸，平日里做尽了坏事。韩露看上了荞麦姑娘，整天盘算着要把荞麦占为己有，经常到芒种家骚扰。但他打错了如意算盘，芒种坚决不屈服，还把他从家中赶了出去。

荞麦姑娘怕连累丈夫，独自逃往村外。她刚走，韩露就带人到芒种家抢人。没想到扑了个空，韩露非常生气，连忙带人追赶，谁知半路上出现大雾，韩露不小心掉进池塘，被淹死了。

荞麦姑娘被追赶到一处山崖，她只听到一阵急促的马蹄声，却不知道韩露已经死了。为了保住自己的贞洁，她跳下了悬崖，等到芒种赶到时，妻子已经变成了冰冷的尸体。在荞麦手里握着一封书信，上面写着："我们来生一定会再相见，那是遍地开满鲜花的时节。"芒种悲痛不已，他给荞麦穿上了她最爱的衣裙，还在她头上别上粉白色的花朵，把她葬在了山岭里阳光最充足的地方。

第二年夏天，芒种来到妻子的坟前，发现上面长着一株美丽的植物，绿色的叶子，紫红的根茎，粉白的花朵，像极了妻子下葬时的衣着。小孩子们也不约而同地喊着："荞麦姑娘回来了！"

后来，芒种把这种植物的种子保存了下来，每年都会播种。人们还给它起了一个好听的名字——荞麦，它和这段悲伤的故事便一代一代地流传了下来。

芒种风俗：送花神和煮青梅

芒种是我国的传统节气。在这一时期，很多地方都会举行对花神的祭祀仪式。人们把各色各样的彩绳系在花树的枝头上，有的还挂满五颜六色的彩笺，有的还会把落下的花瓣贴在树干上，人们就用这种方式来祈祷花神给人间降福，让花草树木永远繁茂。

而芒种这一天，民间也会举行"送花神"的仪式，和二月初二的"迎花神"相对应。芒种正是农历的五月，这时花朵都已经开始枯萎、凋落。所以，每年这个时候人们就会以隆重的仪式恭送花神，以此来表达对花神深深的感激之情以及下一年和花神再次相会的美好愿望。

芒种时节还有一个习俗，就是煮青梅。刚刚长成的青梅有一股酸涩的味道，让人很难吃下去，这就需要经过一些加工，去除这些酸涩之味之后，才可以食用。而民间最常用的做法就是把青梅浸泡在酒里制成青梅酒，或者将青梅蒸煮，再加入冰糖，变成酸酸甜甜、口味适宜的饮品。

请给下面的谚语上下句连线。

1. 人过留名   A. 艺无止境

2. 朋友千个少   B. 雁过留声

3. 精益求精   C. 敌人一个多

参考答案　1.B; 2.C; 3.A

16

马齿苋是个宝，痢疾不用尝百草

释义　这是一句流传很广的谚语，说的是马齿苋这种植物的功效。马齿苋被称作"天然抗生素"，能够清热解毒，有去炎消肿的作用，对于治疗痢疾也有很好的效果。

谚语故事

在很久以前，有一户人家，家中有个老太太，她有三个儿子。老大和老二都已经成了亲，老三年纪虽小，但老太太给他找了一个童养媳，7 口人就这么生活在一起。

童养媳年纪很小，不过 10 多岁的年纪，家里上上下下的活都是她一个人干。尽管如此，老太太还总是看童养媳不顺眼，经常打骂她。老二的媳妇为人善良，总是想方设法地帮助她解围。

有一年，村里有很多人得了痢疾，童养媳也被传染了。老大媳妇知道了，便和老太太商量，把童养媳赶到菜园里的茅屋去了。

童养媳病了却没钱医治，一想到这家人对自己这么狠毒，一时想不开，就打算跳井了结生命。这时候，老二媳妇正好前来看望她，看到童养媳要跳井，赶忙上前阻拦。老二媳妇说道："你这么年轻，日子还长，为什么这么想不开？我给你带了点稀饭，你赶快吃了，明天我还来给你送饭。"童养媳很感动，原来世上还有关心自己的人，于是打消了寻死的念头。可是第二天，老二媳妇却始终没有来，而且一连等了三天，她都没有出现。童养媳饿得实在受不了了，就到菜园里摘了一些野菜煮着吃了，这才勉强填饱了肚子。

第二天，童养媳就感觉舒服多了，病竟然奇迹般地好了。她悄悄回到家里，想看看老二媳妇为什么没来看自己，却远远看见老三披麻戴孝地站在院子里哭。她连忙问老三："你为什么穿着孝衣？"老三哭着说："前几天老娘、大哥、大嫂都染上了痢疾，接二连三地全都死了。二嫂后来也染上了，眼看也要不行了。"童养媳这才知道，原来二嫂是因为病了才没有去菜园看她。她赶忙跑回菜园，采了些野菜，煮成粥喂二嫂吃下，没过几天，老二媳妇竟然也好了。

后来，全村的人都吃了这种野菜，也都治好了痢疾。因为这种野菜的叶子长得像马的牙齿，所以从此人们就叫它"马齿苋"了。

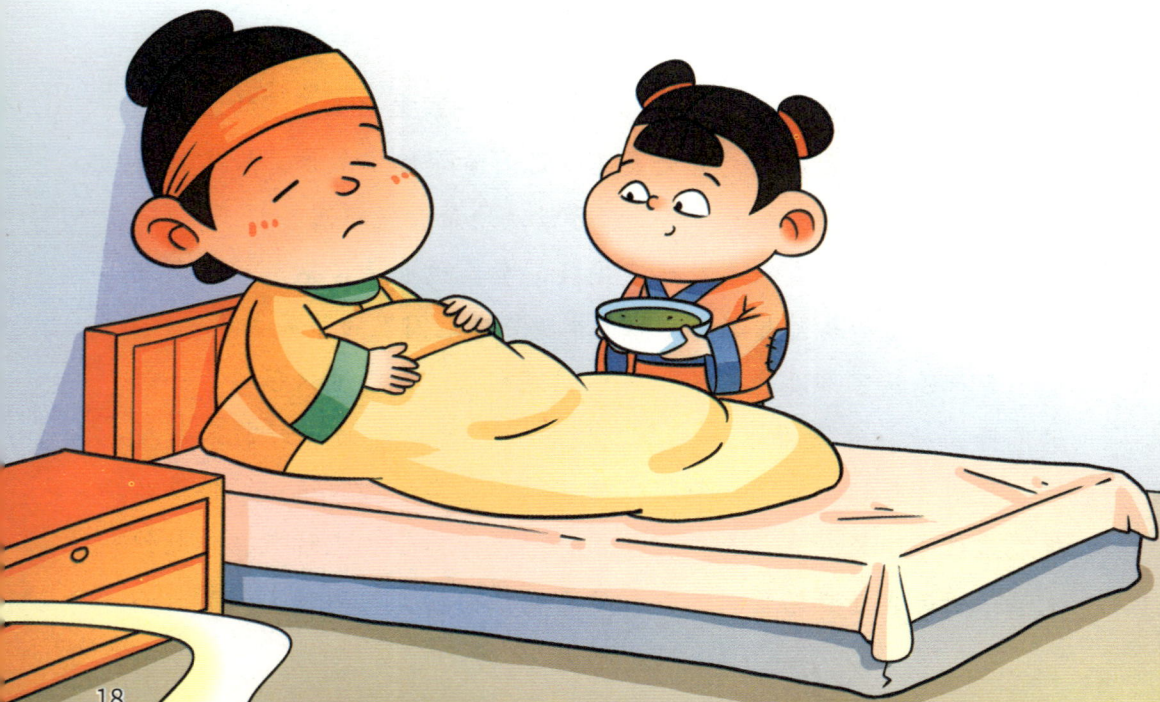

马齿苋——"天然抗生素"

马齿苋是一种很常见的植物，多长在路边、菜地和草丛之中。马齿苋有很多名字，民间称它"五行草""蚂蚱菜""五方草""长寿菜"等，是百姓们经常食用的野菜之一。

虽然是到处可见的杂草，但马齿苋却是一种不寻常的草药，它被誉为"天然抗生素"。马齿苋对痢疾有很好的治疗效果，还能清热解毒，延缓衰老、消肿止血，是一种十分神奇的植物。马齿苋原产于巴西，在我国南北也有广泛的种植。它是一年生的草本植物，味道发酸，所以人们又叫它"酸苋"。马齿苋富含各种营养物质，例如葡萄糖、苹果酸等，还有丰富的铁、钙、磷等微量元素以及维生素 A、B、C、E 和胡萝卜素。

马齿苋内的成分还能抑制人体对胆固醇的吸收，从而降低人体血液中胆固醇的浓度，并且改善血管壁的弹性，是预防和治疗心血管疾病的良药。但是，食用马齿苋也并不是可以"肆无忌惮"的，一些脾胃虚寒、经常腹泻的人以及孕妇都不能食用马齿苋。

谚语练兵场

请补全下列谚语，选择正确的部分。

1. 早起多长一智，_____。

2. 在家靠父母，_____。

A. 出门靠朋友　　B. 晚睡多增一闻

参考答案　1.B；2.A

啃秋不生痱子，降秋燥

这句谚语说的是我国立秋节气的啃秋习俗。由于立秋时，还处于三伏之中，天气燥热，人们通过食用瓜果蔬菜，来防止因"秋燥"引起的疾病。

谚语故事

我国的很多地方，仍旧保持着立秋时"啃秋"的习俗，但这并不仅仅是一种形式，据说，这样做还能防病和治病。相传，"啃秋"这一风俗的来历，还与明朝的开国皇帝朱元璋有关。

朱元璋的本名叫朱重八，他年少时过着颠沛流离的生活。为了生存，他放过牛，也做过乞丐，甚至还当过和尚。后来，他参加了红巾军，加入了反抗元朝黑暗统治的队伍。最终，朱元璋建立了明朝，在南京登基当了皇帝。因为朱元璋曾经在乱世中摸爬滚打，也曾在战场上风餐露宿，所以即使贵为天子，在生活中还是不拘小节。他手下的将领更是夸张，甚至有的人还得上了很严重的秃疮，这是一种由真菌引起的、具有传染性的皮肤疾病，又叫"癞痢疮"或者"癞痢头"，得了这种病最明显的症状就是掉头发。这些将领跟着朱元璋来到了南京，秃疮也被他们带到了这里，城里那些抵抗力较弱的孩子很快就被传染了，变成了一个个小秃头。

　　一时之间，城里的大小医馆都挤满了看秃疮的病人，可是无论用什么医术都没法根治。有的人甚至还去庙里烧香拜佛，祈求神明为孩子消灾治病。他们听说香灰可以治疗秃疮，就把香灰倒在头上，然而这些并没有什么好效果，秃疮反而越来越严重。后来，到了立秋的时节，庐州府有一位姓崔的小姐，她经常和孩子吃些西瓜，结果偶然发现孩子头上的疮竟然慢慢愈合了。这件事就迅速传开了，百姓们开始纷纷效仿崔小姐的做法，他们的秃疮果然都好了。久而久之就形成了立秋这天"啃秋"的风俗，一直流传至今。

　　立秋除了"啃秋"，还有很多习俗，比如"贴秋膘"。据说，有一年立秋的时候，明朝大将常遇春手下的士兵没有肉吃，他们就开始抢夺农民种的瓜，为了安抚士兵，常遇春用茄子代替肉给士兵们"贴秋膘"。从此，立秋时吃茄子也成为一种传统被流传了下来。

立秋为什么要"贴秋膘"?

立秋有一个至今还在流传的传统,那就是"贴秋膘"。古人会在当天称量自己的体重,用来和立夏时候的体重做对比,这就是"悬秤称人"的习俗。如果测量的体重比立夏时减轻了,就说明自己经历了"苦夏",到立秋这一天就要好好补一补了。

贴秋膘是有科学道理的。夏天炎热,人们没有什么胃口,吃不下油腻的食物,饭菜也变得简单起来,因此几个月之后,体重自然而然地就会减少。在科学知识并不丰富的年代,人们只能通过胖瘦来判断自己的健康情况,古代人认为变瘦说明健康受到一定影响,于是立秋这天就要"贴秋膘"来进行食补。

贴秋膘一般以肉食为主,人们认为肉是补充夏季流失的脂肪最好的食物。于是,红烧肉、肘子、鸡、鸭、鱼等都是贴秋膘时常用的食材,人们也会吃肉馅的饺子、肉饼、肉面等,可以说食谱多种多样。

谚语练兵场

请补全下列谚语,选择正确的部分。

1. 上梁不正 _____。

2. _____ 不如近邻。

3. 鸟美在羽毛, _____。

A. 人美在勤劳　　　B. 下梁歪　　　C. 远亲

参考答案 1.B; 2.C; 3.A

晚吃萝卜，早吃姜

这句民间谚语的意思是早上吃点姜，可以健脾暖胃。晚上吃些萝卜，有助于睡眠。每天坚持这样做，可以达到强身健体、治病防病的效果。

谚语故事

　　民间素有"晚吃萝卜，早吃姜"的谚语，萝卜和萝卜籽都有通气、助消化的作用，晚上适量食用，可以很好地调理脾胃。而早上吃生姜有解毒、化痰等功效，就连"圣人"孔子也非常注重用生姜养生。可别小看这些不起眼的小妙方，这可都是我们的老祖先留下的宝贵财富。

　　相传，慈禧曾得了一种怪病，浑身不舒服，她看遍京城名医，但是找不出病因，慈禧的身体越来越虚弱。有人提议："在苏州有个外号叫'赛华佗'的神医，名叫曹沧洲。他家的祖传医术很是厉害，人们都说只要是他开的方子，都能药到病除。"于是，朝廷立刻派人前往苏州，请曹沧洲入宫为慈禧看病。

　　曹沧洲接到圣旨后并不高兴，反而抱着家人哭了起来。他对家人说："朝廷让我去宫里给太后看病，那一定是病入膏肓了。不然那么多名医，怎么会想起我？我这一去恐怕凶多吉少。"曹沧洲跟家人交代了后事，就跟着官府的人进京去了。

曹沧洲进宫后，撒谎称自己得了风寒，实际上在暗中调查慈禧的病因。他发现慈禧其实得的不是什么不治之症，而是进补的东西太多了，只是营养过剩罢了。这天，曹沧洲给慈禧做了检查，然后开了一个只有五个字的方子，上面写着："萝卜籽三钱"。御医们看了，都暗自嘲笑他愚蠢。但是曹沧洲对自己的药方十分自信，还亲自把药煮好端给慈禧喝下，然后才放心地回去休息。

神奇的是，慈禧喝了曹沧洲的药，肠胃瞬间就通畅了。第二天一大早，她感觉神清气爽，竟然可以下床走路了。又过了几天，慈禧竟然痊愈了。为了表彰曹沧洲，慈禧赐给他九品官职，还特许他骑着马在京城里巡游，这件事成了人们津津乐道的奇事。

为什么晚上不能吃生姜?

生姜一直被视为养生的法宝,就连孔子也有每日吃生姜的习惯。白天食用生姜可以促进消化、增强免疫力,还可以杀菌消炎、健脾温胃部,可以说好处多多。生姜虽然有利身体健康,但吃得不对却又可能损害身体,这又是怎么回事呢?

民间流传着这样一句谚语"晚上吃姜,赛过砒霜",这句话形象地说明了晚上吃生姜的害处,甚至比砒霜还要毒。当然,生姜再毒也不可能比砒霜还要毒,只是为了说明错误食用生姜的危害。其实,生姜不只是晚上不能吃,过了下午一般就不建议吃了。过晚食用生姜,会刺激人体的肠胃,导致消化液分泌异常,影响人体消化功能。如果是在睡觉前食用生姜,就会引起肠胃不适,还会使人体的血液循环加速,导致体内的水分流失。这会让人感到不适和燥热,更容易出现失眠等不良反应,进而影响人的身体健康。

谚语练兵场

请给下面的谚语上下句连线。

1. 一勤生百巧　　　　　　A. 一懒生百病

2. 一正辟三邪　　　　　　B. 谷多出好米

3. 人多出正理　　　　　　C. 人正辟百邪

参考答案 1.A; 2.C; 3.B

伏羊一碗汤，不劳神医开药方

释义　这句民间谚语意思是每到三伏天喝下一碗羊肉汤，再也不需要请神医看病了。用来形容伏天喝羊汤能驱寒排毒的神奇功效。

谚语故事

范蠡是春秋时期越国的大夫，他辅佐越王勾践灭掉了吴国，完成了复仇大业。之后，范蠡就辞去官职，带着家人隐居去了。

范蠡跋山涉水来到鲁南一带，当地风景如画，四季如春，是一片理想的世外桃源。尤其是一个地方，那里的草非常适合作为牛羊的饲料，最终范蠡决定就在那里定居下来，他开始教授当地的百姓养羊的经验，还把外地的山羊引进了这里。经过不断的经营，这里成了整个鲁南山羊的发源地，范蠡所住的村庄也被世人称为"羊庄"。

相传，范蠡原本身体就不好，跟随在勾践身边的那些年，由于日夜操劳，他的身体变得更加虚弱。刚到鲁南的时候，范蠡辛辛苦苦地养了很多山羊，但他的身体已经羸弱不堪。家人们都十分担忧，怕他活不到第二年，虽然家里养的第一批羊都还没有出栏，也顾不上当时正是大

26

暑时节，就给他炖了一锅羔羊汤。范蠡喝了羊汤，感觉畅快淋漓，那味道鲜美极了，让他欲罢不能。更神奇的是，喝了一阵子羊汤之后，范蠡的身体居然渐渐好了起来，再也不像之前那样整天病恹恹的了。后来，范蠡一直活到八九十岁才去世，据说他生前一直保持着暑伏天喝羊汤的习惯。

范蠡的习惯影响了当地人，慢慢地形成了一种风俗。一到大暑，当地人就效仿范蠡制作和食用羊汤，人们称之为"喝暑羊"。

喝暑羊其实是一种科学的养生方式。很多中医典籍都记载了伏天吃羊肉、喝羊汤的好处。通过这种方式可以把冬天和春天积累在体内的毒素，通过汗液排出体外，所谓"冬病夏治、以热制热"说的就是这个道理。而民间广为流传的"伏羊一碗汤，不劳神医开药方"，更是形象地说出了伏天喝羊汤的益处。

范蠡为什么要弃官从商？

春秋时期，越国被吴国打败，越国的国君勾践被吴王夫差俘虏，受尽了屈辱。后来夫差释放了勾践，勾践回到越国一直"卧薪尝胆"，他用这种方式告诫自己要记住屈辱，一定要向吴国报仇。范蠡是勾践手下的名臣，勾践忍辱负重时，范蠡和文种始终不离不弃地追随着他。最终，范蠡辅佐勾践完成了复仇计划，成功消灭了吴国。而此时，范蠡却坚决要辞去官职，他选择了在人生最辉煌的时候急流勇退，连越国的"半壁江山"都不能打动他，这又是为什么呢？

其实，这正是范蠡人生智慧的体现，正因为这个选择，他才保全了性命。范蠡认为勾践是"可以共患难，但不能同享乐"的君王，于是他决定离开越国，他还规劝文种和自己一起离开，留下了"飞鸟尽，良弓藏；狡兔死，走狗烹"的名言，但还是被执着于名利的文种拒绝了。后来，勾践猜忌文种谋反，将他赐死，最终文种含冤自刎。而范蠡一直活到八九十岁，还成了富甲一方的商人。

谚语练兵场

请补全下列谚语，选择正确的部分。

1. 东风急，_____。

2. 清明热得早，_____。

3. _____，出门晴天报。

A. 喜鹊枝头叫　　B. 雨打壁　　C. 早稻一定好

参考答案　1.B；2.C；3.A

28

第二章

学习励志那些事

有志者事竟成

释义　这是一句流传非常广泛的谚语，它表达的意思是有志向的人，做什么事都会成功。这句话说明，只要有决心和毅力，无论什么难题，最终都会被化解。

谚语故事

　　古时候有个叫耿弇的大将军，是东汉王朝的开国元勋。耿弇从小就十分好学，他不仅读书勤奋，而且练习武艺也十分刻苦，年仅12岁就跟随刘秀四处征战，很早就展现出了过人的才能。

　　后来，刘秀打败了王莽，统一了中原地区，还建立了东汉王朝。但仍有一部分起义军和军阀势力活跃在边远地区，对新政权的统治产生了很大威胁。这时，耿弇提出建议，剿灭盘踞在各个地方的势力，消除他们对东汉政权的威胁。并且，耿弇还向刘秀请命，想亲自指挥作战，帮助刘秀完成统一大业。刘秀听了耿弇的提议后非常高兴，不禁对他暗自赞赏，但又觉得耿弇的计划太大，不是轻而易举就能完成的，心中还是充满了疑虑。再三思考之后，刘秀最终还是选择相信耿弇的能力，他下令由耿弇率领大军，首先攻打一直盘踞在山东境内的军阀张步。接到命令后，耿弇便迅速率军讨伐张步所占领的城池，接连取得大胜。可没想到，当他打到临淄的时候却遇到了麻烦。临淄城兵强城坚，一连几次的猛攻都没有取得任何进展，耿弇在战斗中还中箭负伤了。

很快，临淄的战况就传回了刘秀那里。他听说耿弇受了伤，马上亲自带兵前去支援。耿弇接到这个消息，十分感动，他继续对临淄发起进攻，要以实际行动证明自己的忠心和能力。这时候，耿弇的很多部下都劝他等待刘秀的援兵到了再行动，但都被耿弇一一反驳了回去，他不想刘秀失望，更想证明自己能行。

经过一次又一次猛烈的进攻，临淄城终于在援军到达之前被攻下。后来，刘秀在犒赏将士们的时候说道："我曾经疑虑耿弇所说的计划，担心难以实现，我现在终于知道了'有志者事竟成'这个道理。"后来，因为功绩卓越，耿弇被刘秀册封为"好畤侯"，而"有志者事竟成"这句话也成了一句经典谚语，一直流传了下来。

王莽是"穿越者"吗？

王莽是西汉王朝的终结者，他的姑姑王政君位及太后，王氏家族在当时也是权倾朝野。后来，王莽逐渐掌握了大权，他干脆取代了刘氏皇室，自己建立了新朝。对王莽的一生，世人褒贬不一，有人说他是"暴君"，有人说他是"明主"，更有人称他为"穿越者"，这又是为什么呢？

原来，王莽建立新政权后，开始大力推行改革。他重视经济和土地的改革。他废除了奴隶制度，还把土地变为国有。他还对货币和物价实行调控政策，大力培养人才、发展科技，这些都是现代社会发展的理念，而王莽在那个时候已经付诸实践了。

王莽还有很多"穿越"的发明，其中较为著名的有两个：一个是游标卡尺，另一个就是类似飞机的武器。这些发明就像从现代带过去的一样，所以人们称他为"穿越者"。

无论王莽是不是"穿越者"，毋庸置疑的是：他造就了一个时代的历史，对社会的发展做出了独特的贡献。

谚语练兵场

请补全下列谚语，选择正确的部分。

1._____，百理融。

2. 有福同享，_____。

3._____，隔行不隔理。

A. 隔行如隔山　　B. 有难同当　　C. 一理通

参考答案 1.C; 2.B; 3.A

32

头悬梁，锥刺股

释义 这句话源于《三字经》，说的是战国时期苏秦和东汉时期孙敬两个人的故事，用来比喻学习的刻苦与努力。

谚语故事

"头悬梁"是关于战国时期的一位名人苏秦的故事。传说，苏秦是著名谋略家鬼谷子的得意门生，学成后他想要入仕谋求发展。临行前，鬼谷子给了他一部书，叫作《阴符经》，并且嘱咐他如果没有得到重用，可以把这部书研究透彻，自然就会有所收获。苏秦记住了老师的嘱托，怀着雄心壮志下山去了。

苏秦的求职之路并不顺利，他走遍了各国，也花光了家产，却没有谋得一官半职。这时候，他想起了老师赐给他的那本《阴符经》，他开始专心致志地研究其中的奥妙。苏秦不但白天看书，到了晚上也舍不得放下书本。可是，人到了晚上难免犯困，他也常常不自觉地打瞌睡。为了不让自己睡过去，苏秦想了一个方法，他准备了一个锥子，犯困时就用锥子扎自己的大腿，剧烈的疼痛会让他瞬间就清醒过来。一年以后，苏秦终于参透了《阴符经》中的奥妙，当时恰逢秦国称霸，其他国家都被秦国欺负得战战兢兢。苏秦

运用书中所学，提出了"合纵抗秦"的策略，受到了各国君主的重视。后来，六国组成了同盟共同抗秦，苏秦也成了六国同盟的宰相，他因此一举成名。关于"锥刺股"的故事也被流传开来。

"头悬梁"则是孙敬的事迹，他是个特别努力勤奋的人，最喜欢的事情就是读书，常常废寝忘食。孙敬十分珍惜时间，就算不睡觉也要把书读完。为了防止自己在读书时睡着，孙敬想了一个"妙招"，他把自己的头发拴在一根绳子上，绳子的另一端系在房梁上，如果他打瞌睡，绳子就会扯住头发，产生的疼痛感会让他立马精神，清醒过来之后就可以继续读书了。

后世的人们，为了赞扬和传承苏秦、孙敬的精神，总结了"头悬梁，锥刺股"这句话，收录在《三字经》中，到后来这句话也成了民间常用的谚语，形容人读书刻苦。

战国时期的幕后大佬——鬼谷子

战国时期诸侯逐鹿，先后出现了称霸一时的"战国七雄"。但是，在与世隔绝的云梦山中，还隐藏着一位旷世奇人，据说他的头脑中都是智慧，不仅通晓百家的学问，而且门下学生不是将军就是宰相。这个人就是和老子、孔子齐名的"谋圣"——鬼谷子，一位神秘、睿智、充满传奇色彩的谋略家。

鬼谷子的姓名传说不一，隐于鬼谷，因以自号，是战国时期诸子百家中纵横家的创始人，他最擅长谋略，对兵法、政治、科技、教育、占卜等也十分精通。鬼谷子整日在山中打坐、学习、修行，不与世俗接触，但培养了一批又一批的名徒，传说，鬼谷子的弟子有苏秦、张仪、孙膑、庞涓、徐福、商鞅等，无论是哪一个，都有改变国家命运的能力。所以，一直流传着一种说法，整个战国，就是鬼谷子的一个棋局，他才是能掌控战国各国命运的幕后大佬。但是随着鬼谷子的去世，他的一些秘传弟子的身份也就成了不解之谜。

谚语练兵场

请给下面的谚语上下句连线。

1. 人有多大胆　　　　A. 理不辩不明

2. 菜没盐无味　　　　B. 话没理无力

3. 灯不拨不亮　　　　C. 地有多大产

参考答案　1.C 2.B 3.A

读书破万卷，下笔如有神

释义　这句话出自杜甫的著名诗篇《奉赠韦左丞丈二十二韵》，意思是说，反复研读万卷书记，直到读透、读精，才能得心应手地写出好文章，就好像有神明相助一样。

谚语故事

　　杜甫是唐朝的伟大诗人，他的作品流传深远，受到无数世人的追捧，所以他被人们称作"诗圣"。

　　杜甫的才气很高，但仕途十分不顺利，他一生参加了三次科举考试，却都与"金榜题名"擦肩而过。24 岁的时候，杜甫第一次参加科举考试，却意外落了榜，自此以后的 12 年里，他没有再参加过科举考试，在埋头读书学习之余，他又一次踏上了游历的旅途，并写下了很多名句名篇。

　　杜甫第二次参加考试，是在他父亲去世的几年后，此时的他已经穷困潦倒，为了生计四处寻找出路。这时，正好唐玄宗发布招贤的诏令，寻找天下的能人，只要觉得自己有一技之长，都可以参加选拔。怀着远大抱负的杜甫也去参加了这次考试，但令他没有想到的是，这次的考试竟然成了一场闹剧。

当时负责选拔人才的是右丞相李林甫，他是一个奸相，为人嫉贤妒能而且很在乎自己的权力。为了避免新人威胁他的权力和地位，李林甫居然让所有考生全部落榜了，一个人他也没有录取。唐玄宗得知这个结果很不高兴，就责问李林甫原因。李林甫却呈上一道奏折，大言不惭地回答说："皇上圣明！您已经把天下的人才都招到了宫中，民间已经没有能人了，现在是野无遗贤啊！"就这样糊弄过去了，这种作为也引起了全社会的唾弃。

杜甫落榜后十分气愤，他觉得自己拥有满腹经纶，却不能被重用，实在太不公平。因此他马上给当时的左丞相韦济写了一首诗，希望能得到他的关注。杜甫在诗中叙述了自己的经历，还表达了自己的能力和抱负，其中那句"读书破万卷，下笔如有神"更是经典，后来被世人不断地流传，成了勉励世人努力读书的谚语。

古代科举考试的流程

科举的第一步就是要通过地方的童试，经过县试、府试之后就会成为童生，才有机会参加院试。院试通过的童生就成了"秀才"。

拥有秀才的身份，考生就可以参加秋季举办的解试，明、清称乡试。解试一般在省城举办，主考的考官都是由朝廷指派，通过考试的人被称为"举人"，第一名叫作"解元"，第二名叫作"亚元"。考生考中举人之后，才能拥有参加会试的资格。

会试一般在春季举行，所以被称为"春闱"，考生们需要赶往京城参加考试。通过会试的考生叫作"贡士"，考试的第一名叫作"会元"。

科举考试的最后一步就是殿试，是唐朝时期武则天开始设立的。殿试是最高一个级别的考试，由皇帝亲自监督考试。通过了殿试的考生就是"进士"，而进士也分为三个级别，俗称"三甲"。其中，一甲就是考试的前三名，分别是状元、榜眼和探花，二甲和三甲的人数则是根据考试情况而定。

谚语练兵场

请给下面的谚语上下句连线。

1. 有理摆到事上　　　　A. 有树就有影

2. 由俭入奢易　　　　　B. 好钢使到刃上

3. 有车就有辙　　　　　C. 由奢入俭难

参考答案　1.B；2.C；3.A

少壮不努力，老大徒伤悲

这句谚语的意思是年少力壮的时候不奋发图强，老去的时候一事无成，到时候就只剩悲伤了。这句话是告诫年轻人要珍惜时光而努力上进，不要虚度光阴。

谚语故事

　　清朝的小说家蒲松龄在他的代表作品《聊斋志异》中写过这样一个故事。从前，有个叫刘赤水的人，在他很小时父母就离世了，因为没人管束，他平时也不愿意学习。刘赤水的家住在一个废弃的园子旁边，这个园子里住着一群狐仙，她们总是偷偷跑到刘赤水家里玩耍，有时候还趁他不在睡在他床上。一次，刘赤水偶然间发现了狐仙的秘密，趁她们睡着时把她们的衣服藏了起来。他对狐仙们说："想要拿回衣服，除非其中一个嫁给我。"狐仙们没有办法，只好把最小的凤仙妹妹灌醉了，然后稀里糊涂地和刘赤水成了亲。

　　婚后的刘赤水还是像以前一样无所事事，整天游手好闲。凤仙有个姐姐名叫水仙，她嫁给了一个有钱人，这让凤仙心里觉得很不平衡。她对刘赤水抱怨道："同样都是人，你为什么不能像我姐夫那样成为一个有能力的人？我什么时候才能在姐妹中扬眉吐气一回呢？如果你再这样荒废时光，我就再也不见你了，等你出人头地了再来找我吧！"她留下一面铜镜，然后就消失不见了。

　　凤仙走后，刘赤水整天端详着镜子，思念美丽的妻子。一天，他忽然发现镜子中竟然浮现出妻子的身姿，但一直背对着他。刘赤水想起妻子临走时说的话，便开始努力读书。只要他一发奋读书，镜子里的凤仙就会转过头，对着他笑。而当刘赤水散漫时，镜中的凤仙又会背过身去，掩面哭泣。刘赤水为了能天天看到妻子，变得勤奋起来，两年以后终于金榜题名，考中了进士。

　　发榜这天他十分高兴，就对着镜子不停地呼唤凤仙，期盼妻子能够回到身边。突然，镜子中的身影消失了，凤仙终于出现在了刘赤水的面前。

　　蒲松龄在写完这个故事以后，感慨地说："就连狐仙都知道世间的冷暖，她们也懂得'少壮不努力，老大徒伤悲'的道理。如果世上多一些凤仙这样的妻子去督促丈夫，那该少了多少到老都一事无成的人啊！"

金榜题名

《聊斋志异》的名字是怎么来的?

　　《聊斋志异》是清朝小说家蒲松龄的经典名作，"聊斋"其实是他平时读书、写作的书屋的名字。蒲松龄一直对古代的文学十分感兴趣，尤其是民间的传说和故事。于是他决定写一本书，来记录和表达他对这些古代文学的热爱和理解。据说，为了写《聊斋志异》这本书，蒲松龄特意在柳泉边摆设了一个茶棚，凡是路过的人到他这里喝茶，他分文不收，但要讲一些奇异的故事或传说，他便以此来收集素材。蒲松龄把收集来的这些传说故事重新加以整理和润色，最终形成了这部名著。书名中的"志"字，就是记录的意思，而"异"字就是指奇特、怪异的事情。所以《聊斋志异》的意思就是"在聊斋书屋里，记录和整理奇闻异录"。

　　蒲松龄的《聊斋志异》发表之后，引起了很大的轰动，还一度出现了很多模仿者和相似的小说。可以说，蒲松龄引领了一个潮流，使志怪类题材的作品登上了当时的"畅销榜"。

谚语练兵场

请补全下列谚语，选择正确的部分。

1. 金无足赤，_____。

2. 严以责己，_____。

3. 江山易改，_____。

A. 宽以待人　　B. 人无完人　　C. 本性难移

参考答案　1.B, 2.A, 3.C

41

释义 ▸ 相传，这句谚语源于苏轼写的一副对联。意思是奋发图强要认识天下所有的字，立下志向要把人世间的所有书都读完。

谚语故事

　　北宋时期的大文豪苏轼从小就被称为神童，受家庭熏陶，他年幼时就饱览群书，而且能出口成章，所有见过他的人都夸他聪慧，还说他将来一定能够有所成就。少年时期的苏轼无处不展露出自己的才华，更是受到亲戚朋友的追捧。这不免让他骄傲了起来，不但不把别人放在眼里，还经常调皮捣蛋。

　　有一天，小苏轼取来笔墨纸砚，潇潇洒洒地写了一副对联：识遍天下字，读尽人间书。他还把这副对联贴到自家大门上。

　　这时，一个四处云游的白发老人刚好路过苏轼的家门口，他看到门上贴的对联，感到十分好奇。走近仔细研究了一番之后，他觉得对联的作者实在太过狂妄，就想要教育一下这个人。

　　几天后，白发老人回到苏府门前，手里还拿着一本书。他询问苏家的家丁："门口的对联是谁写的？"大家都说是出自公子小苏轼的手笔。白发老人便要找苏轼讨教问题，于是，家丁把他带到了苏轼的房间。

苏轼问老人："有什么问题，尽管来问，我知无不言。"白发老人便拿出了书，递给小苏轼，说："这本书上的字，很多我都不认识，麻烦小公子给我解答一下吧。"小苏轼自信地接过书，打开一看，不禁冒出冷汗。只见这书上密密麻麻写了很多字，他竟然一个都不认识，顿时他觉得脸上热辣辣的。老人依旧很谦虚地站在那里，看小苏轼脸色不对，便取回了那本书，然后问："如何？难道小公子也不认识吗？你不是已经'识遍天下字，读尽人间书'了吗？"说完，他摇着头向门外走去。

小苏轼心里十分惭愧。等到老人走后，他又拿着笔墨，把对联改成了"发奋识遍天下字，立志读尽人间书"，以此来提醒自己不要骄傲，终生都不要停止学习。

"乌台诗案"究竟是怎么回事?

宋神宗时期,王安石被任命为宰相。王安石上位之后,就开始大力实行变法,于是朝廷中出现了"改革派"和"保守派"两大阵营。保守派的领头人物就是苏轼的老师欧阳修,苏轼自然也就成了保守派的一员。保守派认为,王安石的变法不符合当时的实际情况,太过激进,这反而对社会的稳定和发展不利。于是,改革派和保守派开始了针锋相对的斗争,很多保守派的支持者都受到了打压,甚至退出政治舞台。

元丰二年(1079年),苏轼在任职湖州知府时,曾经为宋神宗写过一道《湖州谢上表》,以此来感谢宋神宗的知遇之恩。但是仅仅上任几个月,他就被朝廷派人逮捕入狱,原因是改革派声称他在《湖州谢上表》中有不当言论,里面的诗中包藏祸心。于是,苏轼被关入大牢,100多天之后他又被发配到了黄州,这就是著名的"乌台诗案"。

谚语练兵场

请补全下列谚语,选择正确的部分。

1._____,赛过人参补身体。

2.寒从脚上起,_____。

3._____,十年少。

A. 笑一笑   B. 早睡早起   C. 病从口中入

参考答案 1.B; 2.C; 3.A

44

光说不练假把式, 连说带练真把式

这句话的意思是做人不能光凭嘴上吹嘘,还要动手实践,能说会干才是真的有本事。

谚语故事

诸葛亮是三国时期蜀国的丞相,也是历史上著名的谋臣。蜀国的君主刘备去世后,诸葛亮更是励精图治,亲自率领蜀军南征北伐,只为了实现统一大业。

诸葛亮手下有一个参军,名叫马谡,平时很喜欢讨论行兵打仗的事情,诸葛亮十分器重他,遇事经常询问他的见解。但是军中其他将领却十分不看好马谡,大家都觉得他平时总爱"纸上谈兵",没有什么真本事。刘备临终前也曾经嘱咐诸葛亮,对马谡的任用要慎重,但这些话都没有得到诸葛亮的重视。

有一次,魏国派大将张郃进攻街亭,那里是蜀国运输粮草的交通要道,一旦失守蜀军将失去粮草供给。诸葛亮却把这个艰巨的任务交给了马谡。

尽管诸葛亮反复叮嘱马谡一定要谨慎行事,可到达目的地之后,马谡却草率地将军营驻扎在了易攻难守的山顶。尽管副将王平再三劝说，但马谡依旧我行我素，拒绝听取别人的建议。王平十分无奈，他只能听从马谡的命令。但是为了保险起见，王平悄悄安排了一支队伍埋伏在了山下的树林里随时待命，以防不测。

张郃知道马谡在山顶扎营，连忙调遣军队包围了蜀军所在的山头，切断了蜀军粮食和水源的供给，还下令放火烧山。没过多久，蜀军就开始吃不消了，一个个又饿又渴，变得无心应战了。张郃一看时机已经成熟，便下令攻山，结果蜀军被打得四处溃散，哪还有当初的气势。幸亏王平预先在山下安排好接应人马，马谡才保住一命。但是街亭已被魏国占领，诸葛亮只能放弃陇西，率军退回汉中，之前获得的胜利果实也都白白丢掉了。

为了服众，诸葛亮只能依照军纪将马谡斩首，他后悔没有听从刘备的建议而任用了马谡，也为失去一个知己感到痛惜。而马谡临死前才明白"光说不练"的代价是多么惨痛。

诸葛亮有哪些发明？

　　诸葛亮不仅是一个谋臣，更是一个优秀的政治家、军事家和文学家。其实，他还有一个身份很少有人知道，那就是很有想法的发明家。

　　要说诸葛亮的发明，有很多确实是"脑洞大开"的神奇作品。比如著名的"木牛流马"，传说就是诸葛亮发明的。据说它不用消耗任何能源，就能自己行走，是蜀军用来运输物资的重要工具。但是，这一项技术已经随着时间的流逝而失传了，不然可能早就有"永动机"了。诸葛亮的另一个发明，就是"改进型"的连弩，俗称"诸葛连弩"，据说其威力巨大，是攻城的利器。

　　我们平时说的孔明灯也是诸葛亮的发明，据说当年诸葛亮被围困于平阳，无法派兵出城求救。孔明算准风向，制成会飘浮的纸灯笼，系上求救的信息，其后果然脱险，于是后世就称这种灯笼为孔明灯。如今，每到节日人们会放孔明灯，许下自己美好的愿望。

谚语练兵场

请补全下列谚语，选择正确的部分。

1.＿＿＿＿＿＿＿，勤劳能延年。

2. 若要身体壮，＿＿＿＿＿＿＿。

3.＿＿＿＿＿＿＿，人闲易生病。

A. 饭菜嚼成浆　　B. 懒惰催人老　　C. 刀闲易生锈

参考答案　1.B, 2.A, 3.C

孔子虚心师项橐，关公骄傲走麦城

释义　这句谚语说的是虚心使人成功，骄傲使人失败的道理。它告诉我们要像孔子那样处处虚心请教，做到不耻下问，不能有一点成绩就骄傲自满，最后只能导致失败。

谚语故事

　　孔子说"三人行，必有我师焉"，意思就是人人都有值得学习的地方。他一向以谦虚、谨慎的态度对待学习，就算是对几岁的小孩，也能虚心地请教，所以孔子最终成了博学多闻的圣人。

　　一次，孔子外出游历，路过一处关口，远远看到一个小孩蹲在地上画着什么。走近一看，原来小孩画了一座城池，他不忍心践踏小孩的画，便让弟子牵着马车绕道过去。小孩见了却十分生气，他对孔子说："你们为什么不走城门，而要绕着走？"孔子连忙解释说："因为你画得太好，不忍心破坏，才绕着走了。"哪知，小孩却满不在乎地说："我画城门不就是让人过的吗？"孔子见这孩子反应如此机智，就想出题考一考他。孔子一连问了几个问题，孩子不仅对答如流，还反过来考起孔子。孩子问："为什么松树四季常青？为什么大鹅叫声响亮？"孔子回答："松树内心坚实，所以能抗严寒；大鹅细脖长颈，所以啼叫响亮。"小孩摇摇头反问："竹子是空心的，为什么能抗住严寒？青蛙粗脖短颈，为什么能叫得响亮？"孔子被小孩问得哑口无言，不禁暗自佩服他的才学，还要拜小孩为师。

与孔子的谦虚相反，三国名将关羽却因为骄傲自满而丢掉了性命。关羽所在的蜀国一直占据属于吴国的荆州拒不归还，还派猛将关羽镇守，吴国的君主孙权为了夺回荆州便宣布与蜀国开战。

一次，关羽要去攻打樊城，孙权就想趁荆州兵力空虚，把荆州夺回来。为了探明情况，孙权就把这件事交给了善于谋略的陆逊。关羽根本没看得起陆逊，再加上陆逊总是写信过来赞扬他的事迹，慢慢地，关羽开始有些骄傲了。他把大军调出了荆州，全部投入在攻打樊城上。陆逊得到了这个情报，马上上报给孙权，孙权暗中派吕蒙偷袭了荆州。关羽在樊城也吃了败仗，无处可去的他只能撤军奔向麦城。结果，关羽在麦城中了吴军的埋伏，最终含恨死在了那里。

我国历史上有哪些著名的神童?

说起我国历史上有名的神童,项橐一定排在首位,连大教育家孔子都曾拜他为师,可见他的过人之处。

战国时期的甘罗12岁便被封为上卿,他凭借优秀的口才,没用一兵一卒就帮助秦国获得10多座城池,可以说他的才能已经足够做宰相了。据说,吕不韦很担心甘罗会取代自己,于是设计杀害了他。

东汉末年,有一位女神童,名叫蔡文姬。她6岁就能辨别音律,十几岁就能文能书,通晓诗书礼乐,是远近闻名的才女。同一时期的还有,曹操的儿子曹冲,至今还流传着他称象的故事。蜀国还有一位大名鼎鼎的人物,其实他也是神童,这就是诸葛亮。他从小就机敏过人,口才也堪称一流。

除了以上这些神童,还有很多我们耳熟能详的名字,比如砸缸救人的司马光、唐朝开国宰相房玄龄、诗坛鬼才李贺、能一心多用的元嘉、道教鼻祖老子等。你知道吗?他们小时候也都是远近闻名的神童。

谚语练兵场

请补全下列谚语,选择正确的部分。

1._____,有难同当。

2. 学如逆水行舟,_____。

3._____,知识学不完。

A. 不进则退   B. 泉水挑不干   C. 有福同享

参考答案 1.C; 2.A; 3.B

亡羊补牢，为时未晚

释义

这句谚语的意思是即使羊丢失了，只要及时修补羊圈，也不算晚。比喻能及时改正错误，想办法挽救，就能防止继续损失。

谚语故事

这是一个古老的故事，在遥远的战国时期，楚国出了一个昏君，人们称他楚襄王。楚襄王任用小人，却疏远贤臣，导致楚国陷入了衰败的危机当中。

楚国的大臣庄辛对楚襄王的作为感到十分担忧，他劝谏楚襄王说："您身边亲近的都是骄奢淫逸的人，整天只知道吃喝玩乐，楚国的将来很危险啊！"没想到这番肺腑之言却激怒了楚襄王，他指着庄辛说道："你竟然诅咒楚国，你要么是老糊涂了，要么就是别有用心！"庄辛很失望，便辞职离开了楚国去了赵国。

没过多久，楚军的国都就被秦军攻破了，楚襄王被迫逃到了外地。回想起庄辛的话，楚襄王心中满是愧疚，他终于明白了庄辛的良苦用心，立即派人去赵国，想请庄辛回来挽回楚国的命运。

回到楚国，庄辛没有急于出谋划策，而是给楚襄王讲了一个故事。从前，有一个牧民养了很多羊。一天早晨，他发现羊圈里丢了

51

一只羊，就顺着羊圈四处查看，果然发现一个大窟窿。原来是狼趁夜色从窟窿钻了进去，把羊给叼走了。村民们都劝牧民赶紧修补羊圈，不然羊还会被狼叼走。牧民却不以为然地说："反正羊都已经丢了，还修它干吗？"结果，第二天当他再来到羊圈的时候，发现又丢了一只羊，顿时后悔不已。他赶忙找来材料，趁天黑前把羊圈修好了，从这以后就再也没有丢过一只羊。

讲完了故事，庄辛意味深长地对楚襄王说："亡羊补牢，为时未晚。您是一国之君，一定比牧羊人更懂得其中的道理。楚国依然还有我们的容身之地，您只要改正错误、励精图治，我们终究还是会强大起来！"

楚襄王被庄辛所感动，他改掉了之前的错误，一心收复失去的土地。很快，他不仅收复了国都，还让楚国恢复了之前的强盛。

强悍的匈奴人，现在去了哪里？

传说，匈奴人的祖先是夏朝最后一位君主夏桀的后代，随着夏朝的灭亡，他们流浪在北方广袤的土地上，过着游牧的生活。在他们身上继承了祖先们的强壮和崇尚武力的基因，于是匈奴人为了生存四处征战，侵扰和掠夺中原的土地和资源，成了盘踞在北方的强大势力。

战国中期以后，赵国的名将赵牧打败了匈奴的主力部队，使得匈奴的力量被大大削弱。秦始皇统一中原之后，修筑了长城，匈奴人又被拦在了长城之外。到了汉朝时期，匈奴内部出现分裂，使盛极一时的匈奴失去了往日的辉煌。而分裂之后的匈奴人的去向至今也是一个人们争论的话题，但普遍认为，他们一部分转向欧洲，并参与了对罗马的战争，使罗马一度陷入亡国的境地；另一部分则融入了中原地区，依旧生活在中国的北部地区，成了我们五十六个民族中的一员。

谚语练兵场

请补全下列谚语，选择正确的部分。

1._____，患难见交情。

2. 三百六十行，_____。

3. 水不流会发臭，_____。

A. 行行出状元　　　B. 人不学会落后　　　C. 岁寒知松柏

参考答案　1C, 2A, 3B

53

不入虎穴，焉得虎子

释义 这句谚语比喻不经历磨难和艰险，就不会取得成功。也指只有经过艰难的实践，才能得到真理。

谚语故事

东汉时期有一位名将，名叫班超，因为他有勇有谋，所以经常被委以重任。后来，他又被提拔为汉朝的使者，专门负责出访西域各个国家。

班超上任后去的第一个国家叫作鄯善，当时跟随他出使的随从只有30多个人，刚到那里，他们受到了热情的接待。但是没过多久，鄯善国王的态度却变得十分冷淡，班超由此猜想：应该是敌对的匈奴也派了使者，而鄯善国王已经有了和匈奴联合的意图。为了证实他的猜想，班超当着鄯善大臣的面，假装已经得知匈奴使者就在鄯善，吓得大臣们个个神情紧张，一下子就露了馅。

回到住处后，班超就组织了内部会议，他对大家说："匈奴也派来了使者，如今鄯善国王对我们的态度说明，他已经不再惧怕汉朝了。如果他被匈奴使者彻底说服，我们可能都会死在这里。大家对此有什么看法？"说完，所有人的态度都很一致，表示坚决听从班超的指挥，无论他做什么样的决定，他们都会执行到底。班超想了想说道："依我看，现在只有偷袭匈奴使团所在的住处，我们才能保住性命。而且，只有除掉匈奴使者，才能让鄯善国王改变主意。不入虎穴，焉得虎子，必须得让鄯善看看我们大汉臣子的胆识了！"对于这个提议，所有人都举双手赞成。经过商议，大家制订出了趁夜火攻匈奴使者驻地的计划。

夜深之后，班超带领三十几人，放火烧了匈奴所住的大营。然后，他们又围着大营擂鼓呐喊。匈奴人以为汉军打过来了，顿时乱作一团。班超趁乱消灭了匈奴使团。等鄯善国王得到情报前来查看情况时，被眼前的景象惊呆了，只见遍地都是匈奴人的尸体，而汉朝使团的人却一个都没少。鄯善国王害怕极了，从此他再也不敢与汉朝为敌了。

鄯善是什么国家?

提起鄯善,可能很多人并没有听说过。但是提起它的前身,大家一定耳熟能详,它就是大名鼎鼎的楼兰。汉昭帝时期,楼兰改名为鄯善,并且旧城被废弃举国南迁。

鄯善是古代西域一个小国家,但所处的地理位置却十分重要。它位于丝绸之路的交通要道之上,是汉朝和匈奴一直争夺的地方。它不仅是连接东西方进行商贸活动的重要通道,还成了参与纺织品贸易的重要国家。鄯善与中原地区保持着密切的联系,而且它与同在丝绸之路上的其他国家的往来也十分紧密,这也为各民族文化的融合起到了很大的推动作用。鄯善原本经济并不发达,财政收入也十分有限,但在汉代和魏晋时期,鄯善通过贸易往来使经济得到了迅速的发展,国力得以崛起。公元448年,北魏军队攻占了鄯善,这里从此被改为郡县,有着几百年历史的鄯善国从此便不复存在了。

谚语练兵场

请给下面的谚语上下句连线。

1. 勤劳是个宝   A. 一分收获

2. 一分耕耘   B. 学到老

3. 活到老   C. 一生离不了

参考答案 1.C 2.A 3.B

磨刀不误砍柴工

这句谚语表面意思是说磨刀虽然花费很多时间，但是砍起柴来会更加顺手，反而不会浪费时间。比喻做事前做好充足准备，做起事来就会事半功倍，会让过程更加顺利。

谚语故事

很久以前，有一老一小两个樵夫，他们都以贩卖木柴为生，经常结伴到山上砍柴。

小樵夫年轻力壮，为了砍更多的柴，他每天都早睡早起，很是辛苦。而老樵夫却有不一样的习惯，他每天回家后，都会把斧头磨得锋利无比，然后才去休息。

有一天，小樵夫依旧很早就到了山里，他用力挥舞着斧头，不停地工作着，不一会儿就汗流浃背了。过了很久，老樵夫才不慌不忙地进了山，可没过一会儿他砍的柴就超过了小樵夫。

砍了半天的柴，老樵夫觉得斧头有些钝了，便坐下来磨起斧子。他看小樵夫砍得吃力，便劝说道："先磨一下斧子吧，也顺便休息一会儿。"但小樵夫觉得那是在浪费时间，所以并没有理会老樵夫，依旧卖力地砍着。不一会儿，老樵夫磨好了斧子，他又对小樵夫说："我孙子想吃一些野果，咱们一起去采一点回来怎么样？"小樵夫还是没有搭理老樵夫，他心想：你自己去吧，有这个时间，我还不如多砍些木柴回去卖呢。

就这样，天渐渐黑了，两人决定收工回家。清点一天的收获时，小樵夫惊讶地发现老樵夫砍的柴不仅比自己的多了一倍，而且他还采了很多野果子。小樵夫非常诧异，怎么想也想不明白其中的道理，明明自己那么勤奋，为什么不如老樵夫的收获多呢？

后来，小樵夫就开始偷偷地观察老樵夫，两人砍柴的手法一模一样，但老樵夫确实比他砍得快。小樵夫便过去问老樵夫说："为什么我花的时间比你多，一刻不停地砍柴，却怎么也比不过你呢？"老樵夫扑哧一声笑了，他对小樵夫说："虽然你很努力，但是大多数时间做的都是无用功。对我们这些砍柴人来说，保持斧子锋利才是最重要的。只有斧子锋利，砍起柴来才更加省时省力。而你的斧子那么钝，怎么可能砍得多呢？'磨刀不误砍柴工'，说的就是这个道理啊！"

为什么把砍柴的人称作"樵夫"？

俗话说"生活就是柴米油盐"，可见日常生活中"柴"被排在第一位。这是因为过去平时的生活里，烧饭、烧水、取暖哪样都离不开烧柴生火。甚至在古代的某段时期，国家还因为财政紧张，给官员们发放木柴当工资。木柴在古代被称为"薪"，于是"薪水"便成了工资的代称。

在山里劳作，砍柴的人被叫作"樵夫"。"樵"就是木柴燃烧后生成的焦炭，樵夫每日的工作就是上山砍柴，然后将木柴焚烧成木炭后再上街贩卖，所以从事这类工作的人就被称为"樵夫"了。

樵夫的工作虽然普通，但是能给人们带去温暖，所以古人常常赋予樵夫很多的寓意。从西汉时期开始，樵夫便以各种形象出现在传统文化作品当中。樵夫经常和渔夫一同出现，被合称为"渔樵"，并用来象征勇敢、智慧甚至财富，而且很多有名的隐士也都从事过樵夫的工作。

谚语练兵场

请补全下列谚语，选择正确的部分。

1. 朝霞不出门，_____。
2. 冬天麦盖三层被，_____。
3. 雨后西南风，_____。

A. 晚霞行千里　　B. 三天不落空　　C. 来年枕着馒头睡

参考答案 1.A; 2.C; 3.B

有志不在年高

这句谚语的意思是只要心中有志向，就算年轻也会有非凡的成就。它也有另一种意思：只要心中有志向，就算年纪大了，也可以做出一番成就。

谚语故事

战国时期，有一少年名叫甘罗，他口齿伶俐、聪明机敏，而且心中有做一番大事的志向，他年纪轻轻就当上了秦国丞相吕不韦的门客。

一天，吕不韦闷闷不乐地回到家中。甘罗上前恭敬地问道："丞相，您今天是有什么烦心事吗？"吕不韦不耐烦地摆了摆手，说道："你一个小孩子懂什么？"甘罗依旧恭敬地说："您收我做门客，难道不是为了关键的时候为您出谋划策吗？现在您嫌弃我年龄小，不愿意告诉我，就算我能帮助你，恐怕也没机会啊！"

吕不韦也觉得自己的话有些不妥，便对甘罗说道："3年前，大王派蔡泽去燕国做丞相，燕王为了表示友好，就把他的儿子太子丹送来秦国做了质子。现如今，我们和赵国的关系紧张，我跟大王商议决定，想把张唐也派去燕国做丞相，以获得燕国的支持。但张唐却百般推脱，就是不肯去，这可怎么办呢？"甘罗听了笑着说道："丞相，这是小事一桩，不如让我去试试？"吕不韦却说道："我是一国之相都说不动他，一个孩子的话他怎么能听？"甘罗听了很不服气地说："当初孔子都能拜7岁的项橐为老师，我比项橐还年长几岁，有什么不行？反正试试，您又没有损失，如果失败了，随便您怎么责罚我。"这番话，让吕不韦改变了态度，最终答应让甘罗前去劝说张唐。

　　甘罗了解到，张唐得罪过赵王，前往燕国必定经过赵国，他怕被赵王杀死，所以才不愿意去燕国。甘罗见到张唐，便跟他分析了利弊。如果张唐不去燕国，今后一定会被吕不韦报复，张唐一听便立刻答应了去燕国的事情。为了消除张唐的顾虑，甘罗先出使了赵国，他只跟赵王说了几句话，就让秦赵两国成了盟友，赵王还给了秦国10多座城池。秦王十分高兴，便册封年仅12岁的甘罗为上卿，这在民间成了一段佳话，真是对"有志不在年高"这句话的最好的证明。

神童甘罗是怎么死的?

甘罗是一位有名的神童,传说他 12 岁就被秦王拜为一国之相,至今还有很多关于甘罗的传说。但实际上,据历史记载,甘罗因为有功被授为上卿,那时候的"相"和上卿在地位上大致相同,所以"甘罗拜相"的说法便在民间流传了下来。但是甘罗的命运并不顺利,史料中自甘罗被封为上卿之后,就再没有记载了,据说是因为甘罗随后就早早去世了。而关于甘罗的死因,至今仍然众说纷纭。

在众多的说法中,有一种说法是甘罗是被秦王刺死。甘罗因为太过聪慧,早早就看出秦王实际上是一个残暴的君王。于是甘罗便想要辞官隐退,但他被秦王软禁在宫中,毫无自由,于是感觉生无可恋。甘罗便想了一个主意,来结束这一切。他趁与秦王见面的机会,摸了皇后的腿,秦王因此暴怒,抽出宝剑把他斩杀了。关于秦王杀甘罗其实还有一种版本,是说秦王嬴政亲政后,便除掉了一直和自己争权的吕不韦。而甘罗正是吕不韦的门客之一,于是秦王为了肃清吕不韦的势力,也将甘罗杀掉了。

谚语练兵场

请给下面的谚语上下句连线。

1. 不怕读书难   A. 就怕心不专

2. 行船趁顺风   B. 人不学不懂

3. 木不凿不通   C. 学习趁年轻

参考答案 1.A; 2.C; 3.B

62

第三章

为人处世小门道

路遥知马力，日久见人心

释义 这句谚语的意思是通过遥远的路途能知道马的耐力有多大，经过长时间的相处和观察能看出一个人的善恶和品格。

谚语故事

相传很久以前，有一个有钱人，名叫路遥，他心地善良，喜欢帮助别人。

一天，路遥路过一间破庙，遇到一个满脸愁容的樵夫，便上前与他攀谈了起来。樵夫名叫马力，就住在附近的村子里。他家里很穷，只靠砍柴卖钱维持生活，最近他的母亲病重，因为买不起药为母亲治病，心里非常焦急。

路遥被马力的孝顺所感动，两人便结拜成了兄弟。路遥为了帮助马力渡过难关，就把他们母子接来自己家住，还专门聘请大夫为他母亲治病，并安排仆人照顾他们。

几年后，马力的母亲去世了，他不想再给路遥添麻烦，便离开了路遥家。临行前，路遥给了马力一笔银两当作盘缠，两人含泪道别，从此马力就失去了音信。

　　后来，因为生意上的官司，路遥破产了。然而祸不单行，一场大火又把他的家烧了个精光，路遥只能到处流浪。一天，他经过一个大户人家，想讨口饭吃，竟然发现这家的主人就是多年未见的兄弟——马力。原来，马力用路遥给的盘缠当本钱做起了生意，如今发达了。马力见到路遥很开心，把他留在家中，好吃好喝地招待。

　　过了一年，路遥决定回乡重振家业，但是马力却没有像自己当年那样，拿出银两慷慨相助，这让路遥很是伤心。

　　可当路遥回到家乡后却惊奇地发现，原本被烧毁的旧屋上，竟然盖起一座豪华的新宅子。原来，马力发达后便回到路遥家想要报恩，却发现那里已经成为废墟，路遥不知所终。为了帮助好友，马力不仅重新为路遥建了一座宅子，还在集市上为他置办了很多店铺。人们知道后都不禁感慨："真是路遥知马力，日久见人心啊！"这句话后来便成了一句家喻户晓的谚语。

盘点古代的名马

可能我们最耳熟能详的要数赤兔马了，它最初是三国时期的猛将吕布的坐骑。素有"人中吕布，马中赤兔"的美誉。后来，吕布被曹操处死，赤兔马就被作为礼物送给了关羽，立下了很多功劳。另外，三国时期的名马还有刘备的的卢和曹操的绝影，两匹马在它们主公逃跑的时候都起到了关键性的作用，可见它们的速度之快。

西楚霸王项羽也有自己的专属坐骑，叫作"乌骓"。乌骓是一匹千里马，据说是黑白相间的花色。和乌骓马一样能日行千里的还有殊龙马，只是它的耐力稍稍逊色。殊龙马是五胡十六国中冉魏的开国皇帝冉闵的坐骑，据说冉闵骑着它逃走的时候，这匹马突然倒地而死，最终导致冉闵被敌人生擒。汉武帝也有一匹名马，是贰师将军李广利缴获的战利品，后来献给了汉武帝。这匹马叫作蒲梢，据说它就是汗血宝马的原型。

除了上面这些马，历史上的名马还有很多，比如鲍氏骢、赭白和"穆王八骏"：赤骥、盗骊、骅骝、绿耳等。

谚语练兵场

这些谚语的下半句都是什么？

1. 行船靠掌舵，_____。

2. 苦海无边，_____。

3. 不怕学不会，_____。

A. 理家靠节约　　B. 只怕不肯钻　　C. 回头是岸

参考答案　1A; 2C; 3B

三个和尚没水喝

"一个和尚挑水喝，两个和尚抬水喝，三个和尚没水喝。"是这句谚语的完整版，它来源于一个流传很久的著名寓言。这句谚语所表达的是：一个人在群体里不应该过分计较个人得失，如果互相推诿，什么事情都不会成功，只有团结一致才能把事情做好。

谚语故事

从前有座山，山里有个庙，庙里有个小和尚，他独自在庙里生活着。这座庙建在山顶上，下山的路很远很难走。寺庙附近没有水源，院里也没有水井，只有山下有条小河，所以小和尚每天除了念经、修禅，还要一个人下山挑水回来。但是，小和尚从来没有抱怨过，他把寺庙打理得井井有条，水缸里的水也总是满满的。

后来，一个胖和尚云游到这里，觉得这个寺庙是个安身的好地方，于是就住了下来。他每天陪伴小和尚一起念经、修禅，两个人也一同打理寺庙，每天还轮流去山下挑水。可是日子久了，他们都觉得挑水辛苦，于是谁都不愿意去山下挑水了。没多久，缸里的水就被喝完了，胖和尚出了个主意，他提议两个人一起下山抬水回来，小和尚也早就口渴难耐了，很痛快地答应了。为了表示公平，他们在扁担正中间画了一条线，水桶就挂在这条线上，这样大家付出的力气就一样多，两个人都感觉很满意。就这样，他们每天一同下山抬水，水缸又像以前那样满满的，再也不缺水喝了。

　　过了很长一段时间，又有一个瘦瘦的和尚来到了庙里，他也决定在这个庙里住下来。庙里的人多了，喝的水也就多了起来，他们两两一组轮流下山抬水。可是无论怎么分配，总有人抱怨去的次数比别人多，于是三个人谁也不去抬水了，水缸里空空如也。三个和尚虽然都口渴得厉害，但谁也不愿意多付出，他们每天只顾着念经、修禅，来缓解口渴，也没人去打理寺庙，寺庙也变得越来越破旧了，老鼠也随处可见。

　　有一天，一只老鼠打翻了灯台，整个寺庙瞬间燃起了大火。由于水缸里一滴水也没有，山下的水又解决不了眼前的危急，他们只能眼睁睁地看着寺庙烧成了废墟。这时，他们才意识到自己的错误。

　　后来，三个和尚团结了起来，他们一同重建了寺庙，每天一起念经、修禅、打理寺庙，水缸里也总是满满的，谁也不再计较自己付出的多与少了。

僧人头上的点有什么讲究？

我们总能看到，在很多影视作品里，有些僧人的头上都有好多个点，有的头上有 6 个，有的头上有 9 个，这些点是做什么的呢？

其实僧人头上的这些点叫作"戒疤"，是僧人修行高低的一种标志。佛教僧人在出家时，都要剃光头发，叫作"剃度"。举行完剃度的仪式之后，有的还要经过"清心"的过程。通过一段时间的观察，僧人的表现优良，他的修行和成绩都很优秀，有资历的前辈就会为其举行"清心"的仪式，也就是在僧人头上点上第一个戒疤，以此表示传戒。如果在一段时间内，他表现足够好，还会获得受戒资格，得到第二枚戒疤，这被称为"乐福"，然后以此类推。仪式中，受戒的人头上会点燃对应数量的香，数量一般有 1、2、3、6、9、12 几种，12 点表示的是戒律中最高的"菩萨戒"。

谚语练兵场

请给下面的谚语上下句连线。

1. 千学不如一看   A. 百见不如一干

2. 百闻不如一见   B. 万人万脾气

3. 千人千模样   C. 千看不如一练

参考答案 1.C, 2.A, 3.B

害人之心不可有,防人之心不可无

释义 这句谚语的意思是与其他人交往时，不要有伤害别人的念头，但要时刻保持防备和警惕其他人伤害自己的意识。

谚语故事

战国时期的魏国有一位风华绝代的女子，人们都叫她"魏美人"。一年，魏国被楚国打败，魏国为了向楚国示好，就将魏美人送到了楚国，做了楚怀王的妃子。

魏美人善良、单纯，又通情达理，所以很受楚怀王的宠爱。宫里的其他妃子受到了冷落，十分嫉妒魏美人。宫里有个叫郑袖的妃子，心里早就恨透了魏美人，但是她却经常主动和魏美人套近乎，两人还成了形影不离的姐妹。

魏美人以为自己在宫中找到了知己，连楚怀王也觉得郑袖是真心结交魏美人，还把她当作正面典型，号召所有妃子都学习她的大度。

渐渐地，郑袖赢得了魏美人的信任，两人几乎无话不谈。有一天，郑袖突然一边叹气一边对魏美人说："我无意中听大王说，你

长得美丽又
知书达理，他对你哪都满意，
唯独不喜欢你的鼻子。"这让魏美人
十分紧张，她赶忙问郑袖："那我该
怎么办呢？"郑袖想了想说道："这样吧，
今后你再见到大王，你就找个东西遮住鼻子。这样的话，
大王就看不到你的鼻子了。"魏美人一听郑袖的建议，竟然差点感
动哭了，从这以后，她每次见楚怀王都会用东西遮住鼻子。楚怀王
觉得很奇怪，就跑去问郑袖说："为什么魏美人见我总是遮住鼻子
呢？"郑袖撇了撇嘴对楚怀王小声说道："我私下里也问过她原
因，她对我说大王的体味很重，她实在是无法忍受。又不能当着大
王的面对大王不敬，所以只能找个东西遮住鼻子。"原来，楚怀王
患有一种叫"狐臭"的病，身上的味道很大，所以他很在意别人的
看法。听郑袖这么一说，楚怀王顿时火冒三丈，他立刻下令割掉了
魏美人的鼻子，原来这一切都是郑袖的奸计。所谓"害人之心不可
有，防人之心不可无"，魏美人的善良本没有错，而她的错在于不
能审时度势，轻信奸诈之人，最终也为此付出了惨痛的代价。

历史上竟然有两个楚怀王

在我国的历史中，其实有两个"楚怀王"。一个叫熊槐，他生活在战国的后期；另一个叫熊心，他生活在秦朝的末期。熊槐是熊心的爷爷，就是割掉魏美人鼻子的那个楚怀王。熊槐刚当上楚王的时候充满了雄心壮志，但最后却成了一个昏君。后来，他被秦国以"会盟"的名义骗到武关囚禁了起来，最终死在了秦国。

秦朝末期，楚国早已灭亡多年，熊槐的孙子熊心已经沦落为一个牧羊人。由于秦朝的暴政，各地的反秦起义声势浩大，楚人成了反秦势力中的主力。为了凝聚楚人的力量，熊心被推上了王位成了楚国的傀儡君主，史称"后楚怀王"。后来，项羽坐上了楚军主帅的位置，在他的带领下，楚军接连大胜。野心勃勃的项羽，再也不肯听从熊心的命令，于是他暗中派大将英布刺杀了熊心。这也直接导致项羽失去了民心，诸侯们纷纷加入了刘邦所率领的汉军。最终，项羽在垓下之战中彻底落败，刘邦建立了大汉王朝。

谚语练兵场

这些谚语的下半句都是什么？

1. 水往下流，＿＿＿＿＿＿＿＿。
2. 人勤地生宝，＿＿＿＿＿＿＿＿。
3. 才出于学，＿＿＿＿＿＿＿＿。

A. 人懒地生草　　B. 人争上游　　C. 器出于养

参考答案　1.B, 2.A, 3.C

病从口入，祸从口出

释义 这句谚语的意思是说话要谨慎，口无遮拦很可能招来灾祸。这就和乱吃东西容易得病是一样的道理。

谚语故事

南北朝时期有个人叫贺若弼，他的家族里将才辈出，父亲贺若敦在北周担任金州刺史，也是一位刚正勇猛、敢说敢做的人物。贺若弼年少的时候就已经展现出了过人的才干，接二连三地被晋升官职。但就在他春风得意的时候，父亲贺若敦却因为经常口出怨言而被当朝权臣宇文护处死。临死前，贺若敦叮嘱儿子说："我最大的愿望就是平定江南，现在只能把希望寄托在你的身上了。你要时刻记住，我是因为没有谨言慎行而招来杀身之祸，你一定要牢记我的教训。"说完贺若敦就拿起锥子在儿子的舌头上狠狠地刺了一下，以此来告诫儿子要铭记自己的教训。

这件事对贺若弼的触动很大，所以他后来十分注意言行，也因此而躲过了很多灾祸。很多年以后，贺若弼成为一名优秀的将军，他不但实现了父亲的遗愿，还帮助隋文帝杨坚统一了天下，建立了隋朝。然而，显赫的功绩使贺若弼越来越膨胀，他把父亲的叮嘱全都抛在了脑后，开始整天抱怨。先是因为不满别人的官位比自己高，而到处发牢骚，隋文帝念及他有功劳，就只让他在监狱待了几天便把他放了。哪知道，贺若弼不但没有吸取教训及时改正错误，反而变本加厉地说隋文帝的不是。他的好友杨勇被隋文帝废了太子之位，他见人就为杨勇鸣不平，后来传到了隋文帝耳朵里，隋文帝训斥了他一顿，还把他贬为庶民，想用这样的方式让他反省错误。不久之后，隋文帝虽然恢复了他的爵位，但是再也没重用过他。

　　隋文帝去世之后，隋炀帝杨广继位当了皇帝。一次，他到北方巡游，命令当地官员制造一顶可以容纳几千人的大帐，作为和突厥可汗会面的场地。贺若弼就和其他大臣说："皇帝太奢侈了！"隋炀帝并不像他老爸隋文帝那样大度，他听后勃然大怒，随后就下令处死了贺若弼。

　　从古至今，因为"说错话"而招灾的人数不胜数，其中不乏一些有名的盖世英雄。如果贺若弼能吸取父亲的教训，谨言慎行，就不会有后来的悲惨结局了。

"杨柳"这个名称是怎么来的?

柳树是我们常见的一种植物,它又被称作"杨柳"。据传说,这个名字与隋朝的一位皇帝有关,他一时兴起赐给柳树国姓。从那时起,"杨柳"便成了它的名字。

这个皇帝就是隋朝的末代皇帝隋炀帝。隋炀帝杨广是历史上有名的暴君,他曾经三下江南,耗资巨大开凿京杭运河、兴建奢华的宫殿,只为他享受骄奢淫逸的生活。据说,隋炀帝每次下江南的时候,都会让千余名少女拉纤。第二次下江南的时候,当少女们拉动龙船的时候,一个个汗流满面弄花了妆容。隋炀帝见状很是扫兴,于是他下令让官民在运河的两岸都种植上柳树,这样少女们就不用暴晒在阳光下,他就可以尽情地赏玩了。

隋炀帝看着岸边郁郁葱葱的柳树十分高兴,他重金赏赐了参与栽种柳树的官民,还为两岸的柳树题字赐名。他觉得柳树也有很大的功劳,于是就把国姓"杨"字赐给了柳树,所以柳树就改叫"杨柳"了。

谚语练兵场

请给下面的谚语上下句连线。

1. 台上十分钟	A. 强敌不可畏
2. 弱敌不可轻	B. 时不再来
3. 机不可失	C. 台下十年功

参考答案 1.C 2.A 3.B

一箭易折，十箭难断

释义

这句谚语的原意是一支箭很脆弱，它可以轻易被折断；而十支箭捆在一起就十分坚固，很难被折断。它形象地说明了一个道理：只有团结一心才能克服困难。

谚语故事

传说，在古老的吐谷浑，有一个名叫阿豺的老可汗，他生了10多个儿子，每个都很有能耐，平时他们谁也不服谁，还总是暗自较劲。阿豺已经年老体衰，他整日担心自己去世后，儿子们会为了争夺王位而互相残杀。于是，阿豺只要有机会，就会告诫孩子们要团结一心，但是没有人听得进去。

后来，阿豺得了重病，他知道这次自己的生命就要走到尽头了，于是他把儿子们都叫到了身边，然后颤颤巍巍地说道："孩子们，你们都去取1支箭来吧。"虽然他们不知道父亲要做什么，但还是按照他的话做了。他们每个人都取来1支箭，然后静静地站在父亲的床边，等着他接下来的吩咐。

阿豺点了点头，说道："你们折一下手里的箭，看看是不是很容易折断？"说完，儿子们纷纷按照他说的话去折手里的箭，结果很容易箭都被折断了。儿子们面面相觑，还是不知道父亲的用意是什么。这时，阿豺又对儿子们说："你们每个人再去取1支箭来，把它们捆在一起。"儿子们又按照父亲的吩咐，每个人都取来1支箭，然后结结实实地捆在了一起。阿豺此时用尽力气说道："这次再试试去折断它们吧！"话音刚落，儿子们不约而同地开始发力折箭，但用尽了吃奶的力气也没有一个人折断这10支箭。

阿豺长叹了一口气，对儿子们说："你们都看到了吧？1支箭很容易被折断，而10支箭捆在一起的时候，就能百折不弯，这正是团结的力量啊！你们都是我的孩子，都是守卫吐谷浑的人。如果你们不团结，每个人只顾自己的利益而明争暗斗，就如同1支箭一样无助，迟早会被敌人逐个消灭，到时候吐谷浑又会怎么样呢？相反，如果你们能团结一心，一致对外，那还能有谁能打败你们？"

阿豺的儿子们终于明白了父亲的苦心，发誓不再互相争斗了，阿豺这才含着微笑闭上了眼睛。

77

吐谷浑是个什么？

吐谷浑是我国古代的民族，是鲜卑慕容部的一支。吐谷浑的名字便来源于他的建立者——慕容吐谷浑。这个部族虽然不大，但存在时间却很久远，从西晋形成直到唐朝部族分散，共历经了近 350 年的历史。

慕容吐谷浑虽是家族中的长子，却不是嫡子，所以比他小 16 岁的弟弟成了部落的首领，但吐谷浑并不服气。一次，两兄弟斗马时产生了矛盾，吐谷浑便带着一部分族人"离家出走"了。弟弟十分后悔，连忙派人前去劝吐谷浑回来。吐谷浑便用一匹马打起了赌，他让人们驱赶这匹马，如果马往东跑，他就回去；如果马往西跑，他就离开家族。结果，无论人们怎么驱赶，那匹马始终头也不回地往西跑去。

就这样，吐谷浑带着族人一路向西，边走边过着游牧的生活，最终在西北地区（今甘肃、青海间）定居了下来。

谚语练兵场

请按情景选择符合的谚语。
"您的见解让我受益匪浅，真是'_____'啊！"
A. 听君一席话，胜读十年书。
B. 路遥知马力，日久见人心。
C. 有意栽花花不发，无心插柳柳成荫。

参考答案　A

不为五斗米折腰

释义

这句谚语是说人不能为了一点点利益就放弃尊严。常常用来比喻为人清高，不屈服于权贵，是对一个人有气节、有骨气的赞扬。

谚语故事

东晋时期，有一个著名的文学家，名叫陶渊明。陶渊明虽然出身官宦世家，但是他的性格耿直，天生就与官场格格不入。

陶渊明从小就有救济苍生的志向，于是决定去当官，做一个为民造福的人。但进入官场之后，他受不了官场的黑暗和那些攀高附贵的官员，于是毅然辞去了官职。但有时为了生活，陶渊明又不得不又去当官，可是过不了多久他又会忍受不了而辞官。就这样，他时而当官，时而隐居，一直到了40多岁也没有稳定的工作。

一次，一个朋友劝陶渊明再次当官，陶渊明便接受了建议，到彭泽县当起了县令。彭泽县虽然很小，但是民风淳朴，俸禄虽然只有区区五斗米，但是陶渊明却并不看重，他心里头牵挂的都是县里的百姓们。

转眼间，他到任已经有两个多月了。突然有一天，一个下属跑来报告，说上级委派一位督邮到地方视察，马上就要到彭泽县了，他建议陶渊明赶快准备迎接。陶渊明听了之后毫不在乎地说："随他怎么视察都行，为什么还要迎接？"那位下属说："大人，这位督邮是太守的亲信，而且喜欢讲究排场。他这次来的目的是检查地方官员的过失，万万得罪不起呀！如果对他招待不周，恐怕他会因此为难你，到时候又有什么好处呢？"

陶渊明听了下属的话，顿时火冒三丈，他生气地说："我平时最鄙视那些阿谀奉承、拍马屁的人。当官不为老百姓谋福利，到哪里都讲排场，这种官值得我去迎接吗？区区五斗米的俸禄，就想让我向这种人弯腰低头，简直想都别想！"说完，陶渊明就把乌纱帽摘下，连同官印一起交出，又一次辞官回家了。

从此，陶渊明真正地过起了隐居的生活，平时除了务农就是学习做学问，再也不过问政事。即便自己再穷，陶渊明都不再踏入仕途半步，就连官员送来的酒肉也全都推辞了。陶渊明一生留下很多宝贵的文学财富，他也因"不为五斗米折腰"的气节，而流芳百世，成为后世学习的榜样。

东晋时期官员是怎么发工资的？

在我国历史上，官员的俸禄制度是随着朝代制度的不同而不停变化的。整个魏晋南北朝时期，由于连年的战乱，经济很不景气，不只是百姓的收入很微薄，连官员的俸禄也开始缩减。在西晋的时候，实行的是叫"占田制"的官俸制度，制度中把官职按高低分为三个等级，共九个品阶，按照品阶的高低来分配俸禄，俸禄中包含了钱银、粮食、布匹等流通物品，也包括土地和劳动力。官员得到的土地称为"职田"，这些职田平时的租金也是官员俸禄中的一部分。

陶渊明在彭泽做县令时，按照史料上记载他的工资应该是"月钱二千五百，米十五斛"。那个时候1斛相当于10斗，也就是一个月150斗米。如果按照一个月30天计算，每天正好是5斗米外加83文的现金，这也符合"五斗米"的说法。晋朝的时候1斗米相当于现在的3.2市斤，因此陶渊明每天可以得到16斤米和83文钱的工资。

谚语练兵场

请给下面的谚语上下句连线。

1. 不经冬寒　　　　　A. 不成方圆

2. 不给规矩　　　　　B. 不知春暖

3. 不入虎穴　　　　　C. 焉得虎子

参考答案　1.B; 2.A; 3.C

病入膏肓，不可救药

释义 这句谚语的意思是病情到了无法医治的地步，用来比喻不及时改正错误，导致事情到了不可挽救的地步。

谚语故事

战国时有一位神医，人们叫他扁鹊，他医术十分精湛，传说有让人起死回生的本事。

一次，扁鹊来到了蔡国，蔡桓公热情地款待了他。扁鹊仔细地打量蔡桓公之后，说道："大王有病了，现在这病在您的皮肤之下、肌肉之上。如果得不到及时治疗，恐怕到时候病情会加重。"蔡桓公听了扁鹊的话，脸色变得非常难看，他对扁鹊说："寡人没有病！"然后将扁鹊打发走了。之后，蔡桓公对大臣们说："像扁鹊这样的医生，只会给没病的人看病，好显得他们医术高明！"

过了十几天，扁鹊又来拜见蔡桓公，他面色凝重地对蔡桓公说："大王，您的病已经深入血液了，如果再不治疗，恐怕又要严重了。"蔡桓公一听，又不高兴了，扁鹊只好默默地离开了。

又过了十来天，扁鹊又碰到了蔡桓公，他忧心忡忡地说道："大王，看您的气色，病气已经深入了肠胃，再不及时治疗，就会更严重了！"蔡桓公好像没有看到扁鹊一样，直接走了过去。扁鹊摇了摇头，无奈地回家去了。

后来，扁鹊又和蔡桓公相遇了。这一次，扁鹊没有说话，而是转身跑掉了。蔡桓公非常疑惑，连忙叫人去扁鹊家打听，扁鹊叹了口气，说道："如果疾病在皮肤和肌肉之间，用药热敷就可以治疗；如果疾病在血液里，用针灸就能治愈；在肠胃里，药汤就可以治好。而现在，大王的病已经深入骨髓之中，我已经无计可施了。"等那人走了以后，扁鹊就赶忙离开了蔡国，去了秦国。

没过几天，蔡桓公果然病得非常严重，已经卧床不起了。他连忙派人去找扁鹊，却发现早已人去屋空。没过多久，蔡桓公就病死了。

扁鹊死于"职场斗争"？

扁鹊是我国战国时期的一位名医，他原名秦越人，最擅长诊断，中医切脉诊断就是他发明的。扁鹊游历列国，走到哪里都给百姓们治病。

一次，他来到了秦国，正巧赶上秦武王与人比武受了严重的腰伤，痛苦不已。当时秦国的太医李醯为秦武王开了很多药方，但都不见效，后来经人推荐，秦武王便请来扁鹊为自己医治。扁鹊奉命入宫，为秦武王进行了诊疗，又为他下方抓药制成汤药，很快秦武王就恢复了健康。秦武王非常高兴，决定对扁鹊进行封赏，想让他留在宫里做太医们的领导。李醯听说了这个消息，顿时感觉坐立不安，他怕扁鹊得到重用后自己的前途不保，就在秦武王面前说扁鹊的坏话，但还是没能改变秦武王的想法。

于是，李醯决定暗中杀死扁鹊，他先是派了刺客前去刺杀，可是扁鹊及时逃走躲过一劫。随后，他又让人乔装成猎户在半路拦截，最终将一代神医扁鹊杀死了。

谚语练兵场

请补全下列谚语，选择正确的部分。

1._____，不可暗箭伤人。

2. 宁可正而不足，_____。

3. 与人方便，_____。

A. 不可邪而有余　　　B. 宁可明枪交战　　　C. 与己方便

参考答案　1.B, 2.A, 3.C

84

人怕揭短，树怕剥皮

释义　一个人最怕别人当众揭露自己的隐私和短处，这会让他丢失颜面而受到伤害。这就好比一棵树被扒掉了皮，就会失去了养分的供给，从此没有办法存活下去。

谚语故事

　　唐朝的时候有一个大将军，名叫郭子仪。他是平定了"安史之乱"保卫了唐朝的大功臣。虽然皇帝和大臣们对他十分尊敬，但他仍然处处谨慎，为人低调。因为郭子仪知道，他的功劳越大皇帝就越害怕和猜忌他，只有低调谨慎才能保全自己。

　　郭子仪80多岁时已经不再过问朝政，安心地在家中享受天伦之乐。但因为他在朝中的地位很高，平时总有大大小小的官员来看望他。郭子仪面对这些官员也都是以礼相待，但唯独一个人让他格外小心，这个人就是当时皇帝身边的宠臣，他的名字叫卢杞。

　　卢杞很有才学，而且出身名门，郭子仪认为他日后一定能够有所成就。但卢杞也有两个很大的缺点：一个是相貌丑陋，另一个就是心胸狭窄。他在人们心目中是皇帝的宠臣，也是一个名副其实的奸臣，所以经常遭到其他人的排挤。

　　一次，卢杞来拜访郭子仪。郭子仪换了一套正式而且低调的衣

服，还让家人和仆人全都回避，没有他的命令谁也不能进屋。事后，有人向郭子仪问起这件事："你征战沙场，连敌人都不怕，为什么会怕卢杞呢？"郭子仪回答："卢杞深受皇帝宠信，将来一定会权倾朝野。但他相貌丑陋，度量很小，如果我们会面时，家里的人发出声音，他必然以为是有人讥笑他的样貌，今后一定会招来杀身之祸。"

后来，事实果然印证了郭子仪的话，卢杞在朝廷中独揽大权。上位后，卢杞对当初排挤和嘲笑过他的人都进行了严酷的迫害，但唯独没有为难郭子仪，而且他还在皇帝面前极力地维护郭子仪。

自古以来，在人与人的交往当中，向来推崇的是互敬互爱、以礼相待，最忌讳当众揭露别人的短处。因此，"不揭短"是一种修养，也是一种自我保护的智慧。

安史之乱是怎么回事?

"安史之乱"是在唐朝爆发的一次重大的历史事件,它不仅改变了唐朝的命运,对中国历史的发展也有着重大的影响。

唐玄宗所宠信的臣子里面有个叫安禄山的人,他是一名胡人,但是深受汉族文化的熏陶,在唐玄宗眼中是个才华横溢的人。安禄山深得唐玄宗信任,身兼三个节度使的职权,这也为后来的安史之乱埋下了祸根。

安禄山不满足于只做臣子,他想做的是皇帝。于是,安禄山暗中调动军队,最终攻占了都城长安。安禄山占领长安之后,便登基称帝,此时的唐玄宗早已带着家眷逃往了四川。

安史之乱之后,唐朝由兴盛迅速转向衰败,虽然最后安禄山的反叛势力被朝廷军队剿灭,但仍旧没有改变衰败的形势。经过这场动乱,政治陷入混乱,人民和财产遭受巨大的损失。之后,朝廷渐渐无力对地方进行统治,慢慢出现了藩镇割据的局面,最终引发了农民起义和军阀乱战,唐朝也在这样的混战中逐渐走向了灭亡。

谚语练兵场

请补全下列谚语,选择正确的部分。

1. 秤砣虽小,_____。

2. 常说口里顺,_____。

3. _____,吃亏在眼前。

A. 常做手不笨　　B. 不听老人言　　C. 能压千斤

参考答案　1.C; 2.A; 3.B

87

兼听则明，偏信则暗

释义　这句谚语的意思是广泛地听取意见，才能辨明是非，看清人或事的本质。如果偏听偏信，只相信一面之词，就会对人或事产生片面的认识。

谚语故事

　　唐太宗李世民是历史上一位有名的明君，尤其是他从谏如流的作风，更是深受大臣和人民的拥戴。李世民的宰相名叫魏徵，他为人刚正不阿，敢于直言上谏，李世民也经常采纳他的建议，最终开创了"贞观之治"的盛世。

　　有一次，李世民召见魏徵便问："作为一名君主，怎么做才能不被蒙蔽呢？"魏徵回答说："圣明的君主，会多方听取意见，而不是只听一面之词。只有群策群力，采用正确的建议，才能做出正确的判断，下达正确的命令。贤明的尧帝就是其中的代表，他能从百姓那里了解情况，所以能知晓各个部族所做的恶事。舜帝眼观六路，耳听八方，因此他才不会被别有企图的奸臣蒙蔽。相反，当初秦二世胡亥宠信赵高，隋炀帝偏信虞世基，他们只听信奸人的一面之词，结果都落得身败名裂、国破家亡的下场。"从此，李世民开始鼓励大臣们给自己提意见，使得朝堂上下再没有不正之风。

一次，魏徵又在朝堂上直言不讳地指出问题，李世民和他争论了起来。李世民感觉很没面子，虽然想发火，因为顾及名声，便强忍着没有发作。下朝之后，李世民一脸怨气地来到了皇后的住处，嘴里还嘟囔着要杀了魏徵。皇后却没有说话，而是径直去了另一个房间，并换了一套庄严的礼服，然后在李世民面前跪拜。

见此情景，李世民惊讶地问道："皇后这是做什么？"皇后微笑着回答说："我在给陛下贺喜。总听说只有明君才会有正直的大臣，现在陛下有了魏徵这样正直的大臣辅佐，难道不值得祝贺吗？"李世民突然想起魏徵之前说的"兼听则明，偏听则暗"的劝诫，就立刻冷静了下来。他赶忙扶起皇后，欣慰地说道："朝前有魏徵，而后宫有皇后，朕一定会成为明君！"

魏徵和李世民曾是"死对头"

　　魏徵是唐太宗李世民身边的贤臣，李世民曾经评价他说："夫以铜为镜，可以正衣冠；以古为镜，可以知兴替；以人为镜，可以明得失。"魏徵就是一面可以知晓得失的镜子，时刻提醒着李世民做事的尺度。因为魏徵的耿直谏言，李世民的从谏如流，才有了之后的"贞观之治"。然而这对君臣搭档并不是"原配"，他们之前曾是"死对头"，这是怎么回事呢？

　　原来魏徵年轻时加入过李渊所率领的唐军，成为太子李建成手下的一名侍从。魏徵很感激李建成对自己的知遇之恩，经常为李建成进言献策。当时，李建成和李世民互相争夺储君的位置，魏徵向李建成提出过很多对付李世民的建议。最终，玄武门事变爆发，李世民杀死了李建成，后来他生气地质问魏徵说："你当初为什么要离间我们兄弟的感情？"魏徵却不以为然地说："太子要是真听了我的话，就不可能有现在这样的事情发生。"李世民觉得这个人性情耿直，说话直接，是个可以信任的人。于是，魏徵从此被李世民重用，最终还做了太子的老师。

谚语练兵场

　　请用四个字的成语形容以下谚语。

　　1. 横挑鼻子竖挑眼。成语：_____

　　2. 吃着碗里的，看着锅里的。成语：_____

　　3. 一个鼻孔出气。成语：_____

　　A. 贪得无厌　　　B. 串通一气　　　C. 吹毛求疵

参考答案　1C；2A；3B

君子之交淡若水

释义

这句谚语还有下半句，就是"小人之交甘若醴"。意思是说，君子（贤能之人）之间的友情，就像水一样干净、纯粹，虽然淡薄但不虚伪。小人之间的交情，就像甘甜的美酒一样，让人陶醉。但那只是一时的美好，一旦没有了利益，关系就会变得疏远。

谚语故事

孔子是生活在春秋时期的圣人，他是土生土长的鲁国人。在鲁国做官的时候，孔子就主张实施"仁政"，这种思想触动了那些权贵的利益。这些贵族为了赶走孔子，便联合起来排挤他。孔子只好离开鲁国，带着弟子们在各国之间奔走，他一直盼望着找到能支持他想法的明君。

孔子艰难地在各个国家徘徊，路上经常遇到各种危险，几次还差点搭上性命。但是，孔子始终没有找到认同自己的明主，眼看着百姓们在战乱中受苦，他的内心无比煎熬。而且，平时与他关系要好的朋友和弟子开始逐渐疏远他，在他最危难的时候不仅没有施以援手，有的甚至还落井下石，这让孔子十分沮丧。

一次，孔子听说有一位隐士高人名叫子桑雽，他就慕名前去请教。孔子问道："先生，我在鲁国遭人排挤；在宋国，教书时所在的大树也被人砍了；在卫国，有人也不让我居住在那里；在齐国还被逼得走投无路；在陈、蔡也是身陷绝境。我总是遇到险境，为什么我昔日的那些好友、弟子会这么冷漠？在我遇到困难的时候，他们不但不肯帮我，还要躲着我？是我做错了什么吗？"

子桑雽对孔子说："我听说有个叫林回的人，他背了一块价值千金的碧玉，抱着他的儿子逃难。当遇到生命危险跑不动的时候，他果断扔掉了碧玉，只背着孩子跑了，这是为什么呢？因为碧玉虽然属于他，但那只是金钱利益，但是孩子是他的骨肉，那是血浓于水的亲情。这正是'君子之交淡若水，小人之交甘若醴'的道理。君子的交情虽然淡然，却像亲人一样心意相通；而小人是因为利益而交朋友，他们能够对你热情似火，也能无缘无故地疏远你。"孔子听后豁然开朗，从此他再也没有因此而困惑，而这些经历反而成了他人生中的宝贵财富。

古代都有哪些玉器?

玉器在我国历史上,有着举足轻重的地位。从古至今,玉器都与帝王将相有着密不可分的关系,它们不仅象征权贵,用途也十分广泛。

按照用途来划分,玉器在古代大致有这么几个类别:日用器、礼仪器、装饰器、丧葬器。

日用器是平时日常生活中所用的器皿工具等。其中器皿和餐具中有玉碗、玉勺、玉爵等;玉质的酒器有玉壶、玉卮、玉杯、玉觥等;日常使用中,还有很多玉质的文具,包括玉笔筒、玉笔洗、玉镇纸、玉印盒等。

礼仪也是古人十分重视的方面,用玉来制作礼器同样是一个古老的传统。玉璧、玉琮、玉圭、玉璋、玉琥、玉璜等玉器都是用来进行礼仪活动的,比如祭祀、出访等都会用到这些器物。还有一些玉器专门应用在需要仪仗的场合,比如玉钺、玉戈、玉戚和玉刀等。

也有些玉器是专门在丧葬中使用的,比如玉衣、玉琀、玉塞、玉覆面、玉握等,可见古人对于生命有多么的敬畏。

请补全下列谚语,选择正确的部分。

1. 前人栽树,_____。

2. 明知山有虎,_____。

3. _____,眼见为实。

A. 偏向虎山行　　B. 后人乘凉　　C. 耳听为虚

参考答案 1.B; 2.A; 3.C

93

多行不义必自毙

这句谚语的意思是不道义的事情做多了，结局一定是自取灭亡。

谚语故事

　　春秋早期的时候，郑国有位君主叫作郑武公，他有两个儿子，都是夫人姜氏所生。姜氏不喜欢大儿子，因为她在生大儿子时曾经难产，她觉得十分不吉

94

利。相反，她对小儿子宠爱有加，在她心中
小儿子才是王位的最佳继承者。但郑武公却
认为废长立幼不合规矩，不能因为大儿子不受
宠爱就剥夺他的继承权。

郑武公去世后，大儿子按照遗嘱继承了王位，人称"郑庄
公"。而小儿子却被分封到了一个叫作共城的小地方，人称"共叔
段"。姜氏生气地对郑庄公说："你继承了王位，拥有整个国家的
土地。而你的弟弟却还在狭小偏远的地方，连容身都成问题，你作
为他的兄长难道不心疼吗？"郑庄公是个孝子，他听从母亲的话，
把共叔段分封到了京城。

然而，共叔段并不感激自己的兄长，而是暗自发展势力，组建
和训练军队，企图夺取王位。共叔段的作为被朝中大臣看在眼里，
有人建议郑庄公赶快除掉共叔段，以绝后患。但是郑庄公却说：
"他是我的弟弟，我怎么可能杀他，我母亲如此疼爱他，难道要我
不孝？不道义的事情做多了，就等于自取灭亡，随他去吧。"

后来，郑庄公去周地朝见周天子，共叔段趁机发动了叛乱。但
这一切早就在郑庄公的意料之中，共叔段不但没有成功，还
被打得四处奔逃，最后只能自己了结了生命。

盘点那些"废长立幼"所引发的悲剧

在古代，帝王将相讲究"嫡长继承制"，在爵位和财产的继承问题上，出身都要论"嫡"和"庶"，年龄上都要论"长"和"幼"。现在，我们就来看看那些"废长立幼"所引发的悲剧。

周幽王可以说把这件事做到了极致，他曾"废长立幼"，废除了申候的女儿申后和她儿子的太子之位，导致申候联合犬戎攻打周朝，最终落得国破家亡的下场。

推行"胡服骑射"的赵武灵王赵雍，也曾废除长子赵章的太子之位，把国家传给了小儿子，这引起了赵章的强烈不满。后来，赵章杀死了相国肥义，又逃到了沙丘主父（即赵雍）宫里躲藏，李兑与赵成包围沙丘宫三月余，后来竟然把赵雍活活饿死了。

像这样的悲剧还有很多，秦宁公、齐灵公、齐景公等，都做过"废长立幼"的事情，最终都引发了严重的内乱。

谚语练兵场

请选择每个谚语所对应的正确含义。

1. 三人行，必有我师焉。含义：＿＿

2. 书读百遍，其义自见。含义：＿＿

3. 拳不离手，曲不离口。含义：＿＿

A. 勤问　　　　B. 勤练　　　　C. 勤读

参考答案　1.A; 2.C; 3.B.

第四章

"俗话"中的人生智慧

说曹操，曹操到

释义

"说曹操，曹操到"是一句流传很广泛的话。这句话表面的意思是正谈论某个人，他就出现了，表达一个人行动很快，说来就来。有时也形容一个人耳目很多，消息灵通，无处不在。

谚语故事

东汉末年，汉灵帝昏庸无能，导致朝廷腐败。汉灵帝死后，以宦官张让为首的"十常侍"掌控了朝政，官民都苦不堪言。此时，朝中就有人提议让大军阀董卓进京，协助朝廷解决祸乱。然而，董卓灭了"十常侍"之后，就逼迫皇帝退位，还立了一个傀儡皇帝，历史上称为"汉献帝"。董卓在幕后当起了"太上皇"，整日寻欢作乐，杀伐异己，其恶劣的作为比"十常侍"有过之而无不及。

朝中有一位元老，名叫王允，他策反了董卓手下的悍将吕布，最终将董卓杀死。本以为危机就此解除，没想到董卓手下的另外两位大将——李傕和郭汜，竟然也起兵造反了。他们带领军队，攻陷了都城，汉献帝又成了他们手中的傀儡。后来，李傕和郭汜为了争夺权力发生了内斗，汉献帝才趁乱在大臣们的掩护下逃出了都城。

　　李傕和郭汜分别带着军队四处搜寻汉献帝的下落，而汉献帝则躲在洛阳的废墟中不敢出来，连饱饭都吃不上一顿。大臣们提出建议，给诸侯们发出"求援信"，让他们前来救驾。但是救援信发出去很久，却没有得到一点回应。汉献帝和大臣们急得团团转，这样下去不是被李傕和郭汜抓到，就是被活活饿死，这可怎么办才好？众人顿时陷入了一片混乱。这时，一个大臣提到了曹操，说他足智多谋，一定能有办法解除危机。但有人却说："办法好是好，但现在已经来不及送信了，李傕和郭汜的军队马上就要到了。"听了这话所有人捶胸顿足，掩面痛哭起来。就在大家一筹莫展的时候，一位大将带着军队冲进了洛阳，来到了汉献帝面前，那人跪拜道："我是曹操部下夏侯惇，奉命前来护驾。"就这样，汉献帝被成功营救，"说曹操，曹操到"这句话也成了流传了上千年的名句。

让曹操忌惮的人

你知道吗？身为一代枭雄的曹操竟然也有让他闻风丧胆的人。这个人就是刘备手下，位列"五虎上将"之一的马超。

当年，曹操攻打西凉，还杀死了军阀马腾。马腾的儿子马超为父报仇，起兵攻打曹操，并一路打到了潼关。

曹操带兵赶到潼关支援，却被马超打了个措手不及。马超突然带着人马闯入曹营，还发誓要活捉曹操，手忙脚乱的曹操只能四处奔逃，狼狈不堪。忽然有人指着不远处的曹操说："快看！穿红袍的就是曹操！"马超就紧追穿红袍的人，吓得曹操赶紧丢掉了红袍继续逃跑。又有人喊道："长胡须那个就是曹操！"马超便掉转马头追赶长胡须的人，曹操连忙掏出匕首割掉了胡须。结果又有人喊道："短胡子的才是曹操！"曹操竟慌乱地扯了一面旗子，包着自己的下巴不停逃窜。

虽然曹操最终逃脱了追杀，但在后面的对战中，只要碰到马超，他就会吃尽苦头，马超从此成了他心中最忌惮的人。

谚语练兵场

请补全下列谚语，选择正确的部分。

1. 兵来将挡，_____。

2. _____，祸从口出。

3. 车到山前必有路，_____。

A. 船到桥头自然直　　　B. 水来土掩　　　C. 病从口入

参考答案　1.B; 2.C; 3.A

此地无银三百两

这句谚语比喻想要掩饰真相，但因为手法拙劣而弄巧成拙，反而把真相暴露了出去。

谚语故事

很久以前，有一个人名叫张三，他头脑不怎么灵光，却喜欢自作聪明。张三辛辛苦苦半辈子，攒下了三百两银子，原本这是一件令人高兴的事情，但他每天看着这些银子却十分发愁。原来，他总是担心有人会偷走银子，于是整天吃不香睡不着，每天都要把这些银子数一遍才放心。

一天，张三又偷偷地在家数银子，突然，他脑袋里蹦出一个"绝妙"的主意。他找来了一个大木箱子，一股脑把三百两银子全都放进了箱子里，用粗铁钉把箱子钉了个严严实实。等到了天黑之后，张三趁着夜深人静，悄悄地把箱子拉到屋后，在墙根底下挖了一个大坑，把装满银子的木箱埋在了这里。

埋完了银子，张三左思右想，还是觉得不放心，他怕万一别人路过，把银子给挖走了。于是，他又开始动起了脑筋，不一会儿就有了新主意。他跑回家里，找来文房四宝，在纸上写了几个无比显

101

眼的大字"此地无银三百两"，还把它贴在了埋银子的那面墙上，然后满意地走了。

张三的这些动作引起了隔壁邻居王二的注意。张三走后，王二蹑手蹑脚地来到张三家一探究竟。看到墙上贴的字，王二心中暗自嘲笑张三的愚蠢，深更半夜的时候，他悄悄地偷走了银子。但是，王二做贼心虚，他害怕张三知道是自己偷的，如果报了官自己一定会坐牢。于是，王二也想了一个"聪明"的办法，他也找来笔墨纸砚，写了几个大字贴在墙上，然后放心地回家去了。

第二天一早，张三又来到屋后查银子，却发现墙根底下除了一个大坑，什么都没有了。这时，他一抬头，猛然看到墙上贴着的纸，上面赫然写着"隔壁的王二没有偷"几个字，他才明白原来还有和自己一样愚蠢的贼啊。张三就直奔衙门去了。

古代人是怎么防盗的?

如今,有各种安全级别的防盗门、防盗锁,但是在古代,生产力和科技水平并不高,古人是怎么防盗的呢?

古代最智能的看家能手,当然要数人类的好朋友——犬类。古人在院子里养几只狗,既能看家护院,又有了忠诚的伙伴。

但是光有狗不行,其他防盗的硬件措施也必须得跟上。古人会在大门处设置一个机关,作为第一道防护。接下来,古人又发明了门闩,在大门上安装了若干道横着的木栓。有的门闩设计得十分复杂,就好像现在的密码锁一样,进门先要破解打开方式。

门闩无论设计得多么复杂也都是利用的简单原理,很容易被打开。古人需要更加精巧、复杂,更加难于破解的工具来加强防盗性能,于是用金属做的"锁"便出现了。古代的锁虽然和现代的锁比还是简陋了很多,但是在那个时代却是很难被破解的防盗措施。

谚语练兵场

请补全下列谚语,选择正确的部分。

1. 众人拾柴_____。

2. 一寸光阴_____。

3. 放长线,_____。

A. 一寸金　　B. 钓大鱼　　C. 火焰高

参考答案　1.C; 2.A; 3.B

103

不怕一万，只怕万一

这句谚语是告诫人们，哪怕风险发生的概率再小，也不要掉以轻心，都要做好万无一失的准备。

谚语故事

很久以前，有个老妇人，她守寡多年，自己把儿子拉扯长大并且给他成了家。儿子娶了一个很能干的媳妇，日子过得十分幸福。

一天，老妇人把儿媳叫到身边，对她说："我老了，这个家今后就归你打理了。"儿媳摆手说："您还健康得很呢，现在就让我当家，不太合适。"老妇人说："趁我还活着，你锻炼锻炼。万一有什么事，我还能出个主意，等你能独立当家了，我也放心了。"

儿媳知道婆婆不相信自己能当好家，所以她当家后，努力地经营着这个家，把家里大小粮仓装得满满的。

粮食多了，儿媳就开始大手大脚，竟然用粮食喂起鸡来，她还把家里的存粮卖出去了一大半。老妇人看到了，心疼不已，连忙劝阻儿媳说："万一以后闹了灾，可怎么办呢？要珍惜粮食呀！"儿媳不以为然，无奈，现在是儿媳当家，老妇人便不再说话了。第二

年开春，闹了旱灾，粮食的
价格大涨，儿媳开始后悔粮
食卖早了。为了多赚点钱，她又把剩余的
粮食给卖了，尽管老妇人极力劝阻，儿媳却依然我
行我素。

　　老妇人觉得这样下去不是办法，于是她就跟儿媳说："你当家
这么辛苦，就让我帮你分担一下喂鸡的工作如何？"儿媳不明白婆
婆要做什么，但还是答应了。老妇人就每天上山捉虫、挖野菜，她
用这些喂鸡，还把剩下的野菜晒干了储存起来。儿媳问她晒野菜干
什么，老妇人说怕万一闹饥荒，不会饿肚子，儿媳却不相信她的
话，心里嘲笑她一根筋。后来，还真的发了水灾，村子里又闹起了
灾荒，正当儿媳一筹莫展的时候，老妇人拿出了储藏的干野菜，一
家人就靠着这些野菜平安地度过了饥荒。儿媳很惭愧，她终于明白
了，婆婆教她的正是"不怕一万，只怕万一"的道理。

谚语小学堂

古人是如何储存粮食的？

古代最常用的储粮方式之一就是窖藏，这种方式从新石器时代就已经存在了。古人在地下挖掘地窖，打造成可以储存各种食物的储藏间，然后在地窖的出入口安装密封装置，一般是采用木质或者石质的门，这样可以有效防止潮气和虫子对粮食的破坏。因为粮食长期存放在不见阳光的地下，古人还会用一些干燥的草和树叶来覆盖粮食，以此来达到防腐的目的。有的时候，古人还把粮食装到竹筒里，然后再放到地窖里保存，效果也非常好。

另一种常用的储藏粮食的方式就是筒型粮仓。这种储藏方法现在也很常见，只不过古代的筒仓都是用竹子、木头等材料建造的，现在更多的是用金属和混凝土等材料建成。筒仓解决了地窖的通风和透光问题，因为它在上部预留了通风的孔洞，这样可以减少粮食霉变。

如果需要囤积大量的粮食，就需要用石头和木材建造大型的仓库。石库有很多优点，不仅构造简单易于建造，而且能很大程度地防止粮食霉变和受虫害影响，但这种方式的造价也是最高的。

谚语练兵场

请补全下列谚语，选择正确的部分。

1. 听话听音，＿＿＿＿＿＿。
2. 三年河东，＿＿＿＿＿＿。
3. 吃水不忘＿＿＿＿＿＿。

A. 三年河西　　　B. 交人交心　　　C. 挖井人

参考答案 1.B; 2.A; 3.C

106

塞翁失马，焉知非福

释义

这句谚语的意思是有些坏事可能都是暂时的，在一定条件下也能变成好事；有些看似是好事，但也可能变成坏事。一般用来形容一种豁达、积极乐观的心态，也表明任何事情都有两面性，好与不好都是可以互相转化的。

谚语故事

很久以前，在偏远的边塞有一位养马的老人，人们都叫他"塞翁"。

一天，一匹马从塞翁的马圈里逃了出去，它跑到胡人的领地去了，最后不见了踪影。邻居们纷纷来安慰塞翁，劝他不要着急。塞翁却笑了，他满不在乎地说："只是丢了一匹马，随它去吧。再者说，这也不一定是什么坏事情，没准还是好事呢。"

邻居们听塞翁这么一说，也都不再劝了，私底下却互相议论说："明明丢了一匹马，却还认为是好事，塞翁还真是心大。"

没想到没过多久，塞翁丢的那匹马竟然回来了，而且还把胡人养的马也带了回来。之前嘲笑塞翁的人也都傻了眼，他们从来没听说过这种事情，都跑去塞翁家里看到底怎么回事，看过之后也都心服口服。人们对塞翁说："您老人家说得没错，果然坏事变成了好事，不仅马找回来了，还白得了胡人的马。"塞翁听后却并没有高兴，他摆了摆手说："天下哪有免费的午餐？白白得到东西也不见得是什么好事。"邻居们又开始私下议论起来："这个老头儿真是古怪，明明心里高兴得不得了，还净说些口是心非的话。"

一天，塞翁的儿子骑着那匹胡人的马出去游玩，结果因为马的性格太烈，他从马上摔了下来，摔断了腿。邻居们听说了，又纷纷来到塞翁家安慰，塞翁摇摇头说："没关系，只要命在就不是坏事，兴许还是好事呢。"邻居们又被塞翁的话说蒙了。

没过多久，塞外的匈奴人攻打了过来。为了抵抗侵略，朝廷将边塞的所有年轻人都征调到前线打仗去了，只有塞翁的儿子因为不能走路而没有入选。结果，出征去的年轻人几乎全都牺牲了，而塞翁的儿子却保住了性命。人们都佩服塞翁的智慧，这件事后来也被传为佳话，一直流传了下来。

在古代，马到底有多重要？

对于马这种动物，相信大家都不陌生。自古以来，马就代表着良好的寓意，很多成语都和马有关，比如龙马精神、千军万马、马到成功等。这说明马从古至今贯穿着中国人的生活，尤其是在古代，马可是相当重要的资源。

马不仅用于日常的农作、运输和交通，它的重要性更体现在军事上。所谓"兵马未动，粮草先行"。兵和马总是一同出现，而和它们对应的就是粮、草。古代的战马十分宝贵，通常要配备专人来照顾，行军时要配备专门的补给，这也是一笔不小的开销，养一匹马的成本够养好几个士兵。

在古代，谁拥有优良的马种和高超的驯养技术，谁就掌握了战争的主动权。统一中原的秦国，他们的铁骑曾让各路诸侯闻风丧胆。还有横扫欧洲各国的蒙古铁骑，他们几乎所向披靡，也是因为有了蒙古草原上培育出来的高头大马的加持。

如今，马虽然已经不是影响军事和农业生产的主要因素，但马依旧是人类重要的伙伴，我们要善待它们。

谚语练兵场

请选择每个谚语所对应的正确含义。

1. 吃人一口，还人一斗。含义：____

2. 刀子嘴，豆腐心。含义：____

3. 害人如害己，终究害自己。含义：____

A. 正义　　　　B. 感恩　　　　C. 心软

参考答案　1.B; 2.C; 3.A

巧妇难为无米之炊

释义

这句谚语的表面意思是没有米，再精明能干的妇人也没办法做出米饭。用来比喻缺少做事的必要条件，不论多能干的人也很难把事情做成。

谚语故事

宋朝的时候，有一位尚书名叫晏景初。一次，他出门公干，回家时耽误了时间，只能寻找借宿的地方。他来到一座寺庙，便决定在这里休息一晚，明天一早再继续赶路。

这座寺庙十分破旧，院内也非常荒凉，好像没人打理一样。晏景初犹豫了一下，但因为又困又饿，也只能硬着头皮敲了敲门。不一会儿，一个小和尚小心翼翼地打开了门，却一直隔着门缝向外张望，并没有让晏景初进去的意思。

小和尚一看外面是个当官的，没等晏景初张嘴打招呼，转身就不见了。小和尚径直跑向大堂里面，连寺门都忘了关，这个举动却把晏景初弄得既糊涂又生气，一时不知如何是好。

等了好一会儿，也不见有人出来，

晏景初决定进去看看，他刚走到大堂门口，一个老和尚步履蹒跚地走出来，看样子就是寺里的住持。晏景初赶忙向老和尚鞠躬施礼，并说明了自己的情况，恳请老和尚能够行个方便。他本以为老和尚会很痛快地答应自己，但没想到，老和尚却说："不瞒你说，我们寺里十分困难，恐怕是爱莫能助啊。"

晏景初听了，不高兴地对老和尚说："你是这里的住持，困难也是你经营不善的结果，怎么还能说得这么轻松？"老和尚听了也不乐意了，辩解道："就算是再灵巧能干的媳妇，没有米的话，也做不出来饭啊！"晏景初更生气了，他用嘲讽的语气说道："如果有米，就算再笨的媳妇也能做出饭来！还要你干什么？"老和尚被说得无言以对，惭愧地走掉了。后来，"巧妇难为无米之炊"这句话就流传开来，成了一句经典的民间谚语。

"方丈"和"住持"原来不是一回事

在很多影视作品、文学作品中,我们总能看到或听到"方丈"和"住持"这两个称呼。

住持是寺院里最高的管理者,他们负责管理整个寺庙的各种活动、日常维护、人事安排,甚至吃、喝、拉、撒都需要住持来参与管理。住持的职责就是要维护寺庙的正常秩序和对日常学习的监督,保证僧人们能够安心地修行。

"方丈"这个词其实并不是佛教的专用词,最早它是先秦神话中一座神山的名字。后来"方丈"这个词被道教的全真派所使用,专门用来称呼职位最高的领导人。到了唐朝,佛教得到了很大的发展,"方丈"就被佛教沿用。方丈在管理权上并没有住持的权限大,更多的是一种精神象征,他们更专注于佛教教义的传播,在佛法的传承上的地位要远高于住持。而且有的方丈可能需要身兼数职,负责担任多个地区或者寺庙的佛学代表,所以一般是由政府来选择人选。

谚语练兵场

这些谚语的下半句都是什么?

1. 让礼一寸,_____。

2. 人靠心好,_____。

3. 退后一步_____。

A. 树靠根牢   B. 路自宽   C. 得礼一尺

参考答案 1.C 2.A 3.B

112

挂羊头卖狗肉

释义 比喻用做好事的名义作幌子，实际上做坏事。也泛指用好的名义欺骗人，名不副实。

谚语故事

晏婴是春秋时期齐国的宰相，他一生辅佐了三代国君，深受齐国人敬重，人们称他为"晏子"。

齐灵公是晏子辅佐的第一位君王，他有个特别的喜好，总是让宫里的女人装扮成男人。都城里的百姓听说之后，也纷纷效仿起来。一时间，街上的妇女都穿着男装，就连打扮也跟男人一样。

齐灵公听说这件事情后，感觉照这样发展下去不行，到时候分辨男女都是个问题。于是，齐灵公打算整治一下风气，禁止女性穿男装，他发布了一道命令："如果再发现有女人穿男人的衣服，就会受到惩罚，会被当众羞辱。"齐灵公觉得，这样严苛的命令一定会有作用，女人们为了自己的名誉，再也不会乱穿男服了。可是，命令发布了很久，还是没能彻底禁止女穿男装的乱象，大家依然我行我素。

齐灵公非常奇怪，他见到晏子便问："我已经下了命令，禁止

113

女着男装，为什么还是屡禁不止呢？"晏子想了想，对齐灵公说："您虽然下令让宫外的女人不要穿男服，但宫里的女子们却都穿着男装。这就好像一个肉铺，门外挂着的是牛头，实际上卖的却是马肉，这如何能让百姓们信服呢？如果您先禁止了宫里的女子穿男装，那百姓们哪有不遵从的道理呢？所以说，当政者就应当言行一致，表里如一，这样才能赢得威望。"齐灵公听了晏子的话，也悟出了其中的道理，他立即下令禁止宫中的女人穿着男装。结果，很快宫外的女人也都再也不穿男装了。

后来，人们从"挂牛头卖马肉"这句话，衍生出了"挂羊头卖狗肉"这句话，用来讽刺那些表里不一、虚而不实的现象。

晏婴与孔子的那些恩恩怨怨

晏婴和孔子第一次见面是在鲁国。当时，齐景公带着晏婴去鲁国出访考察，孔子参与了接待任务，并且还和齐景公讨论了政治局势，这给齐景公留下了非常深刻的印象。但是，孔子与晏婴的第二次见面却不太愉快。因为鲁国内乱，孔子到齐国寻求发展，齐景公有意封赏孔子，挽留他在齐国效力，却被晏婴极力阻止。最终，孔子无奈地离开了齐国，两人也就此产生了隔阂。后来，孔子当上了鲁国的大司寇。一次，齐景公带着晏婴来鲁国会盟，孔子对齐国的侏儒表演提出了批判。晏婴本身就身材矮小，多次因为这个缺陷受到嘲笑，孔子的话让他十分生气，回国没多久就去世了。

然而，孔子又对晏婴有很高的评价，《论语》中也有很多他对晏婴的赞美之词。面对晏婴对他的批评，他也始终没有针锋相对地去解释或者反驳，有些缺点他也表示虚心接受，并说晏婴有资格做他的老师，这也许就是圣人该有的风范吧。

谚语练兵场

这些谚语的下半句都是什么？

1. 一人无二心，_____。

2. 身正不怕 _____。

3. 脚正不怕 _____。

A. 一心无二用　　B. 鞋歪　　C. 影子歪

参考答案　1.A; 2.C; 3.B

豹死留皮，人死留名

这句谚语的表面意思是豹子死了，会留下珍贵的毛皮；人死后也该留下美名，让后世流传。

谚语故事

五代十国时期，时局动荡，政权更迭不止，但涌现了很多英雄人物，比如后梁的一位名将——王彦章。

王彦章虽然出身贫苦，却非常努力，从一个默默无闻的小卒开始做起，通过努力屡立战功，最终被升到了刺史。因为他枪法精妙，人们都称他为"王铁枪"。

当时，后梁和后唐一直交战不断，因为王彦章的存在，后唐一直没有占得便宜。后唐的皇帝觉得王彦章是个人才，便想尽办法拉拢，甚至利用他的妻子来做威胁，但都遭到了王彦章的拒绝。

后梁的末帝是个十分昏庸的人，他采信了奸臣小人的建议，排挤忠臣良将，导致像王彦章这样既忠诚又有才干的人毫无用武之地。后梁军队在战场上节节败退，国土渐渐地被后唐侵蚀，整个国家危在旦夕。最后，后梁的宰相敬翔以死相谏，这才使末帝恢复了王彦章的职务。王彦章临危受命，奉命收复国土，出兵攻打后唐大军。末帝问王彦章："你多久能够取得胜利？"王彦章毫不犹豫地回答道："三天！"所有人都认为他是在吹牛。

头两天，王彦章带领军队日夜兼程地赶到滑州，并在第三天使用"金蝉脱壳"的计谋成功偷袭了德州，取得了大胜。在后来的战役中，因为和敌军的数量寡众悬殊，王彦章兵败，被后唐俘虏了。

后唐的皇帝唐庄宗很器重王彦章，找人为他疗伤，好吃好喝地招待，还频繁地来探望他。他对王彦章说："你这么有才干，跟着我打天下，我绝对不会亏待你。"但是，王彦章却不为所动，他对唐庄宗说："豹死留皮，人死留名。我是后梁的武将，就该为后梁出生入死，那样才能留下好名声。我怎么可能为了荣华富贵就投奔后唐呢？那样我还有什么脸面对天下人？你和我打了十几年的仗，现在我成了你的手下败将，按道理就应当死去。"

最终，王彦章被唐庄宗处死，但成就了他忠勇的美名。

五代十国的第一位皇帝竟是地痞流氓

唐朝在安史之乱之后，便逐渐衰败、瓦解，最终走向了灭亡。各地的战乱和起义不断发生，中国进入了五代十国的混乱时期。建立新政权的人就是后梁的太祖——朱温。

虽然贵为一国之君，但是朱温的个人口碑却不怎么好，他是一个名副其实的地痞无赖。朱温在家里排行"老末"，由于母亲的偏爱，他从小就养成了好吃懒做的习惯，还喜欢欺负弱小，在乡里横行霸道，成了远近闻名的"祸害"。

后来，朱温加入了黄巢起义军，很快，他凭借自己的勇猛获得了一席之地，又带着人马归顺了大唐，反过来成了围剿黄巢军的正规军。

剿灭了黄巢军之后，朱温的势力越来越强大，但他并不满足。他先是"挟天子以令诸侯"，最后干脆自己登基建立了后梁。

当上皇帝后的朱温，生活更加混乱，他最终死在了自己的儿子手中。

谚语练兵场

请给下面的谚语上下句连线。

1. 心静   A. 人胆大

2. 艺高   B. 先告状

3. 恶人   C. 自然凉

参考答案　1.C 2.A 3.B

酒香不怕巷子深

释义　这句谚语的意思是说就算是在很深的巷子里，只要酒酿得好，人们就会闻到香味，从而前来品尝。人们用这句话来比喻只要有真本事，就不怕遇不到伯乐；只要下了真功夫，就不怕被埋没。

谚语故事

张之洞是清朝晚期的"四大名臣"之一，他主张吸纳西方文化，成了洋务运动后期的代表人物。

一年，张之洞被朝廷派往四川，担任学政的职务，他到各地组织科举考试，途中路过了泸州。泸州以盛产美酒而著名，当他来到泸州的码头，看到满街灯红酒绿，突然有感而发，想写一首诗来抒发情怀，却发现没有酒总觉得不够尽兴。于是，张之洞赶紧吩咐身边的随从去岸上打些好酒回来。

随从到了岸上，到处打听哪里有好酒，经过路人的指点，他来到城外一个叫营沟头的地方。这里到处都是大大小小的酒坊，满街弥漫的都是酒香。这可把随从难住了，到底该买哪家的酒呢，一时间随从没了主意。他找到一个本地人，询问之下那人告诉他温家大曲是这里最好的酒，就在巷子的最深处。随从记下了，顺着弯弯曲曲的巷子走，最后终于找到了那人说的酒坊。

等他打好了酒，已经过去了很长时间，张之洞在船上等得有些不耐烦了。当他看见随从从巷子里跑出来气喘吁吁的样子，就准备训斥一番。随从看张之洞生气了，便笑嘻嘻地说："大人您先尝尝这酒，然后再骂我也不迟。"说着就拿来酒碗，准备为张之洞倒上一大碗。随从刚撕开酒坛上的封纸，一股奇异的酒香就钻进了张之洞的鼻子里，转瞬间整个船舱里也都是甘醇的酒香。张之洞转怒为喜，连忙接过酒碗喝了起来，顿时感觉沁人心脾，边喝还边赞叹："果真是好酒啊！泸州的酒真是名不虚传。"

突然，张之洞好像想起什么，连忙问随从："对了，这酒你是从哪里买来的？"随从笑了笑回答说："回大人的话，我在城里四处打听，人们都说城外营沟头的酒才是最好的。我就跑到营沟头，那里的人又说巷子最深处的温家大曲最好，我又七拐八拐地找到这家酒坊，这才买到了泸州最好的酒。"张之洞听了，点了点头，随口说道："真是酒香不怕巷子深，老窖大曲醉世人哪！"

古代酿酒技术有多牛？

我们中国的酒文化源远流长，直到今天，酒依然都是我们生活中不可缺少的一个组成部分。

关于酒的来源，至今众说纷纭。据说，人们最开始注意酒的存在，是偶然发现山中的猴子储藏的果实经过自然发酵而形成了这种美味的饮品。后来，人们经过实践和总结，发明了酿酒技术。经过漫长的发展过程，酿酒技术被不断改良，粮食也逐渐成为酿酒的主要原料。商朝时期，中国的酒文化已经形成，工艺也十分完善，当时古人已经掌握了用酒曲酿酒的技法。春秋时期，甚至出现了专门负责酿酒的官员，酿酒的技法也更加系统。南北朝时期，古籍中已经记载了多达 12 种制曲的方法，这说明当时的酿酒技术已经非常厉害了。

谚语练兵场

请补全下列谚语，选择正确的部分。

1. _____，寸有所长。

2. 病从口入，_____。

3. 吃一堑，_____。

A. 祸从口出　　　B. 尺有所短　　　C. 长一智

参考答案　1.B，2.A，3.C

若要人不知,除非己莫为

释义

这句谚语的意思是要想别人不知道自己做的事情,最好的方式就是不做。常用来比喻做人要光明正大,任何掩饰罪恶的行为都是徒劳的,自己做的坏事迟早会被人发现而付出代价。

谚语故事

东晋的时候,一个叫苻坚的人杀了本该继承皇位的堂兄弟苻生,自己当了皇帝。据说五年后的一天,一群凤凰聚集在皇宫大门外,大家都说这是难得一遇的祥瑞之兆。苻坚思索再三,决定要选择一个日子大赦天下,并给官员封赏,以表示普天同庆。

但是,大赦天下这种事属于绝密,是绝对不能提前泄露的。所以,每次苻坚只会和极少数亲信和重要大臣一同讨论大赦天下的具体事项,比如苻坚的弟弟苻融、重臣王猛等,其他人必须回避。这天,他们又举行私密会议,准备拟草大赦天下的诏书。诏书由苻坚亲自撰写,其他人在一旁默默地服侍。

几个人正忙碌时,屋里竟然飞进来一只大苍蝇,它扑扇着翅膀"嗡嗡"作响,搅得几个人心烦意乱,驱赶了半天也没赶走它。

　　过了几天，城里突然出现了一个小道消息，人们都说马上就要大赦天下了，文武百官都会被晋升一级。这些消息被当地的地方官员听到了，他不敢怠慢，赶紧把这件事上报了朝廷。苻坚知道后十分震惊，他赶忙问苻融和王猛："这件事只有我们几个知道，怎么会走漏了消息？赶快彻底调查，务必查出散播消息的人是谁！"

　　苻融和王猛接到命令就带人到城里四处调查，人们都说看到一个穿着黑衣服的小孩，在街上大喊："马上就要大赦天下了！文武百官都会晋升一级！"当人们循着声音看去，小男孩已不见踪影。

　　听完了苻融和王猛的汇报，苻坚深深地叹了口气，他对两人说："我知道是谁了，一定是那天闯入屋中的大苍蝇。'欲人勿知，莫若勿为'这句话说的真有道理啊！"后来，这句话演变成了"若要人不知，除非己莫为"，并且成了家喻户晓的谚语。

"大赦天下"是怎么回事?

我国有史以来最早被记录的大赦天下事件,被记录在《尚书·舜典》这部典籍中。一般来说,如果有新皇帝登基、遇到皇帝驾崩、重新制定年号、册封太子或者皇后的时候都可以大赦天下。遇到一些特殊情况有时也会进行大赦,比如遭受灾祸、有吉祥的事件发生或者国家的领土得到扩大等。

通常大赦都会举办隆重的仪式,皇帝都会书写赦书,并且亲自参与大赦仪式。虽然是大赦,但是并不是所有的罪犯都会得到赦免。早期的大赦,只针对贵族特权阶级。到了隋朝,关于大赦的规定得到了很大程度的完善。对于谋反、刺杀等十种罪大恶极的罪犯,朝廷不会赦免,人们称之为"十恶"。封建统治者认为,触犯这些律法的人,都是严重危害了其封建统治制度的人,所以才有了"十恶不赦"的说法。总之,各个朝代都会对赦免的条件进行修改和完善,但始终没有脱离封建制度的核心。

谚语练兵场

请给下面的谚语上下句连线。

1. 光打雷   A. 两回熟

2. 不怕慢   B. 就怕站

3. 一回生   C. 不下雨

参考答案 1.C 2.B 3.A